# 子どもが忌避される時代

なぜ子どもは生まれにくくなったのか

本田和子
Honda Masuko

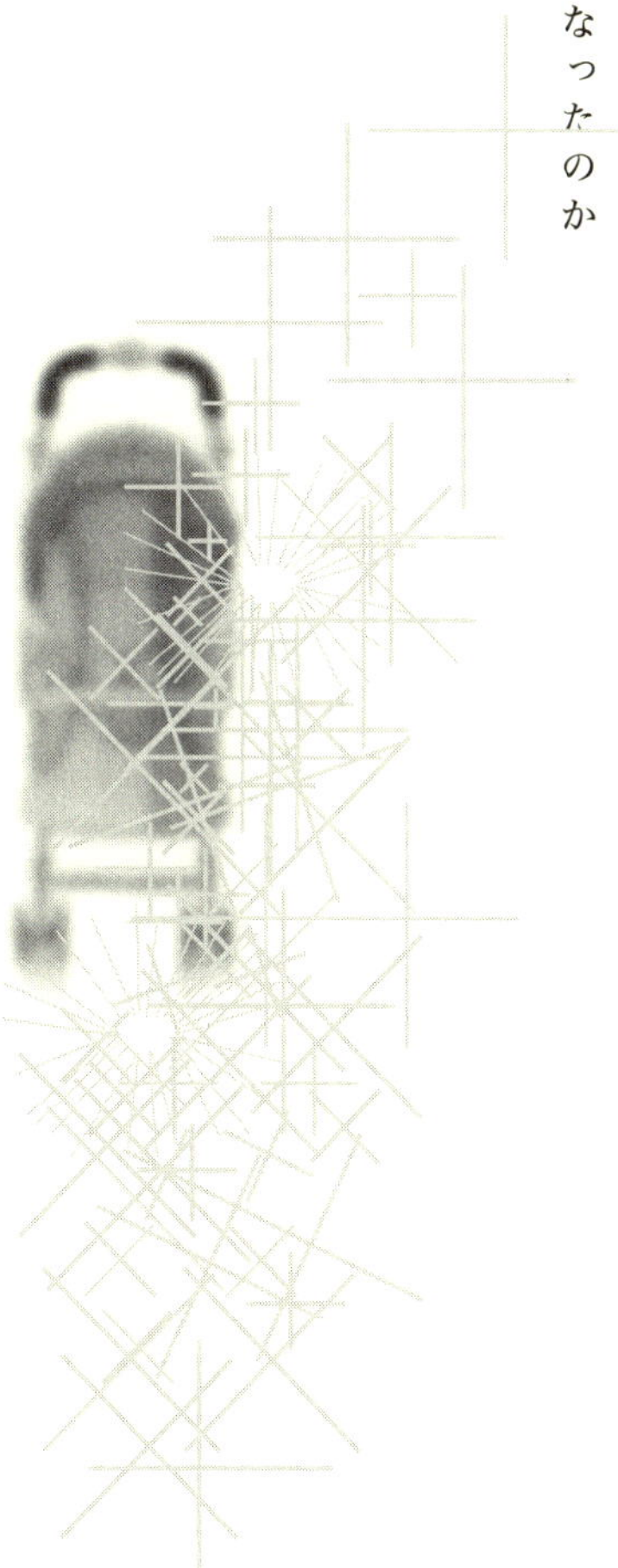

新曜社

子どもが忌避される時代——目次

装幀――難波園子

# 序章　「子ども忌避」の時代へのアプローチ

現代を、「子棄て」「親棄て」の時代と定義した人がいる。確かに、歯止めのかからない少子化と、高齢者介護が重荷と感じられる現状は、この言説が強《あなが》ち付会ではないと告げて、心のなかを吹き抜ける隙間風に、思わず襟を掻き合わさせられることも稀ではない。

そして、子ども抜きの人生設計を試みる人たちは、次のように様々な理由を掲げる。すなわち、現代は、子育てにとって「リスクの大きい」社会であり、一人の子どもを教育するには相当の資金が必要だし、かといって、必ずよい成果が得られるとは限らないとする成果主義的見解がその一つである。また、「先行きの見えない日本の行く末」を考えると、子どもを生むことにためらいがあると、未来に対する不安が理由とされる場合もある。さらには、より端的に、自身の直接的な利益と子育てとを比較して、前者を選ぶとする自己中心的・功利主義的な立場があることも覆い得ない事実であろう。

子育てにかかる時間と労力と財力を考えるなら、それを自分に投資して自分を豊かにした方が「自分にとって有益である」と断言して憚らない男女の存在など、この動向を示す端的な例と言い得る。さらには、子育てとは何と時間がかかって面倒臭いものか、「電子レンジでチンする」わけにはいかないのだからなどと言うのもある。これなど、すべてにスピードの要求される現代の時間感覚のしからしむるところと考えるなら、一見ふざけた表現ではあるが、もしかしたら本音かも知れないと笑えない気持にもさせられるもの言いである。

ところで、ここでは、これら言説の正当性を云々し、その是非を論じることはしない。しかし、こうした思考あるいは心情が、誰憚ることなく堂々と言説化され始めた現状に対して、目を欹《そばだ》て耳を澄ましてみることは必要ではないか。仮に、二十世紀が「子ども中心思想」と「子どものための諸営為」が中心化された時代であったとするなら、訪れた今世紀はその反動のように「子ども忌避」の心性に支配され、「子ども存在」の無意味さが強調される時代へと、推移しつつあるかに見えるのが現状なのだから……。

少子化の理由がさまざまに列挙され、その対策があれこれと講じられるが、はかばかしい効果は得られそうもない。保育所の増設、児童手当の増額、育児休暇の奨励、勤務条件の見直し、等々、相次いで提示される政策レベルでの対策は、依然として下げ止まらぬ出生率に空しくその不毛さを露呈してなすすべもなく見える。かつて、「子どもを愛する民族」として西欧の人々を賛嘆させた日本人は、いま、「子ども嫌いの民族」へと大きく舵を切ろうとしているとでもいうのだろうか。

たとえば、若い女性たちのインターネットに寄せられた「子育てをめぐる特集」のなかに、日本は子どもに優しくない社会だとして、子育てを忌避する次のような意見が含まれていた。

私は結婚して五年になります。子どもはまだいません。そして、子どもをつくるのはやめることにします。夫は、女房は家庭に納まるものだという考えでいるわりには、家計が大変なら女房も手伝うべきだと言っています。矛盾して子どもなんか作れません。一人で子育てするのは目に見えています。自分だけの問題かと思っていたら、これは社会全体の問題なのだと気がつきました。だから子どもはつくりません。女子どもを大切にできない日本、どうぞ衰退していってください。（以下略）

（東京、主婦、三四歳）

私はアメリカ西海岸での出産、子育てを経験しましたが、妊婦時代は、「まあ、なんて美しいんでしょう！」とでっぱったお腹をなでられ、子どもが生まれれば、「まあ、なんとすてきなお利口な赤ちゃんなんでしょう！」と、見も知らぬ人からこちらが恐縮するくらいほめられたりしました。

ちょっと子供がレストランでぐずったりしても「うちの子もそうだったから気にしないで！」と気を遣ってくれます。（もちろん。そういうときはこちらも早めに席をたちますが）とにかく街全体が妊婦や子連れのお母さんにやさしいのです。「母」という大変な仕事が社会的に認められているように感じました。（以下略）

（東京、主婦、三〇歳）

江戸末期から明治初期にかけて、日本を訪れた外国の人々は、日本人の「子どもに対する優しさ」に一様に目を惹かれたらしく、さまざまな文章のなかにそれを書き留めている。たとえば、以下のように……。

私は日本人が、子供達に親切であることに、留意せざるを得なかった。ここに四人、忙しく勘定をし、紙幣の束を調べ、金を数え等しているその真中の、机のすぐ前に、五、六歳の男の子が横たわって熟睡している。彼等はこの子の身体を越して、何か品物を取らねばならぬことがあるのに、誰も彼をゆすぶって寝床へ行かせたりして、その睡眠を妨げようとはしない。

（E・S・モース『日本その日その日』より）

日本は子供天国だ。親は、絶対とはいえないが、決して子供を叩かない。にもかかわらず生意気な態度などあまり多くはなく、私にはドイツより少ないように思われる。子供の心に語りかけることが鞭より効果のある教育法とされているのである。

（C・ムンチンガー『ドイツ宣教師の見た明治社会』より）

上記のように当時の外国人の目に映った光景とその感想を見ると、ここ百年余の間のわが国における「子どもをめぐる心性」の変化に、改めて驚かされるのではないか。なぜなら、かつて異国の人々を瞠目させた「子ども好き」の民族が、その特色を喪失してしまったらしいのだから。しかも、単に失っただけではなく、他国と比べて「子ども嫌い」の目立つ、そして、そのゆえに女性たちが子育てに難渋する国の一つに成り代わってしまったらしいのだから。とすれば、少子化の一因をこうした心性の変化に探ることも無意味ではあるまいと思う。

もちろん、現代においても「子どもを持ちたい」と願い、「育てること」の大切さを認識してそれに「喜びを感じている」人たちは少なくない。しかし、そうした心情の持主でさえ「産み育てる」ことを困難と捉え、子どもは「一人だけ」と諦観して自分たちの人生設計を企てる若い人たちのなんと多いことだろう。こうした「子ども好き」で「子どもを持ちたい」と願う人たちに関してすらも、「子ども」を多く持つことを成人の規範として、男女ともども抗うことなくそれを遂行したかつての日々とは比すべくもなく、「産み育てる」営みの位置づけは、到底、それらと同列には見なし難いのである。

そこで、ここでは、この心性の変化を視野に入れて、いま、私たちの意識下に忍び込んで、密やかにそれを支配し始めている新たな「子ども観」、それは、理念的な「子ども観」というにまして、より感覚的な「子ども感」とでも呼ばれるべきものかも知れないが、それにメスを入れることを試みたいと思う。子どもたちは、なぜ、人々の深層で忌避され、「産まれにくい」存在と化してしまったのだろうか。子どもと大人の関係を更改し、新たな関係を構築する鍵は、私たちの時代が招き寄せたこの状況を直視することから始められねばなるまい。

本書において、私は、現在の私どもの社会を密やかに侵食し始めているかに見える「子ども忌避」の心性を伺うべく、その根を様々な社会変動のなかに探ることを試みようとしている。たとえば、「成人のための条件の変化」しかり、「都市空間の変貌」しかり、さらに「多様化し続ける情報ツール」にも、「子どもへの恐れを増幅するマスメディア」にも、根の胚胎を促す要因が見つかるのではと期待している。しかし、それらは、いずれも、社会の近代化に伴って生じる必然であり、恐らく、これらの変動抜きには、日本社会を近代化することなど不可能であったろう。

したがって、それらに焦点を当て、子ども―大人関係の揺れ動く軌跡を跡づけたとしても、また、仮に、その土壌が本質として含み持っていた「負の要因」が洗い出されたとしても、決して、それらを批判したり否定したりするつもりはない。それらのいずれもが、単純な否定を不可能とし、他の何かとの置き換えを拒むことも自明だからである。なぜなら、それらは、急速な近代化を可能としたわが国の現状と不可分に結び付き、私どもの現在を支えていることに気づかされるからである。

ただ、私どもがいま、はっきりと自覚せねばならないことがある。子どもの側からすれば、こんなにも「産まれにくい」状況が到来し、かつ、子どもとかかわる大人の側からすれば、何とも「育てにくい」現状の出現に関して、無知無関心でいることはできないということである。歯止めのからない「少子化」は、「保育行政」や「養育費の高騰」、あるいは「女性の意識」など、一つや二つの犯人捜しで解決のつく問題ではあるまい。それにかかわる人の心性の変化を、長いタイムスパンのなかで、多方向から多面的に、深く丁寧に探り続けることを抜きにしては、答えを見いだすことは困難ではないか。

時として、「産み育てる」主体、すなわち適齢期の男女が、「産み育てる」ことへの決定権を行使することへの批判が噴出する。とりわけ、「産み育てる」という聖なる営みを自己選択の圏内に押し込め、費用対効果という尺度で計ろうとするかにさえ見える女性たちの意識のありように対して、社会の底流に潜在する批判と非難が、時を得顔に溢れ出すことさえある。しかし、問題をそのレベルに位置づけてしまってはなるまい。根は、深く、広く、私たちすべての人の意識下にはびこっているのだから。

希望はどこに見いだされるのだろうか。解決の糸口は、どこに見つかるというのだろう。幾つかの主要な領域を踏査した後に、結びの章でそれに言及できることを期待して、とりあえずの筆を進めていくこととしよう。

# 第一章　稀薄化する「子ども」の存在意義

## ――「親になる」という規範の崩壊と「子ども」の存在意義

少子化をテーマとした調査研究のなかに、次のような一例があって興味を惹かれた。すなわち、巷間に言挙げされる経済的理由やライフ・ワークのアンバランスなどに加えて、「子どもを持つという規範の崩壊」が一つの項目に掲げられていたのである。無作為抽出の結果でもあろうか、回答者の一人に加えられていた私は、その項目にも○を付けた。送付されてきた結果によれば、一因としてそれを挙げた人は、五年前の調査に比して倍増しているとのことである。

かつて、「成人する」とは、選挙権を行使して政治に参加し、仕事に就いて経済的基盤を確立すること、それに加えて、結婚して家庭を形成し、子育ての責任をもって子どもを一人前に成長させることであった。それらは、近代家族が形成されて以降、「親」と呼ばれる人々に近代社会が付与した無形の義務責任であったから、一度子どもを持った人たちは、子どもが学校教育を終了しても、あるいは経済的に自立したとしても、なお、親としての責任から免除されることがなく、彼らを結婚させることで漸く子育てが完了したと納得し、また、周囲の人々からもそれを容認されたのであった。

選挙で一票を投じることが政治を作り出す営みであれば、就職は生産活動に参加するという意味で広義の「ものづくり」であり、さらに、結婚に始まる家庭を形成し子どもを儲けてそれを育て上げることは、生殖行為によって次世代を産み出す行為ということもできよう。とすれば、成人するとは、生涯のうちの「生産活動を中心とする時期」に身を投じて、その責任を引き受けるということであった。家制度を解体させた近代社会が、家の代わりに個人のために用意した「成人の資格」は、男子成人のためという偏りを抱えてはいたが、それは、おおよそ、このようなものであったのである。

最近目立ち始めた「子ども抜きの生涯設計」は、職場における生産活動に従事してその責任を果たすとしても、「生殖行為」という生産活動は忌避して、それと無縁に生きようと欲する人たちの企てである。彼らは、次世代の人間を作り出すという営みを忌避して、今一つの生産活動だけに全力投球を試みているのである。このことを捉えて、「子どもを持つこと」が結婚の目的であるとする従来の規範の崩壊であると指摘されることがあるが、その指摘はあながち不当とは言い難いだろう。「少子化」の一因に「規範の崩壊」をおく先の調査結果は、少なくとも全くの「的はずれ」ではないということだ。

成人になるということは、単に、個々人の成熟要因にのみ起因するものではない。言い古されたことながら、人類学や民俗学の知見が指し示すように、かつては、部族毎に男女それぞれに定められた通過儀礼があり、その関門を通過することが成人に至るとりあえずの一歩とされていた。たとえば、極北の寒冷地ではそれらに耐え得る資質を、海をなりわいとする者たちは単独で定められた魚介類を捕獲する技など、それぞれ各人の生まれ落ちた地理的・歴史的環境のなかでの必須課題を達成することで、一人前の資格が与えられたのである。それと今一つ、成人の条件として位置づけられたのは、男女それぞれに課された「生殖」という営みを果たし得るか否かということであった。これらが、共同体の一員として、その要請に応え得る基本的能力とされていたということになろうか。したがって、共同体の変貌あるいは崩壊と、成長の場として与えられた環境の変化に伴い、これら成人のための資格と条件が変化していくことは当然と言うべきであろう。

いま、「子ども」が「成人」になるための条件のなかに、ためらいもなく「産み育てる」ことを位置づけるには困難な環境が訪れている。子どもたちが成人して参加していく環境が、余りにも急激な変化のゆえに、その行方が見えにくいし、彼らの将来が判然とは捉え難くなったからであり、そのゆえに、「子ども」の存在意義が曖昧化し続けているからである。にもかかわらず、「少子化」の責任が、しばしば、若い男女が「産み育てる」営みを放棄しようとすることに向けられることがあり、とりわけ、若い女性にその責を帰されることがあるが、それは、余りにも、歴史的・環境的変化を無視したものであり、その蒙を咎められてしかるべきであろう。「子ども」の存在意義が稀薄化し続ける今日、「産み育てる」営みは、若い男女に義務として押し付けられようはずもなく、また、彼らが、唯々として引き受けられるものでもなくなりつつあるように見える。つまり、誰のために、何をさせようとして、「子ども」を産まねばならないというのか、その目的が見えてこないのである。ならば、現代という時代は、「産み育てる」営みにどのような意義を付与することができるのだろうか。そして、その行為をどのような価値として評価することができるのだろうか。

この章で、問うてみたいのはそのことなのである。

## 一　「子ども」は誰のものか？　何のために産み出されるのか？

### 「家制度」と「子ども」の存在意義

かつて伝統的社会の「家制度」は、社会の基礎単位であって、秩序の維持保全に機能させられていた。そして、「家」は男系の長子相続と定められていたから、男子を産むことが嫁してきた女性の務めとされ、無事に男子を誕生させ家の継承者にふさわしく育て上げるなら、それで母親の責任が果たされたと見なされていた。そして、私たちは、これまで、こうした幕藩体制下の「家制度」は明治新体制によって解体され、その後は、新しい家族形態、いわゆる「近代家族」が誕生したかに考えていたのだが、最近の家族史研究はそれに異議を申し立て、「家制度」は、むしろ明治民法の制定による明治政府の発明品であったのではないかと問題を投げかけている。なぜなら、近代以前の各地域の慣習法のなかには、「姉家督」に見られるように「女系相続」があり、あるいは「末子相続」などの例も見られて、「男系長子相続」だけが唯一の伝統ではなかったことが明らかになってきたからである。「女系相続」は、むしろ明治以降に忌むべき悪習とされ、「蛮風」とまで呼ばれて排除の対象とされたのであった。

「家制度は、近代国民国家に適合的に作成された家族モデルである」という新しい指摘はこの間の経緯を指し示すものであり、また、その「家族モデル」は、幕藩治世下の武士階級に求められたものであった。先に触れたように、江戸時代には男系相続以外の多様な「家の形」が存在していたらしいのだが、それらをすべて消去した上で、武家のそれが範とされたのであった。そして、こうして形成された「家族」が基盤とされ、国民国家像が構想されたのだが、この場合、「家族モデル」が国民国家に適合的に作成されたと同様、国民国家もまた「家族モデル」に適合的に形成されたのであった。したがって、わが国の場合、第二次大戦後の新民法制定まで、規範モデルとして機能していたのは、封建治世下の武士階級の「家制度」であったということになるのである。

近代以前のわが国の場合、「家」という単位が男系長子によって相続され、一定数の安定した「家」が「将軍家」あるいは「大名家」という主家に収斂されることで、武士という階層が確立していた。そして、それら武士階層を上位に位置させ、武士以外の階層、すなわち、農・工・商などの階層をその下に位置させて、武士の頭領たる「将軍」を筆頭に「士・農・工・商」それぞれの家族が枝葉のように広がっていた。そして、幕藩治世下の武士階級に属する人々の生涯の規範的モデルは、家を維持するために与えられた職務に精励し、子どもを一人前に育て上げて守り続けてきた「家」と「家産」を委譲し、自身は隠居してその後の生を安穏に送るという形であった。したがって、家の主となった者の責務の一つに、「子どもを産み育てる」ことが位置づけられていた。長子は、家を継ぐべき者、そのゆえに、長子に求められるのは、「家の長」としての振舞い方であった。教育書が、長子に与えるべき「家訓」の形で残されたのは、この所以であったろう。

たとえば、徳川家康から二代将軍秀忠夫人に与えられたとされる『東照宮御消息』、また、秀忠の使者として駿府を訪れた井上正就に語った政道の一部とされる『東照宮御遺訓』は、長子として将軍家を継ぐ者の心得を諭してその養育に言及し、他方、たとえ兄弟であっても臣下として主君に仕えるべき者の心得とその育て方を論じたものとして、当時の家中心の教育書の典型とされている。

一、大名は、惣領は格別、二男よりは召し使い同様に心得候事、常に申し聞かせ、育て候時より、よくよく心得候様、くれぐれ申し聞かせべく候。惣領より二男の威勢強気は、家の乱れに候事。

一、人の道は、五常を守り候にとどまり、その外のわが身の鏡なくては、何事も知れぬものにて候。常の鏡とちがい、外より磨ぐ事はなく、我が心をこころにて、とぎたて申し候事に候。

(以下略)

(『東照宮御消息』)

いうまでもなく、家康の遺訓に代表される子育ての教えは、身分制度に守られた「継ぐべき家」の継承を目的としたものであり、当時の階層制度のなかの最高位に位置する武家を絶やさぬためのものであった。僅か人口の三％に過ぎない武士階層に対して、その下に位置づけられた庶民層、とくに継ぐに値する「家」も「家産」もない人々の間では、恐らく、より多様な「家」観や成人観が存在していたことだろう。ただし、当時の農民社会にあっても、「庄屋」を名乗るほどの大農家の場合は、相続者と非相続者の間の教育内容には差があったらしい。家の継承者たる長男には特別の配慮がなされ、二男以下の男児たちとは異なる教育法が実行されていたことを物語る資料も発見されている。

幕藩体制下で確立したこの「武家の家制度」は、先述のように明治以降のわが国に引き継がれ、近代化を推進した明治新政府によって、新しい国のあり方の規範とされたのであった。しかも、それを新民法によってより明確化し強化することで、速やかに国民国家の形態を整えようと企てられたのである。ただし、幕藩体制下と異なり、さすがに、長子以外を部屋住みとする旧習は廃されたものの長子相続に揺るぎはなく、長子には、「家」の相続者として相応しい資格条件が必要とされた。とはいうものの、その条件とは、ただひたすらに「家」を存続させること、したがって、「家」を絶やすことのないよう子どもを「産み育てること」が不可欠の条件とされたのであった。当然のことながら、配偶者にもそれが要求された。結婚することは、同時に子どもを「産み育てる」ことであり、そのことによって、支障なく「家」を存続させることであったのである。

## 「家制度」の変化に伴う「子ども」の位置づけ

わが国の場合、近代化の達成に大車輪であった明治以降においても、前近代に範を取った「家制度」が存続し、それに起因する成長要件、すなわち、結婚して子どもを「産み育てる」ことが一人前になるための基礎的条件に位置づけられることになる。とりわけ、明治体制が志向した「国民国家主義」が、「家族の維持継承」と「国家の維持継承」をほぼ同列においたため、「家の維持継承」に関する強制力は、いやが上にも増幅させられたのである。

典型的な例として、兄弟の出生順位と学歴との関係を引いてみよう。明治以降、戸籍法上では旧態依然と見える家制度が残存し、長子相続が継承されていたが、次子以下の子どもたちも生業を身につけて結婚し、家を構えることが可能だった。したがって、結婚もできず部屋住みの半端者として生涯を送る「旗本の二男坊」的運命からは逃れることができた。封建制度下と呼ばれる江戸社会では、成人となるための条件が、身分階層・出生順位・性別、その他の先天的条件によって細かく差異化されていたが、それに比して、身分制度をとりあえずは解体した明治以降の社会で、成人するための資格条件は、出生順位と性別による差異化だけを残して、他のもろもろの違いは捨象されたため、個人の心身が成熟し職業能力が獲得されさえすれば、一人前として自らの家を起こすことが可能となったのである。

その結果、生家の地位や家産などの条件にかかわらず、未成年者たちは、すべて成人するための目標を掲げて、その達成のために克己精励・勤勉努力するという厳しい道が用意された。しかし、身分制度という不可避の宿命から解放され、自力で将来を切り開くことが可能となった若者たちは、欣然とその努力を受け入れたのである。スマイルズの『西国立志編』などが広く愛読されたのはこのことを証ししている。新しい社会で、一般の成人男子は、必要とされる諸種の業務を遂行することで、「賃金」という形の報酬が得られる仕組みになった。報酬は、近代資本主義の原則に基づき、成功報酬として各自の成果に応じて配分されるものであったから、結果として生じる地位の上下や経済的貧富の差も、すべて個人の能力次第で決定されるということになった。となれば、よい仕事と高い地位を得るために学歴と専門技能を身につけ、職に就いて後は勤勉に働きよい成果を上げて高収入を得ることが目標とされる。そして、獲得した高い地位と高い収入は、よい配偶者に恵まれてよい家族を形成する機会を用意したから、努力は、すべての面において勝利者となることを約束するかに見えたのだった。

近代化に急であった明治初期に、「立身出世」を目指した若者たちが笈《きゅう》を負うて上京し、高度の学歴取得のために勉学に励み、苛酷な試験に耐えつつその望みを果たそうとしたのは、こうした経緯に由来している。なかには、諸種の事情で学問とは別に技能を身につけることを目指し、職人や商人の下に弟子入りして長い下積み期間に耐えるなど、一定期間を刻苦精励して過ごす者もあった。そして、それら努力と忍耐の辛い期間も、自力による社会的上昇の踏み台作りの機会として、青春の生きがいとされたのである。とはいうものの、すべての人が生涯レースに勝利できるはずもない。大衆小説の登場人物に、「勉強のしすぎで神経を病む青年」が選ばれたりするのは、こうした時代相を物語っている。

ところで、これらの変化は、「子どもの存在意義」にどう影響したであろうか。子どもに先祖伝来の「家」を継がせ、家に付随する「財産」をつつがなく継承させるという、こうした在り方が当為であった社会では、「子どもを産み、育てること」の意義は揺らぐべくもなかった。というより、「あえて考える余地もなかった」と言うべきであろうか。とにかく、結婚という制度に身を託した以上は、「産み育てる」営みをあたかも結婚の一部であるように見なして、「子ども」を持つことを当為とし、育てることに専念したのであろう。しかし、人間の生涯が出生の条件によって決定されるのではなく、高い地位も高収入も、一生の禍福のすべてが、その人個人の資質能力と努力によって導かれるという発見は、「子ども」に付託される意味と位置づけを変えざるを得ない。長子以外の子どもは、その子自身の充実した生涯のために、職場と高い地位を獲得すべく努力を重ねる。すべて、その子自身のために……。

「子ども」に付託される意義が「家」のためではなく、「その子自身」のために変わり、それぞれの子どもがそれぞれの目標を目指して努力するとなれば、「産み育てる」役割の人の産む意識も育てる意識も、また、「産み育てる」営みに付与される意義も変わらざるを得ないだろう。結果として、母親が捉えられたのは、いつまでも続く「子育て」の苦労であった。家の跡継ぎさえ産めばそれでよい、という単純な役目は、過去のものとなったのである。不憫にも長子ではなく産まれてしまったわが子を、いかにして競争市場の勝利者とし得るだろうか、他人よりも有利な職業に就かせて高収入を得させるためには何をすればよいのか。母親たちは、わが子全員が成人するまで、担い切れぬ責任を担って心の休まるひまもなかった。

　こうして、子どもの育て方に生じた変化は、「産み育てる」ことにかかわる意識を変化させることになる。親、とりわけ女親は、自らに課された「跡継ぎを作る」という責任を果たすために「子ども」を産み育てるのではなく、その子自身の幸せのために育てるということになるとしたら、それは、果たして女親にとっての不可避の義務と言い得るのか、否か。もしかしたら、「産み育てる」営みは、成人の義務であり責任であり、そのゆえに成人するための条件でさえあったという、かつての重い位置づけから解かれるのではないか。このとき、「産み育てる」ことは、人生の中心に位置する重要事ではなく、選択の余地すらあるものとしてその位置づけを軽くする。そして、場合によっては「子ども」は不要であるとする、新しい子ども観が蠢《うごめ》き始める。今日、その蠢きが顕著となり、時に水面に臆面もなく顔を覗かせたりして、社会を不安に陥れる「子ども忌避」の心性は、その源泉を探れば明治以来のこうした動きのなかに、既に胚胎されていたのではないだろうか。

## 「国民国家主義」の台頭と「子ども」の位置どり

「家の継承」という無前提的な目標を失い、「家訓」に従って成人のために努力することも不能となった個人の前に、個々人の目標と国家に所属するとされた国民の目標とが重ね合わされ、天皇の言葉によって明示されたのが、明治二三年(一八九〇)に公布された「教育勅語」であった。そこには、新しい「国民国家」日本の成員となるべく、性別や階層を超えた努力目標が抽象的な徳目の形で示されていたのである。先ず、「忠義」「孝行」などの大徳目に、「夫婦愛」「友愛」が続き、「恭謙」「学と業に精進」という個人習練的徳目、そして、「公益・世務への奉仕」「緩急時には公に準じること」など公共的目標が列挙される。明治国家の国民は、天皇の言葉として示されたこれら徳目を追求し履行して、「みなその徳を一にせんこと」、すなわち、その徳目の履行を共有することが求められたのである。

明治政府が重点的に推進した義務教育制度は、国民国家の形成という目標に向けて、子どもたちを訓練すべく格好の装置である。わが国の「国民国家」は、義務化された初等教育を受容する子どもたちが、当事者は知らぬ間に無邪気な努力を重ねたことで、歩一歩、その形態を整えていったと言うべきかも知れない。明治新体制は、解体された徳川統治下の身分階層制度に代えて、新たに武士階層をモデルとした「家族制度」を立ち上げたが、それは、それを単位とした「国民国家」、すなわち「家族の同心円的拡大としての国家」が構想されたためでもあった。そして、この国民国家の誕生は、稀薄化し始めていた「子ども」の存在に新たな意味を与え、その位置づけを明確化することに成功している。なぜなら、「子ども」は、未来の日本帝国建設のために欠くべからざる人的資源であり、そのゆえに「産み育てる」ことはより大いなるものと繋がる営みなのだと納得することで、親たちは「産み育てる」営みに包含される障害や困難を乗り越えるべく、勇気をもって努力したのではなかったろうか。

民権論者の植木枝盛は、一国の構成分子を「一人一人、すなわち個人中心」「一家一家、すなわち家族主義」「一族一族、すなわち部族制」とし、部族制から個人制への進化をあるべき姿として、個人が単位となることこそ理想の社会形態であると喝破している。しかし、以下の引用文のように、彼は、わが国を始めとした東洋諸国においては、いまだ「家族」が「国家の構成単位」であって「個人中心」の国家構成からは程遠いことを嘆かざるを得なかった。

人々を以つて国家を組織するは最も可なり。斯の通りに為すときは人々我が身を以つて国家に掛け吾れも亦実に国家の一分子なり一基礎なり一株主なりとの思想を少しにても余計発生し髄つて深く社会を愛し社会を思ひ社会を憂ふるの精神を推し進め概して厚く国事を重んずることと為り国家社会のために結合を鞏固にし隆盛を致すべきなり。

蓋し東洋諸国に於ては家を以つて国に掛くるの制なりとし古来之を因襲して敢へて異しみを容るる者さへ有らざるなり。吾輩は豈に今よりして之れを改め人を以つて国に掛くるの組立と為さんことを希望せざるを得んや。

(植木枝盛『親子論』より)

ところで、近代化を推進する社会装置として、新たな「家制度」が構築されたため、「子ども」とりわけ長男には「家の継承者」という役割が付与されて、幕藩体制下にも勝る強固さで彼らを呪縛することとなった。以下に引く外国人宣教師の一文は、彼の目にいかにも異様に映じた日本の「結婚観」と「子ども観」が綴られている。近代国家を標榜する明治新政府の誕生以降も、日本では、依然として「家中心」の結婚観と子ども観が横行していたらしく、それが、日本の「お国ぶり」かと外国人の目を驚かせたのである。

人間や民族を評価する時、その家族を探ってみるのが必要なことがあるが、日本もそんな例の一つだ。日本では他のどこよりも、家族が大きな意味をもつし、他のどこにもないほど現秩序の基礎であるし、どこよりも道徳や徳の基本となっている。

さて、家族が人間社会の基礎とすると、家族を維持することが第一の義務となる。原則的にどんな男性も結婚しなければならない。ドイツでは次第に一つの階層を成そうという独身層は日本にはないも同然である。そして自然が両性の分割数をうまく分けておいたおかげで、オールドミスも日本では未知のものである。日本男性は父たることに勝る誇りを知らず、日本女性は母になるのが一番の掟だ。

どの家にも子供がいる。自分の子供ができない人は、養子を取る。養子制度は広く行なわれている。養子こそ、家が途絶えるという最悪の運命から家族を守る、最後の手段なのだ。養子はいつも男である。どの家にも跡継ぎがなくてはならないのだ。息子のない家、娘ばかり生まれた家では、そこの娘ないし娘の一人と結婚するという条件で養子を取るのである。

（以上引用は、C・ムンチンガー『ドイツ宣教師の見た明治社会』より）

しかし、先にも触れたが、「家の継承者」である長男を別とすれば、近代化を推進する明治新体制下で、「子ども」の存在意義は以前にまして稀薄化していかざるを得ない。そこに提唱されたのが、政府主導の「国民国家主義」であり、それぞれの「家族」と「子ども」に「形成途上の国民国家の担い手」という意義を付与したのであった。しかも、「国を担うこと」が「家を担い、親を支える」という理解しやすい役割と等価におかれたことで、子どもたちは、また、彼らを育てる親たちも、唯々としてそれを受け止め、むしろ自ら進んでその役割に忠誠を誓おうとさえした。産まれてきた者の存在意義は、「国の担い手」となることであり、それは「家の担い手」となることでもあるのだと……。まさしく「忠孝一如」の生き方が、ここで範とされる。親となる人もまた、「産み育てる」営みに「国家形成」という意義を付与し、生きがいならぬ育てがいを感じることが容易となったのだった。

国民国家とは、共通の言語・文化・伝統を持つ共同体を基盤として形成された「国家」であるとされる。この意味で「民族国家」と同義であるが、とりわけわが国の場合は、藩体制下では各藩主の権力下に置かれて一国としての共同体意識を持ち得なかった庶民に対して、急速に「国家」という共同体を組織すべく意図され推進された制度であった。しかも、市民革命という洗礼を経ぬままにその達成が急がれたため、近代国家としては極めて特異な形でそれが推進されたと言われている。このとき、わが国の策謀に富んだ為政者たちが発揮した叡知が、「国家」と「家族」を等位置において「一国は一家を拡充せるもの」と説くことであったという。

したがって、わが国近代国家形成のおおよそは、権力機構の策定になるもので庶民の要望や意識とは無縁であり、「忠孝イデオロギー」が中心化され、それが通達という形で庶民に伝達されて、その遵守こそが当為とされた。忠孝一如のイデオロギーとは、「天皇と国民」の関係を「父母と子ども」の関係のアナロジーと位置づけて、中心化された「天皇」に対して親に対する「孝行」に等しい「忠義」を尽くすことを求めるものであった。新しく設置された「徴兵制」や「義務教育制」などは、すべて国家形成のための不可避の義務である。したがって、庶民の脳裏には、それを忠実に遂行することが「忠孝一如」の具体化であると刷り込まれ、それを実行することを自身の課題とした。身近な父母を喜ばせるのと同じく、天皇の御心に応えようと、子どもや若者は疑念の余地なく国家の指し示す方向へと若いエネルギーを注いだのである。

国民国家の未来の形成者たる「子ども」には、現状では学校教育の忠実な生徒であることを、そして、将来は強健な戦士として国家を担うことが期待された。その期待に応えようとした子どもたちは、瞬時のうちに完璧な「学校の生徒」と化し、また、若者たちはためらいもなく「国を護る兵士」へと成長を遂げた。神格化された天皇の権威が、国家統合の中心に位置づけられ、国民の結合を強めるのに一役も二役も買わされたとは、夙《つと》に論じられているところである。すなわち、すべての子どもに「天皇の赤子《せきし》」という幻の称号が与えられたことで、一対の男女の生殖行為の所産に過ぎない「子ども」に、「天皇の赤子」というおごそかな輪郭が纏わされたのであった。

しかも、明治という時代は、その創成のエネルギーのゆえか、国家目標と個々人の願いが不思議なほどに一体となり、国家の政策である学校教育と自身の栄達を求める個人的努力とが、見事に融合して、密月を生きた時代であったと言われている。たとえば、「立身出世」というキャッチフレーズは、国家が若者の前に提示したスローガンであると同時に、個人が自身の将来に対して掲げた目標でもあったのである。頭脳であれ身体的技能であれ、あるいは芸事の才能であれ、本来的には個々人のものでしかないその資質能力が、「お国のため」という統一目標に集約され、それらを磨き精進する行為は、いずれも、国威の発揚と国力の増強のための一里塚として位置づけられる。己れを鼓舞して努力することは、自己自身のためであるだけでなく、「家の誉れ」であり「お国のため」でもあるということになったのである。

### 「国家」と「個人」の目標のアマルガム

明治維新によって近代国家への一歩を踏み出そうとしたわが国は、当時の日本を取り巻く英米露列強、とくにロシアに対抗するために、非常識とも思える軍事予算を組んだとされ、その例として挙げられるのが、軍事費が実に五五％を占めていたとされる明治三〇年（一八九七）度の予算作成である。これは、全国民を飢餓貧窮に陥れる他ない予算編成であったが、不思議なことに、国民の側から本格的な不満は噴出せず、むしろ「臥薪嘗胆」を合言葉としつつ軍備強化を歓迎し推進する趣きすら感じられたとのこと。日清戦争から日露戦争にかけての日本人は、大仰すぎるとの誇りを恐れずにいえば、「飲まず食わず」で大砲や軍艦を作ったのであった。

日本に注目した外国人たちの目に、その姿は、「信じ難い奇跡を演じた民族」と映じたと言われている。当時の日本人は、いまだ輪郭すら鮮明ではなく、自分たちの生き方とどう関係するかなど不明であるにもかかわらず、「全国民の統合体」としての「国家」に対して、何かしら大きな幻想と強い愛着を持ってしまったということらしい。この例が物語るのは、「お国のため」という価値意識が抵抗なく一般のものとなり、「国の役にたつこと」が各人の生き方の指針となっている民衆の姿であろう。個々人が、個別の楽しみはすべて犠牲にして刻苦勉励・奮闘努力することが、国民国家の創成のための献身的行為であるだけではなく、同時に、個々人の生きがいでもあり喜びでもあり得たという。

時代がこのように動くとき、稀薄化しかけた「子ども」の存在意義は、再び、自ずから明確な輪郭のなかに手繰り寄せられる。なぜなら、「子ども」は、未来の軍人・為政者・技術者として、国力をより以上に増強させ、国威をより一層輝かせるための「貴重な人的資源」と位置づけられるからである。「子ども」は、一組の夫婦の性の所産として「近代家族」のなかに参加してくる一構成員なのだが、このとき、単なる家族内存在であることを超えて「国家」という共同体に組み込まれ、共同体への帰属性をより強めてその要請にしたがう存在となる。すなわち、彼らに成長を促す原動力は、「家族イデオロギー」にもまして「国家イデオロギー」であり、「お国のため」というキャッチフレーズは、あたかも普遍的な時代の意志であるかの如く広く共有されていったらしい。

当時の人々にとって、「日本帝国」とは、理屈を超えて身命を捧げるに足る「存在の核」であり「基盤」でもあった。したがって、そのための克己努力なら、疑義を呈すこともなく、問い返すことすら不要で、ひたすら自身を捧げて悔いることはない。このことが意味するのは、当時の日本人の大半が、個人の目標と国家の目標がアマルガム状に融合したなかに溶かしこまれ、ここで提示された単純な生き方に自身を同定してしまったということではないか。そして、こうした単純な規範モデルが明示され、それを受け入れることは、「産み育てる」営みに関しても簡便な手掛かりを与えられることであって、恐らく広く共有されたであろうことは想像に難くない。

こうして、「子ども」は、いつか、「家」と「家族」の所有物であることから抜け出し、「国家の資源」として位置づけ直されることになった。その結果、「子ども」を「産む」ことも産まれ出た者を「育てる」ことも、いずれも夫婦の私的営みを超えた公的生産行為と化し、相応の位置づけを獲得したのであった。「産み育てる」場としての家は、新たに「家庭」と命名し直されて再生産の場へと変わる。為政者によって、軍事あるいは生産面での国力の増強が図られるとき、女性には「産み育てる」という再生産活動が期待され、「産めよ殖やせよ」的スローガンの下に出産が奨励されるのは、すべてこの流れに位置する出来事であった。

## 二 「愛情」の神話力の衰退と「経済」「科学」の神話化

## 「ロマンス革命」と葛藤する「結婚観」

行為としての結婚、つまり、異なった生殖器官と性機能を持つ男女両性の肉体的結合は、性的に成熟した男女間の欲求に基づく行為であり、そのゆえに、諸種の制度的な規制を排除すれば、本来的にはエロスのレベルに位置づくことがらであろう。結婚が「家の継承」という規範に基礎づけられたものではなく、「両性相互の愛」と呼ばれるエロス優先のものへと変わったことを、西欧の家族研究者たちは「ロマンス革命」と名づけた。そして、結婚が秩序維持のための社会規範という拘束から解かれて、男女の性愛に優先権を委ねたことで、夫婦単位の世帯も系族という大きな塊から逃れ出て、単一の世帯としての自律性を獲得することになった。「ロマンス革命」と「家族の核家族化」、あるいは「近代型家族への移行」が、不可分に連動するとされるのはこの所以であった。

わが国の場合は、先に述べたように、近代化によって解体されるはずの伝統的な「家制度」が、リニューアルされより強化されて温存された。結婚は、相変わらず「家」と「家」の結び付きであり、女性には、依然として「家の後継者」を「産み育てる」という責務が課された。しかし、そんな状況下に「両性の愛を基本とする」とかいう新しい結婚観が導入されて、結婚の基盤は当事者相互の愛情であり、「子ども」は二人の「愛の結晶」に他ならないと言われだしたのである。西欧文化に触れた明治の知的女性は、この相反する結婚観の狭間で混乱させられ、葛藤もさせられたに相違ない。柳原白蓮その他の名流夫人たちが、愛人と手を携えて婚家を出奔したなどという話題が巷を賑わしたのもこのことと無縁ではない。

ところで、男女の結合を「愛」という言葉で表現するのは、私ども日本人の心的習慣からみて、とりわけ、それが導入された当初においては、極めて不適当であり無理の多いものだったのではないかと言われている。厳密には、それは「愛」という語と概念の定義にかかわる問題でもあるのだが、とりあえず、それが導入され始めた日本近代の心的問題として考えてみよう。巷間に語られる「愛」が、心性の基盤にキリスト教をおくヨーロッパ人のそれと同義であるとすれば、それは、他者を一個の尊厳として自身と対等な次元におくことでのみ成立する。そのゆえに、「愛」を真に実現することは、人と人の具体的な関係のなかでは極めて困難なものだったと考えられる。もしかしたら、それは、「神」という絶対者の存在を肯定し、その命令を遵守することを誓ったときにのみ可能となるのではないか。真の「愛」が、人間の到達し得ない関係の高みであるからこそ、人は、その高みを見上げて努力し、かつ、それが適わぬことに絶望して、絶対者たる「神」の前で許しを乞い、祈り続けるということになるのかも知れない。

絶対神の媒介なしには成立しない「愛」、それが、男女の関係のなかに置き直され、さらに結婚のなかにまで持ち込まれたのが、キリスト教を基盤とするヨーロッパ社会の結婚観であった。したがって、明治期に導入された「恋愛」思想は、唯一絶対の神を知らぬわが国においては、形だけのものに終始して早々にその脆弱さを露呈せざるを得なかったとは、伊藤整の見解である。彼によれば、わが国の男女の性愛は、「惚れること」「恋すること」であり、さらに「慕うこと」ではあっても、「愛」とは言い難いとされるのだ。理由として挙げられたのは、「性」というもっとも主我的なものを、他者への「愛」に純化させようと努力する習慣は、伝統的な東洋的心性のなかにはないということであった。

わが国の場合、「恋愛」観念の輸入がキリスト教の「愛」観念の導入と軌を一にしたこともあって、「恋愛」が極端なまでの精神的・霊的なものとして受容された。恋愛を性の容器である肉体から峻別し、ひたすら「霊的」なものとして捉えようと試みた北村透谷の「恋愛は人生の秘鑰《ひちゅう》なり」という言葉に、同時代の若者たちが熱狂したのもこのことの証しでもあろうか。佐伯順子は、「恋愛」観念導入期の一部知識人の受容の経緯を、次のように評した。すなわち、「日本人の男女関係は肉体関係を含むゆえに、現実世界の次元に止まるのに対し、精神的恋愛は人間を無限の霊の世界へと導くものである、という肉＝有限、霊＝無限という発想がここにある」と……。

恋愛＝霊、結婚＝肉、と二項対立的に位置づけつつも、なおかつ、新しい時代の男女が結ばれるには形而上的な「恋愛感情」が不可欠であろう、と、こう考えた当時の文化人たちは、所詮は、一夫一婦制を確立するために輸入された「近代的イデオロギー」に絡め取られていたのではなかったか。実のところ、男女が性的に求め合い交わり合うという結婚の過程に、極端なまでに聖域化された「恋愛」を介在させようとする試みは、わが国の心的現実に即していなかったばかりか、逆に「結婚」に内包される性的な営みを極端なまでに貶め、肉欲を卑賤なものと数段低く位置させてしまった。そのゆえでもあろうか、現実行為としての結婚は、それを経験した男女を幻滅させ挫折感を抱かせるという結果を生んだ。そして、「恋愛」と「結婚」は別であるとする醒めた捉え方が優先し、「結婚」が、必要以上に索漠とした肉体の営みへと転化させられたのはこの所以であろう。

ところで、「子どもを産み育てる」ことは、男女相互のエロス的行為の結果ではあっても、必ずしも、両性が性的欲求を充足するために発現される行為そのものではない。たとえば、奔騰するエロスの促しのままに、遭遇した男女の間に性的交流が生まれた場合、当の男女にとって、「子どもを産み育てること」は、欲求を充足しようとするその目標のなかに、必ず組み込まれているとは限らないのである。ならば、性的に結ばれ合う男女間で、「自身の子どもを持とう」とする欲求や、それを「自身の手で育てよう」という意志は、どのようなメカニズムで生じてくるのだろうか。近代的結婚は、両性の愛情を基盤とするものとされ、かつ、近代家族が「夫婦と子ども」から構成されるとするなら、その「子ども」は、どのような位置づけにおいて出現するのだろうか。

近代化に伴う社会変動は、「家」の名前や「家産」、あるいは先祖の祭事の継承など、「家」に由来する諸種の伝統的価値を無化し、価値とされるべきはすべて個人単位のものであると主張している。人が日々を生きるための生業も、必ずしも先祖以来の家業によらず、個人が選択し遂行する一代限りの営みとされた。結果として、家業の維持者、かつ継承者として不可欠の存在とされてきた「子ども」は、伝統的社会では自明であったその存在意義を喪失する。「家制度」の解体された社会では、仮に、一人の男性が、有能な企業人として地位や高い収入を獲得したとしても、それを、彼の子どもがそのままに継承することは、原理的には不可能となったからである。

身分社会においては、「家の継承」は身分制度を安定的に維持する装置として、極めて有効でありそのゆえに必須であった。しかし、近代社会は、身分制度の解体によって成立している。とすれば、近代社会は、その秩序を維持し安定するために、「家制度」に代わるどのような仕組みを用意し得たのだろうか。「性愛に基づく結婚」は、当事者である一組の男女の上には有効に機能し得たとしても、それは一代限りの「単婚家族」を形成する営みに過ぎず、そこで形成された「家族」が、次の時代まで継続されねばならぬ必然性もなく、また、その保証もない。となれば、男女の愛の発露として、多数の「単婚家族」が発生したとしても、秩序の安定の持続的な維持は期し難いということになろう。

そこで、登場するのが、単なる「単婚家族」ではなく、「子ども」を加えた「近代家族」という概念である。そして、「ロマンス革命」は、ここでは「子ども」を語る言説として働き、子どもを「夫婦の愛の結晶」と表現して見せる。「愛の結晶」とは、なんとロマンティックな表現であることか。それゆえに、愛情神話に幻惑された若い男女を喜ばせることは可能だったであろう。しかし、所詮、それは「言葉」に過ぎない。「近代家族」と「子ども」を社会秩序維持のための堅固な装置として機能させるためには、より確固とした制度的保証が必要ではないか。そのために登場してくるのが、「正統な子ども」と「婚外子」という区別であった。すなわち、「生殖」を目的とする性交を「結婚」として合法化し、結婚によって出現した「子ども」を「正統な子ども」と位置づけて法的保護と法的権利の圏内におく。他方、「婚外子」、つまり非合法な性行為の結果として生まれてきた子どもは、これら制度的保証の圏外におかれて、一人前の権利を行使し得ず、いわゆる日陰の存在として生きることを余儀なくされるのである。

こうして「正統性」を認められた「子ども」は、両親の揃った「正常な家庭」で、一人前の市民へと成長していくことを期待された。そのために、近代社会が女性に付託したのが、「専業主婦」もしくは「専業母」という役割であり、子どもの養育責任は過度に女性に委ねられて、子育ては「専業主婦」であり「専業母」である女性が家庭において果たすべき重要な責務とされる。結果として、女性たちの前に提示されたのは、結婚し妻として夫を支えることと、子どもを産んでよき母として一人前の市民へと育て上げること、という、たった一つの規範モデルであった。近代以降の女子教育において、「ホーム主義」や「良妻賢母」思想が強調されたのは、こうした時代思潮の具体化として捉えることができる。

伝統的社会において、「産み育てる」ことは、必ずしも母親だけに委ねられていたのではないと言われている。上層階級の場合、産まれ出た子どもはほどなく母親の手から離され、専門育児者としての「乳母《めのと》」に任されることが多かったし、また、農山村では、子どもは共同体で育てることが常態とされた。「取り上げ親」「名付け親」「拾い親」など、「親」の役割を果たすべき人が複数用意されていて、実の親の手をさほど煩わせることなく子どもが成長していけるように、システマティックな整備がなされていたと言われている。しかし、「近代家族」を出現させた近代社会は、上記のように子育てを専ら母親に固有の営みと特定し、彼女たちの生き方を多様な可能性からシャットアウトしたのであった。

### 衰退する「愛情神話」と「子ども存在」の稀薄化

結婚の近代化が「ロマンス革命」と表現されることもあるように、現代の公式的「結婚観」は、一対の男女の愛を基本とするとされている。第二次大戦後のわが国は、「結婚は両性の合意による」と規定して、その根底に男女相互の愛情をおいた。そして、この言説によって、「子ども」は、合意した男女の「愛の結晶」であるとされるのだが、「ロマンティック神話」が想定した「産み育てる」営みとは、おおよそ、以下のようなものであったろう。すなわち、結婚が、男女両性の愛情を基盤とした合意に基づくものであり、合意した二人の愛の発露としての性的結び合いが、「子ども」として結実する。その結果、「親」となった男女は、「愛の結晶」に対して「育てる」努力を怠らず、その営みに全力を尽くすはずである、という……。

しかし、こうしたロマンティックな言説は、結婚とそれに続く「産み育てる」営みを語るのに相応しくはないと、ほどなくその虚妄性が露呈された。結婚生活も子育ても、そのいずれもが持続的な肉体労働に支えられねばならず、喜びや楽しさと同量の苦労や忍耐も必要とされる厳しい現実に他ならないとする、当然の実態が明らかとなったからである。一組の男女が、「婚姻」という社会的承認手続きを経て「夫婦」となり、そこに産まれ出た「子ども」は両者の愛の結晶として天使のように慈しまれるという、こうした愛情神話が崩壊するのに何ほどの時間も必要とされなかったと言えよう。このことは、「ロマンス革命」を成し遂げた先進諸国が、いずれも「少子化」という問題を抱え込んだことからも明らかである。なぜなら、少子化に悩むこれらの国々では、「子ども」が自ずからなる「愛の産物」でもなく、また、子育ても「夫婦愛の具体的表現」などとは見なし難いとする若い男女の出現に当惑し、頭を抱えて名案を探しあぐねているではないか。もし、「産み育てる」営みを、一組の夫婦が自らの愛の対価として二人だけで引き受けねばならないとすれば、それほどの責任は到底担い難いから、むしろ「産む」ことを忌避し、場合によっては「結婚」すら拒んで、背負う重荷を軽くしたい、と、こう考える若い世代が現われ始めたのである。

「産み育てる」ことを拒むだけでなく、「結婚」そのものを忌避する若者層の出現は、「結婚年齢」

の上昇や「非婚率」の増加を示す調査結果が明らかにしている。そして一部有識者たちは、それを、「愛情神話」の崩壊と見て、覆い難くエロスが衰弱していると囁いて見せる。何しろ若者たちは、「恋愛」と「結婚」を峻別するだけではなく、性に起因する男女の営みはすべて非制度的「愛」の範疇内にとどめて、「結婚」とか「家庭」などの現実的結実とは無縁に過ごそうと意欲し、軽い男女の交流あるいは制度に根付かない一時的結合だけを求めようとしているかに見えるのだから。これは、先進国と呼ばれる国々に多発している現象ではあるが、特に、わが国の場合、その過激なまでの現われに注目せざるを得ない。特殊出生率が異常なまでの下降を示し、「少子化」順位がOECD諸国中の最下位に近づきつつあるのも、このことを証しする例と言えそうである。

ここで改めて、「愛情神話」と「産み育てる」営みとの関係を振り返ってみる。仮に、現在の惨状を「愛情神話」の脆弱性と虚妄性が露呈された結果であるとするなら、その過程が、「子ども」の公的存在意義が稀薄化し、純粋に私的領域内の処理事項へと転化させられていく過程と伴走していることに気づかされよう。「愛」の衰退が「子ども」を弱体化させるのか、あるいは、その逆であるのだろうか。

性的欲情とは、基本的には欠乏において成り立つ欲情である。すなわち、自己のみでは充足不能な欠落を埋めようとして発動される欲情であり、その充足は、相手すなわち性的な対象とされた人物との関係においてのみ可能となる。ただ、その充足対象が、異性に限られるべき根拠はないから、異性にのみ正統権が与えられたのは、やはり一種の社会維持装置であり、それを推進するイデオロギーの成果でもあったろう。

たとえば、性的対象として同性や兄弟姉妹を選ぶことは、「同性愛」「近親相姦」などと呼ばれて異端視され、排除の対象であり続けた。とすれば、異性愛（ヘテロセクシュアル）のみが正統化され、「あるべき姿」として制度のなかに位置を占めたのは、どのような根拠に基づくのだろうか。このことに関しては、家族社会学者や女性学者たちのなかで、以下のような見解が打ち出されている。すなわち、近代社会が、その構成単位としての「家族」と、家族の維持要因としての「子ども」を不可欠としたからに他ならない、と……。つまり、性の目的を「家族」の形成と「生殖」の成就に限るという形で、「生殖イデオロギー」は秩序維持の一翼を担わされ、社会を安定させる強力な装置として機能させられることとなった。そして、それは、男女が性的結合を求めるときの「規範」とされ、さらには、一人前の成人となるための規範モデルとすら化したのである。異性同士が「愛」に基づく結婚によって家族を形成し、「子ども」を産み育てて、次代の担い手を送り出すこと、それこそが成人した男女の義務であると規定されて彼らの性行動を縛ったのである。

「母性愛」と命名された特別の愛情に関しても、固定概念に異議申し立てが行なわれた。それは必ずしも女性の本能ではなく、歴史性に彩られた制度的なものに過ぎないという主張が、多くの女性たちの賛同を得て、広く流通していったのであった。フランスの女性思想家バダンテールなど、それを代表する一人であったが、こうした主張が、子育てに必要とされる理屈ぬきの献身に疑念を抱く若い女性たちを安堵させ、「産み育てる」ことに新しい展望を開かせることになった。すなわち、自身の愛の乏しさに絶望し、「母性失調」ではないかと危惧するあまりに、「産み育てる」ことを忌避する彼女たちを、励まし勇気づける言説として機能したのである。そして、もしかしたら、母性愛の強調も、「専業主婦」を生み出した近代イデオロギーの一種だったのではとも言われ始めている。

ならば、そのイデオロギーを解体し、自身に欠けた「母性性」を学習によって補わねばならない。というわけで、近現代の母親たちは、子育てに関する知的学習に異常なまでの熱意を示す。その過剰さは、「教育ママの弊害」などと論議されて様々な問題の元凶と非難されたりしたが、しかし、女性たちが、「母性愛」が本能ではないと気づいたなら、それを知的学習で補おうと願い、そのためのマニュアル入手に狂奔したとしても、また、子育てに関して打算的とも見える計画性を発揮したとしても、それを咎め立てすることは不当であろう。そして、また、成果の見えない学習を不毛と感じ、同じ学ぶならより有効なものへと方向転換を試みたとしても、これもまた当然と言うべきではないか。

さて、性的欲動に端を発する「愛」への希求が、欠乏を埋めようと欲する人間の根源にかかわる欲求であると考えるなら、仮にその衰弱が指摘されたとして、回復に導く企てはさほど容易ではないだろう。それは、欠乏を充足しようとする欲求の衰弱であり、総体的に欲求の水準が低下したことを意味するだろうからである。母性愛も男女の愛も、いずれもが稀薄化されて回復が容易でないとなれば、私どもが人間社会の持続的存続を希望し、それを「子ども」に託すべきだと考えるなら、衰弱した愛情神話に代わるものをどこに見いだしていけばよいのだろうか。このことは、「結婚」と「子ども」の関係、より正確には男女の交合と産まれてくる「子ども」の位置どりをめぐって、「少子化」に悩む先進国が共通に解決を求められている現代的課題であろう。

## 女性力の活用と「子ども」

ところで、二十世紀も後半に頭をもたげて従来の体制にゆさぶりをかけたのは、女性を取り巻く諸状況が彼女たちの規範の解体に力を貸し、新しいモデル構築を促す動きであった。産業構造の変化に伴う労働市場の多様化と、女性たちの意識の覚醒によって、女性の生き方にも多様性が求められてくる。となれば、それまでの「ホーム主義」「良妻賢母主義」が規範性を喪失するのは自然の成り行きであり、「産み育てること」だけが、女性の唯一の生き方ではないと考えられ主張され始めるのも当然の推移であった。

新しい状況下で、「産み育てる」営みは、女性にとって不可避の必然であるというその位置どりから追われ、新たな意味づけを模索せざるを得ないものと化した。何しろ、職場生活で相応の実績を重ね、キャリア・ウーマンとして充実した日々を営んでいる女性たちのなかには、仕事面での障害となる可能性があるなら、必ずしも「子ども」は必要としないと考える者が珍しくなくなったのである。「産み育てること」に、従来とは異なる意味と位置づけがなされないならば、「子ども」はとりあえずは不要であり、他を犠牲にするほどに有意味で価値のある営みではないと思われ始めたのでもあろうか。

女性能力の活用は、自身に潜在する能力に具体的表現の場を与えて社会的に活用させ、そのことを通じて自身の生き方の充実を図ろうとする、女性たちの意思表示ではあるが、しかし、それは、女性の登用に伴う多様な発想や働き方に対する社会の側の期待であり、人口減少社会ゆえに女性労働力を活用したいとする産業界の企みでもある。彼女たちにとって、社会進出の機会が与えられたことは、動機の如何を問わず歓迎に値することであろうし、また、この機会を逃すことなく、従来の家事・育児の無償労働者的地位を返上し、ふさわしい報酬を基盤として自身の生涯を設計したいと望むこともまた、認められてしかるべきであろう。

そして、このとき、彼女たちが外で働くことで得られた経験、すなわち、労働に相応しい報酬によって報いられる経験や労働の成果を評価される経験、そして、それらを通じて地位や収入が保証される経験などは、それと比較して、「産み育てる」ことの無償性に少なからぬ疑問を投げかけさせる。これまでにしばしば引用してきたように、「自分は、あるいは自分たち夫婦は、少なくともこんな損な行動は選ばない」と明言し、そのことを実行する者たちも少数派とのみは言い難くなりつつあるだろう。このとき、「子ども」を「愛の結晶」と位置づける「愛情神話」は、「子ども」を非効率と見なし、子育てを「損な仕事」とする「成果効率神話」に完全にその席を譲ることになる。

人間以外の動物の場合、生殖は、種の保存のためになされる本能的営みとされてきた。あるいは、より正確に、種の保存というにましてDNA自体の自己保存の営みであるとすら言われ始めている。しかし、人間という動物は、時代の進展とともに、自身のなかに埋め込まれていたこの遺伝的情報とそれに直結した行為を、選別したり拒否したりする理性と意志を発達させ、生殖によって次世代種を保存する機能を摩滅させ消滅させたもののようである。そして、先述のように「産み育てる」行為が、計算の余地のある人為的なものへと転換させられたということであろうか。

いうまでもなく、「生殖」と「産み育てる」ことが、自然的本能のレベルで展開されている限りは、一つの生命を送り出し一人前に育て上げるための努力に関しては、格別の理由づけを必要としない。それらは、お互いに惹かれ合った両性間に生起する、一連の自然な営みに過ぎない。「何のために」という目標も、「産み育てる」ための格別の決断も必要とせず、さらには、育てる営みを放棄しないための持続的な意志も、いずれもがとりたてて云々されるまでもないごくごく自然なことがらであるだろう。しかし、本能的な情報の受容と実行から距離をおいてしまった人間は、「子ども」にも「産み育てる」ことにもそれなりの意味づけが必要となった。そして、このことは、「産み育てる」ことを完全に私的領域に閉じ込めようとする現代の思潮に、異議申し立てをし始めたということを物語ってもいる。

かつて、「子どもは私物ではない」あるいは「私物視してはならぬ」と、子どもの人権を擁護する言説が湧き起こり、それらが、近代的子ども観の基盤として喧伝された。生殖活動と「産み育てる」営みが生き物レベルの本能的行為ではないとすれば、「子ども」たちには何らかの意味が付与されねばならないのだが、「家の継承」とか「親の老後の支援」など慣例的で分かり易い従来のそれが否定されたとき、しばしば浮上してくるのが、親の叶え得なかった「夢」を「子ども」に託そうとする意味づけであった。そこで、「子どもと言えども一個の人格であって、親の私有物ではない」とする啓蒙論者たちの反論が想起されよう。彼らは主張していた、「子どもは、家に隷属するものではないが、同時に、親のために存在するものでもない」と……。

因みに、わが国において、しばしば近代的子ども観の代表者と位置づけられるのは、植木枝盛と若松賤子《しずこ》であるが、以下に、両者の見解の一部を引いておこう。植木は先にも引いたが、土佐の板垣退助を助けて民権運動者として活躍したことで知られ、若松はキリスト教に基づく啓蒙家として、翻訳・創作・評論などの分野で活躍した数少ない女性文筆家の一人である。植木の引用文は、土佐の自由民権運動機関紙『土陽新聞』に連載された論稿からの抜粋である。

親とは如何なるもの耶《か》子とは如何なる者耶《か》古来東洋人は子を以つて親の為めの子なりと思惟したれども真理の炬眼を開きて之を考察すれば子を以て親の為めの子なりとするは甚だ不可なりのみ。而して親とは子を私有檀制すべき所以の名と為すべからず誠に其の子を養育する所以のもののみ。抑も人の子の始めて生まるるや決して最初より自ら衣食し自ら成長すること能はず必ず之れを養育するあつて漸く成人するものとし而して今其之れを産みたるは親なれば親に於いて之れを養育するは全く辞すべからざるの本分と云ふべし。

親は必ず児子を養育して一応独立するまでに至らしめざるべからざるの本分あれども子は必ず親を養はざるべからずと云ふ天地の真理は存ぜざるがごとし。唯だ子は親と最も親近の間柄なるを以て若しも其親の自活する能はざる場合には子に於て之れを養ふべきこと深く蝶々するを須た座れども此の如きは寧ろ臨機のことと謂ふべきのみ。

蓋し上文に論ぜし如く親権過大子権過小の陋習を改め親子同居の旧慣を廢し之れをして同居せしむるの新法を取り父母其子に依頼するの宿弊を屏居することは誠に已むべからざるのこと

にこそあれ。然るに日本などにて今日急遽に全然其の久俗を塵にし一時に激変を行はんとするは未だ敢へてし難きものありとす。

（いずれも植木枝盛「親子論」より）

植木によれば、子どもの人生は「子どものためのもの」であって、それは、彼自身の生の充実のために設計されねばならないとされる。彼の言説は、子どもは「家の継承者」でも「家産の守り手」でもないばかりか、「親の老後の守り手」でもなく「親の夢の実現者」でもない、彼らは、親と異なる新しい時代の主権者として、己れを磨きつつ成長していく責務を負い、親はそれを支援する義務を負うという、親にとってはいささか厳しい方向を指し示していたのである。これは、かつて生き方の根本とされた「孝」の重視に背く方向性であり、また、後に明治政府が強調する「忠孝一如」に対する反論の先取りとも言い得る。ただし、これら啓蒙的主張は、その先駆性のゆえもあって一般化され得なかった。

また、次に引くのは若松賤子の一文であるが、彼女はキリスト教思想に基づく啓蒙思想家で、『小公子』の初代翻訳者としてよく知られている。彼女はキリスト者の常として、「子ども」を聖なるミッションの担い手と見る。彼らはそのゆえにこの世に派遣されたのであって、親のために生きるのでも、その夢の実現者として努力するのでもないと、「子ども尊重」を説いたのである。

心なき人こそ、幼子を目し、生ひ立ちて人となるまでは真に数の足らぬ無益の邪魔者の様に申し升が、幼子は世に生まれたる其日とは言はず、其前父母がいついつにはと、待ち設ける時分から、はや自ずから天職を備へて居り升て、決して不完全な端た物では御座りません。

（若松賤子訳『小公子』の自序より）

さて、繰り返し述べてきたように、「産み育てる」ことが、「家」の維持継承という一族の命運にかかわる営みではなくなったため、その社会的存在意義が稀薄化せざるを得なくなった。その上に、子どもの人権が謳われ、彼らは独立の個人であって親の恣意的介入を拒む存在であると主張されたとき、親と子、とりわけ「女親と子ども」の関係にも相応の変化が生じざるを得ないだろう。かつては、子が産まれるとは一族の明暗を分かつ重大事であったから、産む胎の持主たる女性にとっては、拒否することも辞退することも許されぬ必然の行為であった。しかし、子どもが独立した一人の「個人」であり、彼の生涯は彼自身が選択すべきものとされたことで、子どもとの関係が不可避の靭帯で繋がれているわけではなく、彼らは「わが子」と呼ばれはするが、本質的には「独立の他者」であることを認識せねばならぬ。となれば、その「他者」を、自身の肉体を介して出現させるか否かは、いわば理性的な選択と判断の余地あることがらへと移行させられる。「一考の余地もなく」義務として遂行してきた「産む」という行為が、「産むか、否か」と選択し得る行為へと転移させられたのであった。

結果として、わが家とわが一族の繁栄のために「幼い生命」を授け給えと願い、一人の女性の胎に宿った小さな生命を一族の命運を担うものと崇め尊んで、一族こぞって無事の誕生を祈念したとかいうかつての伝統は、その意味を喪失し消滅の危機に瀕してくる。「産む」ことも「育てる」ことも、女性自身が自らの意志で決定し選択するものと化した以上は、一族その他の希望など斟酌に値しないものとなったからである。結果として、「産み育てること」は、純粋に個人に属する私的な営みと化した。何しろ、それは、夫婦とりわけ「産む胎」によって、決定権や選択権が行使され得るものへと転換させられたのだから。

## 「産み育てる」ことをめぐる科学と国策とのせめぎあい

近代科学と科学技術の急速な発達と普及も、また、「子ども」の意味に大幅な変更を強いた。たとえば、医学と医療技術の発達により、「多産多死」であった子どもは「少産少死」へと置き換えられた。さらに、「遺伝学」「優生学」、あるいは、後に急速な発展を見せた「生殖科学」の活用によって、子どもは「計画的な出産と育児」の対象と化し、人知と科学技術とによって操作可能な存在へと移行させられたのである。

「産み育てること」が、計画と選択の可能な行為と化した以上は、そこに可能な限りの人知が結集されるのは自明であろう。「進化論」の出現によって「自然科学」が脚光を浴びた二十世紀初頭には、「遺伝学」や「優生学」など当時を彩る最新の知見が「子ども問題」に動員され、しかも、それら知見の活用は「人種改良」の希望を透かし見せることで未来をバラ色に染め変えて見せた。すなわち、進化の原則に従えば、次世代の人間は現状にましてより優れた人間となり得るはずである。優生学と遺伝学を活かして、より理性的・計画的に「産むこと」を遂行すれば、優れた新しい人種によって構築される次代の社会は、現在を遙かに超えて理想に近づくであろうことは確かであろう。社会ダーウィニズムとも呼ばれる改良思想と、科学的研究の成果を活かして「産む」ことの「計画」と「選択」権を手に入れかけた女性にとっては、これら新しい言説は、恐らく天来の福音と響いたことだろう。結果として、「産み育てる営み」と所産としての「子ども」は、よりよい未来が志向されるときの不可欠の存在として、その意義を評価されその位置は希望の光に隈どられさえしたのであった。

たとえば、エレン・ケイは、二十世紀を「婦人と子どもの世紀」と唱えて、思想界に一画期をもたらし、国境を越えて広く影響力を持ったスウェーデンの女性思想家であるが、彼女は、フランシス・ゴールトンの「遺伝研究」に傾倒し、その適用によって従来の結婚制度を改め、結果としての人種の改良を示唆して見せた。

ゴールトンはギリシャ語からの一の名辭を案出して、人種改善の科学に対して新しく命名した。「ユージェニックス(Eugenics 人種改善学)」これである。彼は少なくも人種改善といふ點において遙かに未開人に劣っていることを説いて、羸弱者《るいじゃくしゃ》の生存を許さず、また餘りに年少ない者・餘りに年老いたる者に結婚を許さなんだ、スパルタの例を引くまでも無く、一般に未開人の間にあっては交じり気の無い血と強健なる子孫とが民族特有の偉大なる誇で、その為めには個人を犠牲にして顧みなかったと述べている。

ゴールトンは、文明人が羸弱者・無能者に対するその同情心に依ってそれらの者どもの生存を補助しているといふ事実を明らかにした。この傾向は、有能者のがわから見れば己が種の持続の可能性を弱めてをるものである。時こそ一にせざれ、ウェレス及び他の二三の人々もまた、若し人類を劣等になすべきで無いとならば人々はこの問題に関して今一段堅固苛酷な心を持つようにせねばならぬと宣言してゐる。

（いずれもエレン・ケイ『児童の世紀』原田実訳、大正五年〔一九二六〕版より）

「産み育てる」ことは、人知を超えた天与の賜物でもなく、また、家父長の権威の下に服従する外はない不可避の絶対でもないから、科学的検討と理性的判断の下に、「産まない」選択をする余地もあり得るという。これら「優生学」や「遺伝学」の主張は、現状況下での受胎は好ましくないとする「産児制限」の思想に連動する。マーガレット・サンガーのリードした「産児制限」運動が、多くの女性たち、とくに社会改良を志す人々の心を捉え、社会運動と女性運動の一翼を担ったのはこの所以であった。

しかし、サンガーらが唱えた産児制限の主張は、「子ども」の位置づけに関して、逆説的とも言い得る二律背反を孕んでいる。社会ダーウィニズムが、「子ども」らに未来の社会改良を期待し、その位置づけをプラスと評価したにもかかわらず、サンガーらによる「産児制限思想」は、「産み育てる」行為が「産む胎」の権利行使下に置かれ得ることを強調し、それを確認させる思想でもある。とすれば、「子ども」は、結局は女性の選択権の下にあり、彼らの存在の有無を決定するのは、すべて「産む胎」の判断と「育てよう」とする意志に他ならないということになろう。したがって、それは、極言との謗りを恐れずにいえば、「子ども」の人権にまして「産む胎」の人権が尊重される考え方でもあった。

わが国の場合、サンガーらの活動は入国拒否や講演阻止など種々の妨害に遭って十分に展開されずに終わる。それは、当時のわが国社会が、「子ども」を「産む胎」の権利と選択下におくことを極端に危険視し、容認し得ざることと見なしたからに他ならない。軍事力の性急な増強を目指した当時の指導者たちの目には、出生数の減少は何としても避けるべき凶事と見えたに相違ない。指導層にとっては、「産み育てる」営みは、「子ども」自身のためでも、また、「親」となる男女のためでもなく、ひたすら国力のために不可欠と位置づけられていたのである。

科学思想と産児制限思想によって、「産む胎」の選択権下におかれようとした「産み育てる」行為は、結局は選択しようとする女性の願いから外され、再び「国家イデオロギー」のなかに組み込まれた。今世紀初頭、わが国の「子ども」は、国家の財産であり、国力増強のためのかけがえのない戦士であると再定義されたのである。強力な「家制度」に組み込まれていた「生殖イデオロギー」は、漸くその拘束から逃れる機会を得たのだが、改めて強力な「国家イデオロギー」と結合させられ、「国家的使命」というより強烈で抗い難い意義を付与されて人々を呪縛した。産まれてきた「子どもたち」も、「国家」に結び付けられ、「国家」に取り込まれていくことは当然であろう。「子どもは国の宝」というキャッチフレーズが、ためらいもなく大衆の口にのぼったのは、このことを何よりもよく証ししている。

さて、今世紀に入って、自然科学とその応用形である科学技術は、各部門にわたって目覚ましい発展を遂げているが、とりわけ、その飛躍的発展を瞠目されるのが「生命科学」と「医療技術」ではないだろうか。その一つである「生殖医療」も例外ではない。私たちは、「人工受精」や「胎外妊娠」などの最新技術によって、従来は人の芽生えにすら到達し得なかった極小の生命が、赤ん坊として産声を上げ呼吸を続けるという事態に直面している。また、産まれさえすれば、体重が一〇〇〇グラムにも満たない小さな小さな赤ん坊が、完備された哺育器のなかで無事に生き続けていく姿を見ることもできる。もしかしたら、今後何年か後には、「人工的な赤ん坊」が産まれ出るかも知れないと、希望とも懸念ともあるいは恐れともつかぬ気持に捉えられ、不安と期待で心を動かされたりもするのである。「不妊治療」への公費助成が「少子化対策」の一環として実施されるという動きは、従来は顧みられることもなかったこの分野に為政者の視線が注がれ始めたことを物語るものであるが、と同時に、社会権力が「生命の人為的操作」に向けておもむろにその一歩を踏み出したと見ることも可能だろう。

ここで、SF的思考を駆使するという暴挙は避けるとしても、今後、「産む」ことにも「育てる」ことにも、科学と科学技術が介入する余地が大となることは事実である。そのとき、「産み育てる」ことの意味合いとその位置づけは、大幅な変化を被らざるを得まい。何しろ、「結婚」と「子ども」の結合も、父母となるための心理的努力も、これまで子育てをめぐって論議されてきた諸問題は、かなりの程度に失速し無効化して意味を失うだろう。

そして、また、科学的計画の下に設計されて産み出される完璧な「子ども」と、間違いのない「育児方式」で育てられる「子ども」とが、新しくどのような問題を提起するのだろうか。長らく男女の性行為を合法化してきた「結婚」という制度も、また、近代以降の重点課題だった「学校教育」という制度も、いずれもその無力さと無効性を露呈して、新たな構想を待ち受けることになるかも知れないのである。

ところで、「結婚対策」や「少子化問題」を考えようとするなら、私たちは、過去と未来へタイムスパンを長く取って、進展を続ける生命科学や医療技術の行方にも目を配ることを要請される。そして、他方では、人工的な「生命の創造」が可能であろうという予測は、人間の生命を「操作可能な対象」へと変化させていく動きでもあることに気づかねばならない。なぜなら、優れた生殖医療技術や難病治癒技術は、「子どもの生命」を人為の域内に置き換える試みでもある。そのとき、操作可能となった「人の命」や「子どもの命」に対して、有形のあるいは無形の権力となった時代の力が、有無を言わせず「生命操作権」を行使してしまう可能性は、恐らく皆無とは言い得ないだろう。こうした動向を見逃さず、「人間観」と「生命観」の上に生じるであろう変化に対して、これからの私たちは鈍くあってはならないのである。

## 三　「子ども」の「私的位置づけ」からの奪還

### 「産み育てる」行為の私物化

第二次大戦後のわが国において、「公」という言葉とそれに伴う言説は、極言との誹りを恐れずに言うなら、ほぼ完璧に人々の通常の文言から抹消された。もちろん、日本国憲法や教育基本法のなかには「公共性」という語と概念が含まれてはいたが、それらは、舞台の片隅にひっそりと身を潜めていたから、表舞台で跳梁するのは、個人の人権と個人の人格の尊厳を謳い、かつ、個人の自己決定権を主張する「個」を中心とした言説ばかりであった。

「公」という文字と言葉が、「おおやけのために身を捧げる」すなわち「滅私奉公」という戦時下を代表する言辞を想像させるからでもあろうか。この半世紀、「子ども」の養育や教育に関しても、「自己充実」とか「自尊感情の育成」などという個の側に寄り添った目標が中心化され、さながら、個人を超えた教育理念や目標など存在しないかのように無視されてきたのである。時に「ミーイズム」と批判されるほどの「私中心主義」の偏重……。人々の関心は、自身の生活の豊かさとそれを維持することに向けられ、また、子育ての重点も、子どもたちの将来の豊かな生活に向けての対策と準備に置かれる。どうすれば、高い収入が約束されるか、安定した暮らしが持続可能か、そのためには、どのような学歴が有効であり、どの職場に職を得ることが有利なのだろうか。親の関心は、その一点に集中するから、子どもたちは、その路線に乗せられて幼少期から一路邁進させられる。そして、「子どもの興味や関心」あるいは彼の「適性」など、子どもたちの個性ともいうべきさまざまな要因はすべて捨象され、ただ、「未来の暮らし」のために有利と思えることがらにのみ集中させられることになった。親となった人たちは、それこそが「親の責務」と思い定めて迷いもなかったのだ。

第二次大戦後のベビー・ブーム世代が親となり、さらにその二世、三世の時代になると、子育てにおける「公離れ」現象はさらに加速化する。親子ともども、徹底した自己欲求の充足と自己利益追求のために憂き身をやつし、子育ての次元では、「公」という文字も言葉も死語と化し、存在したことすらなかったもののように忘れ去られてしまった。こうした自己利益追求の結果、「産み育てる」営みも、経済効果を中心として計られ評価されるようになる。育児と教育にかける費用総計が一五〇〇万円などと計上されれば、子どもの数の限界が云々され、「子育てはお金がかかる」「とうてい二人目は産めない」と子ども忌避の根拠が数え立てられるのである。

「産み育てる」営みに、「経済性」などという要因が大きな意味を持ち始めるとは、それが他の市場的な営みと同様、「費用対効果」の問題として語られ始めたことを意味している。仮に、「産み育てる」営みに「費用対効果」という視点を導入するとすれば、それが投資に値しない極めてリスクの大きいものであるという、マイナス面だけが浮かび上がってくるのではないか。何しろ、子ども一人に一五〇〇万円を投資し、可能な限りの時間と労力を費やしたとして、子どもは必ずしも親の期待通りには育たないだろうし、投資に見合った成果が得られる保証など、どこに見いだすことができるというのか。回収されたアンケート用紙のなかに、「子育ては損」という記述が散見されたとしても、それを不見識とのみ咎め立てすることはできないだろう。

「公」を失って「自己世界」だけを限りなく増殖させ、「自己充実」のみを価値として生きていく人々が増えていくことは、「産み育てる」ことを忌避する心性の増殖と重なり合う。なぜなら、「産み育てる」行為は、自己以外の者に捧げられる無償の献身である。仮に、それが「わが子」だったとしても、彼は紛うかたなき「自己以外の他者」、したがって、献身の対象が「わが子」であれ「他人の子」であったとしても、子育てという行為が他者に捧げられるサービスであることに変わりはない。何しろ、「子ども」は、未だ自力で自身を養うに十分でなく、必ず、他の誰かの援助を必要とする存在だからである。とすれば「子ども」とりわけ「わが子」と呼ばれる他者のために、財力と時間と労力、あるいは心労など、なんと膨大な財貨の投入が必要なのだろうか。「子どもは不要」あるいは「一人でこりごり」などと「子ども」が忌避され、結果としての「少子化」現象が顕著になっていくのは、当然の成り行きと言うべきであろう。

次に引くのは、「子育て」をテーマとしたEメールのアンケートのなかで、はっきりと「子ども忌避」を表明している代表的な文章である。

子育てを損得で評価するのはおかしいという人の方が多いと思うのですが、損得を考えたことのない人の方が多いんでしょうか？ 私は子供を持って改めて、損なこと（大変なこと？）って多いんだなあって思いました。それを口に出すのはタブーみたいなところがあって、口にしただけで母親失格！ のレッテルを貼られてしまいました。滅私奉公という言葉がいつも頭に浮かびます。

（東京、会社員、女性、三三歳）

（前略）わたしがはたらき続けることで、夫が仕事にのめりこみたい気持にブレーキをかけることになるのがつらいと、わたしは思っています。わたしは夫にのびのびと仕事をして欲しいのです。わたしが家庭にいることが、子どもにとってもいいなら、そのほうがいいのかなと考えたり……。

でも、家庭に収まる性格でもないわたし、実家の両親は高齢で援助は望めないなか、自分のキャリアと夫のキャリアと子育てを両立しながら、精神的にゆとりある生活なんてできないでしょうね。それでも産むのか？　と自問自答すると、なぜ産むのかという気持の方がかってきます。今の日本では、少子化ってとても自然な現象のように思います。

（京都、大学院生、三〇歳）

もちろん、子育ての喜びを語り、子どもの可愛さとそれを享受できる日々をかけがえのない幸せと綴るメールも少なくないので、日本の若い女性たちの大半が、「子育て忌避」に陥っているなどと言うつもりはないし、そう断言することは短絡的に過ぎるだろう。しかし、これら引用文のように、「産み育てる」営みを、市場原理に基づく他の営みと同列において「損得」を比較し、若干のためらいを残しつつも、「損」と評価する若い世代の出現は注目に値しよう。かつて「家庭内の仕事」の「労働価値」が話題となり、それが当然のように「無報酬労働」として位置づけられていることの不当性が論じられた。「家庭内の仕事」も「労働」に他ならないのに、それが「無報酬」であるのは、近代社会が「専業主婦」という新種の別枠労働者を作り出し、それを活用することで一方の男性労働者の生産力を上げようと意図したことに起因しよう。とすれば、それは、近代化とともに発生したジェンダー不平等の残渣であると、その不当性が明示され論議の的とされたのであった。ところで、いま、「産み育てる」営みもその俎上に乗せられ、当然のように続けられてきた「無報酬性」に疑義が呈され始めたということだろうか。

仮に、育児行為そのものに関しては、両性による分担が可能だったとしても、妊娠と出産は女性の身体が引き受けざるを得ないことがらである。とすれば、子育てにかかわる機械的なジェンダー公正は望むべくもないであろうし、その延長線上に「子ども忌避」の心性が派生するであろうことも格別不思議ではない。

頻発する「わが子への虐待」も、時に起こる「子殺し」も、もしかしたら、「子育て」を忌避する心性の同一線上に並んでいると言えるのではないか。それらは、かつて「親とはわが子に対して、無償の愛を提供する者」という規範を無前提的に受け入れ、自身もまたその規範を遵守すべきと自己規定して、子育てに献身してきた先行世代には想像すら困難な事態であり、許し難い不祥事とも見えるに相違ない。しかし、効率と成果を重視する現代に育って、とりあえず「親」となってしまった人々にとっては、無理からぬ言動と許容せざるを得ないのではないか。なぜなら、少しでも効率的に、少しでも成果の見える生き方を是として、成果に与えられる報酬と評価を期待するように成長してきた若い世代にとっては、非効率的で成果の見えない「子育て」に当惑し忌避して、その忌避感が眼前の子どもへの嫌悪感と化し、衝動的な虐待や抹殺を企ててしまったとしても、それは、当然の心の動きと思えるからである。

## 「種の存続」という生物的価値

先に述べてきたが、かつて「子ども」にはある種の公共的な意味が付与されていた。たとえば「家制度」を維持すべく、「家」の継承者としての「子ども」の役割が強調されたこと、あるいは、国是として主唱されていた「国民国家」の担い手として期待されたこと、などは、その典型例であろう。もちろん、それらは、過ぎ去った歴史の一齣として既に葬り去られたものであり、仮に、その復権が望まれるとしたら、それは、過去の亡霊を蘇らせる企てに似て、歴史に逆行する愚行と言うべきであろう。

種の再生産に関する権利、より平たくいえば「子どもを産むか、否か」を決定する権利は、久しい間「家（その背後にある家父長）」に委ねられていたし、また、時には人口増による富国強兵を期待する「国家権力」の所有するものであった。現実に「産み育てる」行為を遂行する人たち、つまり、相互の性を結合させて「子ども」を結実させる若い男女や、特に「産む胎」の所有者たる女性には、「産むか否か」を選択する権利も、「育てる」ことを決断する機会も与えられず、時に女という自身の「性」を疎みながらも、その運命に従属してきたのだった。彼女たちは、時に「産む」ことが不可能な場合には、「産めない胎」を非難され、自身もそれを恥じつつ、「産まねばならぬ」という規範のなかでもがき続けてきたのである。

こうした歴史の果てに、「産み育てる」権利は、ようやく、その具体的遂行者たる若い男女の手に渡った。現代は、男女の結婚に際して、最初から「産む」ことの忌避の上で将来が設計される場合もあり、また、予期せざる「子ども」の結実に関しては男女両者の相談によってその誕生を拒むことも可能となった。つまり、「結婚」も「妊娠」も「出産」も、すべて個人の問題として、自己決定権の行使されるべきことがらへと変わったのである。そして、これら時代的推移の結果として、若い男女たちに、「自分たちの生涯に子どもは不要である」、あるいは「いまこのような条件下で子育てをしたくない」などと、「産む」ことを拒否する理由を確認させ、その権利を行使させている。

しかも、「産み育てる」営みが純粋に個人のものであるとすれば、産まれてきた「子ども」もまた、私的所有物という運命から逃れられない。近代以降の歴史は、「子どもの権利」を主張し、その獲得のために戦い続けてもきたのだが、しかし、「産み育てる」ことを完全な私的行為とすることで、それらの戦果を無に帰そうとしているのではないか。なぜなら、「子ども」の出生に関しても、その養育に関しても、徹底した自己決定権が行使可能だとすれば、「産まれてきた子ども」もまた、両親の意志と決断の産物として、「親に属す者」とされざるを得ないからである。眼前にいるこの「子ども」は、自分たちが産むことを決断し、産まれるべく行為した結果として、いまここに存在している。こうした前提が、意図せざる意図として親たちの意識の底に流れているとしたら、巷間に非難の高い「親のエゴイズム」も、それなりに当然と肯定せざるを得まい。少なくとも、非難一方ではなく、いくぶんの同情の余地は残されている。「子ども」が純粋に私的産物であるとすれば、「産む産まない」はもとより、「いかに育てるか」も、すべて産み出した親の判断次第ということになりかねないのだから。したがって「産み育てる」ことが、「子ども」を持とうとする男女に背負わされる二人だけの営みと化し、彼らの選択の是非が問われて、結果としての「少子化」が云々される現状に、改めて問題を提起しなければならないのだろうか。

ところで、いま改めて、「産み育てる」営みを見つめ直す視界には、「子ども」を「家」や「国家」のために役立てるという狭義の目的の向こうから、「種の存続」と「それを子どもに託す」という、私的利害を超えたより広義な目的と価値が浮かび上がってくるように見える。とすれば、今日、「産み育てる」営みが、ただ、個人領域に属する私的問題としてのみ位置づけられていることは、近代以降の曇らされた視力のゆえと言えないだろうか。

「子ども」が完全に「私的領域」に属する存在であるなら、「産む」ことの可否は純粋な私的選択の範疇にあって他者の介入を許さない。ましてや、権力の意志で「産む」ことを強要されるなどあるべくもないことがらであろう、このことに関しては、「育てる」ことも同様である。「私」の自己充実のために、「私」の暮らしのために、あるいは「私」の好みのために、「子ども」とは無縁の生き方を選択しようとも誰に憚ることもなく、誰に咎められることもないはずである。

しかし、「産み育てる」営みは、それほどまでに完璧な「私的」な営みと断定することが可能だろうか。なぜなら、「産む」こと「育てる」ことには個人的選択の余地があるとしても、「子どもが産まれてくる仕組み」と「子どもが育てられねばならない仕組み」に関しては、それは、私ども個々人の選択を超えた天与の仕組みである。それは、生き物の一種である「人間」という種に埋め込まれた生物学的構造であって、男女の身体にそれぞれ異なった生殖器官を配備され、それが結びつくことにおいて「子ども」という果実が実らされるという事実は、「私」を超える。「性」にかかわる欲求を完全に抹消し、男女の結び付きを全否定するならともかく、私どもはここで、結ばれ合った男女の間には、彼ら二人の望みや好みとかかわりなく、結果としての「子ども」が与えられたり、あるいは与えられなかったりするという事実に、今一度思いを致すべきではないか。望まない「子ども」の出現に困惑する男女や、逆に、切望する男女に「子ども」が恵まれないという現実は、「子どもの誕生」が個々人の意志だけではコントロールし得ないものであり、完璧な「人為的事業」

ではないと告げて、人が生き物であることを教えてくれるのである。

一つの救いは、どうやら、「人もまた、生き物である」という、当然の定義の確認にある。私ども人間もまた、生き物の一種として、それぞれの種を絶滅から守るべく埋め込まれた機関と、その働く場所に思いを致すべきではないか。生き物たちは、自身に与えられた一代限りの生命を不滅のものとすべく、次代の種の誕生のために自らに埋め込まれた生殖機能を行使してきた。それは意志的行為というにまして、所与の本能に従う行為ではあったが、結果として、その種は絶滅を免れ、彼らに与えられた生命は子孫の誕生と繁栄というかたちで存続を保証されてきている。生き物に与えられたこの仕組みは、生物の一種である人間にも備えられていて、それが機能し続けたがゆえに、人類は長い生存の歴史を刻み続けてきたのであった。

生き物のなかの「人」という種を、絶滅から守る、と、こうした目的に思いを致すとき、男女の性的営みもまた、単なる個人的な悦楽を超える。そして、その果実たる「子ども」の役割も、種を維持しその歴史を継承する者として再確認されることだろう。そして、そのゆえに、「産み育てる」営みは、純粋に私的選択に任された私的行為ではなく、大いなる目的に奉仕する「公的」な営みとして、ふさわしい位置づけと価値とを確保することができるのではないだろうか。

子どもから失われかけている「公共的意味」の回復は欲求レベルの問題であるにまして認識レベルの問題である。男女間、あるいは母子間の、衰退の一途をたどるエロスを回復させるにもまして、「子どもの公共性」を改めて認識し直すことが肝要である。ただし、このことは、「家のため」あるいは「国のため」などいう、過去の公的位置づけの復権を意味するものではない。新しい「公的意味づけ」を構築することで「産み育てる」営みを、完全な私的行為から救出することが重要なのである。「子ども」という存在の公的位置づけが確認されることで、「産み育てる」営みに、改めて意義と価値が付与され得ると思うからである。

# 第二章 「子と親の関係」の絶対性の喪失
## ——親はなくとも子は育ち　子はいなくとも親は暮らす

現代とは、「子ども」が「親」の手を借りずに成長可能な時代である。こう断言するとしたら、それは、あまりにも奇を衒《てら》う妄言として、識者の誹《そし》りを受けるだろうか。しかし、社会保障制度の完備した社会では、生後ほどなく「親」と呼ばれる人との結び付きを失った子どもたちに対して、彼らを保護し育成するための施策を怠らないであろうし、虐待などの不適切な行為が発見された場合には、親子の暮らしのなかに介入しさえして、「子ども」の安全を確保し「健全」と見なされる育成のために、公的な援助の手を差し伸べることをためらわないであろう。とりあえず、戦乱などの非常事態にはなく、社会保障のための相応の財政基盤の確保された社会であれば、生まれてきた「子どもたち」は、親はなくとも成長していくことが可能なのである。

一方、「産み育てる」営みを選択せず、「親」と呼ばれる身分を手に入れなかった人々も、また、それなりに自身の好む仕方で暮らすことができるようになった。身体の健康と相応の収入さえあるなら、生涯を「子ども」とのかかわりなしに暮らすことが可能であり、仮に、自己責任で老後に対処する覚悟さえできているなら、とりあえず「子どもなし」に安穏な一生を過ごせるのが現代という時代なのである。

ことは、社会保障に限られない。家庭電化製品の普及と、スーパーマーケットの発達、それに加えて、インスタント食品や冷凍食品の発達が、「子と母の関係」を疎にした、などと言うなら、それは、あまりにも奇矯に響くかも知れない。しかし、現代が「親がなくとも子は育つ」社会であるとされるのは、こうした家庭生活の変化と流通革命が影響している。いま、子どもたちは、自宅の冷蔵庫の中から半調理食品を捜し出してレンジで温め、あるいは、コンビニやスーパーの店頭から調理された食品を購入するなどして、自身の空腹を満たすすべを知っているから、母親が夕飯を整えてくれるまで空腹を抱えて待たねばならないという分の悪い境遇から救出されている。彼らは、さらに、自身の小遣いで好みの衣類を手に入れて、身辺を身奇麗に整えるすべも知ってしまった。いくばくかの金銭さえ所持していれば、こまごまとした身辺雑事は親の手を煩わすまでもなく処理することができる。そう、金銭さえ所持しているならば……。

これらのおおよそは、二十世紀半ばの家電機器の急激な発達や流通業界の革命に負うものであろう。「生活革命」とも呼ばれるそれらは、予期せざる効果をも発揮してしまったのだった。すなわち、子どもたちに、「保護者不要」の単独の暮らしを可能にするという……。かつては、衣食住のすべてに保護と援助を必要としていた生活弱者の子どもたちが、電気機器やスーパーマーケットの力を借りて「弱者」の地位から解放されたのである。以前、東京都内のあるマンションで、母親に遺棄された子どもたちが、大人抜きの暮らしを数週間にわたって営んでいたことがあった。一番下の幼女が病死したことで、結局、この子どもだけの暮らしが発見され、愛人と暮らしていた母親は、司直の手で「被養育者遺棄」と「養育義務放棄」を問われて刑に服し、子どもたちは、それぞれに年齢相応の福祉施設に入所させられるという、現代風の結末を見た事件であった。

ところで、一時的にメディアを賑わし、さっさと忘れられてしまったこの事件は、しかし、私たちに「いま」という時代の母と子の関係を、見事なまでに指し示してくれて絶妙である。かつて、家の暮らしを整え、子どもや老人を世話する「主婦」の役割は、新進の機器や既製品を商う店舗によってとって代わられてしまった。人が生きていくために不可避の存在とされていた家庭の「主婦」、そして子どもの成長にとって代替不能とされていた「母」、それらの絶対性がゆらぎ始めたということも可能かも知れない。マンションの一室に遺棄された子どもたちが、幼い三歳の幼女は別として、食べることにも着ることにもこと欠かず、変わりなく通学さえして、日々の暮らしを淡々と営んでいたのは、このことを証しする格好の例と言い得よう。

かつて（一九九〇年）、心理歴史学者のロイド・ドゥモースは、日本の母子関係を十七世紀のピューリタンのそれに匹敵すると断じ、いずれそれらから脱して西欧近代が体験している心理的進化の道をたどるに相違ないと予告している。彼のいうピューリタン的態度との類似点とは、以下のようなものであった。すなわち、

・自分のためだけの快楽を心から享受できないこと
・集団的活動への没頭
・一心不乱に働かなくてはという脅迫的倫理
・個人同士の人間的なつき合いにおいて羞恥心を強く感じる心的態度

・家族内の人間関係において自責の念をもつ心的態度

などである。そして、彼は続ける、いずれ、近未来において、日本の若い世代は、西欧近代が体験してきたのと類似の心理的進化の道をたどりはじめるに相違ない、と……。彼によれば、十七世紀的ピューリタン的段階を脱して、進化を遂げた親子関係とは、以下のように特徴づけられるとされるのである。

・個人化の進行
・子育てにおける自責の念につきまとわれた「甘え」の減少
・妻の側のマゾヒズム的献身の消失
・一心不乱に働かなくてはという強迫観念の稀薄化
・快楽追求のための活動をあくことなく試みること

などである。仮にここでドゥモースの仮説に即して考えるとすれば、わが国は、彼の予測を上回る速度でピューリタン的段階から脱し、次のステージへと到達してしまった。母子の関係も言に違わず、従来の強い靭帯から脱して、母も子もともに個人の快楽追求へと傾斜し始めているが、しかし、それら急激な変化に抗して、それを快諾し得ない反進化的社会力学の下で生じた新規の葛藤が、母と子の両者を苦しめているのが、わが国流の事実であろう。

この章では、これら現代を徴づける社会的変化を踏まえて、かつての絶対性と不動性を失った「親子の関係」と、さらには社会一般の「子ども—大人関係」に焦点を当てて、弱体化の一途をたどるかに見える「子と親の絆」にアプローチすることを試みたい。

## 一　第二次大戦後の生活革命

### 戦後思想としての「家事労働の改善」と「子ども」

「生活改良」あるいは「改善」という語と概念が公的な認知を得、暮らしにかかわる保健衛生面の改良や栄養改善を目指して、その道の専門家たちの活躍が顕著になるのは第二次大戦後のことであった。大戦後の混乱した社会で、一般庶民の暮らしは衣食住のすべてにわたって困窮を窮め、子どもたちは、栄養不足に加えて最悪の衛生状態のなかに置かれたため、占領軍の指導もあってその改善が志向されたのは当然の経緯と言うべきであろう。日常生活の不衛生さから発生した蚤《のみ》や虱《しらみ》の駆除のために、幼稚園・保育所や小学校など、子どもの集まる場所を巡回して、ＤＤＴという薬品が散布されたこと、あるいは小学校や保育所の給食が検討されたのなど、その典型的な例であろう。最も、学校給食は、大戦前のわが国において、小学校での偏食矯正教育の一環として実施されたり、あるいは、大戦中の食料不足から子どもを守る一助として試行されたこともあったから、全くの未経験事というわけではなかった。しかし、占領国の援助物資によって全国規模で展開されたというところに、戦後の子どもの生活改善運動の一端を見ることができよう。

ところで、当初は、生きていくための最低の生活保障を目指していた運動が、やがて、主婦生活の改善へと重心が移動させられていった。それは、不可避の義務であるとして無償の過剰労働を強いられていた主婦の解放であり、とりわけ、農漁村の主婦たちの暮らしの改善であった。農漁村の主婦たちは、家族のために、遠い井戸から水を汲み、土間に設けられた流し台や竈《かまど》で食事を整え、戸外の焚き口から風呂の火を焚き、さらには、夫とともに田畑や浜辺でのそれぞれの作業に従事するなど、生活時間のなかで占める労働の比率は極めて大きく、また、その労働は苛酷とすら言い得た。

新憲法の保証する男女平等や新民法に基づく家族制度の下で、生活改良運動の目標が彼女たちの家事労働の軽減に向けられたのは当然の経緯と言い得る。先ず、あまりにも非効率的な家事の動きを効率化すべく、昔ながらの台所や風呂場の改善が試みられた。流し台や竈の設置場所である土間が、それまでは、土間より一段高かった居間に続く板張りに改善される。その結果、調理された食品を運ぶために、主婦たちはいちいち、土間と居間を上がり下りする苦労から解放されたし、また、風呂場の焚き口が屋内に設けられたため、寒い夜更けなどにわざわざ戸外に出る辛さからも免れることができた。

表1　家庭内電化の進展

| 年度 | 事項 |
|---|---|
| 1952 | 電気冷蔵庫登場 |
| 〃 | ラジオ受信契約数1000万突破 |
| 1953 | 民間テレビ放送開始 |
| 1955 | 三種の神器が欲求対象となる（冷蔵庫・洗濯機・掃除機） |
| 〃 | 電気炊飯器登場 |
| 1958 | テレビ受信契約数100万突破 |
| 1960 | 三種の神器普及 |
| 〃 | カラーテレビ放送開始 |
| 〃 | 食器洗い器発売 |
| 1962 | オーブントースター発売 |
| 1964 | 電子レンジ登場 |
| 1965 | 2ドア冷蔵庫発売、冷凍食品の普及を促す |

新しい家電製品が市場に出回るのは、戦後数年を経過した昭和二五年（一九五〇）ごろからである。市場に登場した家電製品が個別の家庭に浸透

するのは、表にまとめたように、おおよそ、昭和二七年（一九五二）から昭和三〇、三一年（一九五五、五六）にかけてのことであった（表1）。そして、洗濯機と掃除機ともども、「三種の神器」と呼ばれて新しく豊かな家庭生活の象徴とされた。電気炊飯器の登場も、この年のことである。家庭電化時代への突入は、生活改良委員たちの努力で台所や風呂場を改築し、主婦労働の効率化に目覚めた農村の主婦たちをも刺激する。竈で火を燃やす旧態が改められて、スイッチ一つで処理可能な電気機器の簡便さが、生活のなかに位置を占めるのに何ほどの時間も必要とはしなかった。ほどなく、テレビが茶の間に侵入してくるが、その普及率は目覚ましく、昭和三三年（一九五八）には、全国のテレビの受信契約数が一〇〇万台を突破している。

こうした家庭生活の大幅な変化が、そのただなかで成長した子どもたち、後に団塊の世代とかベビー・ブーマーなどと呼ばれる人たちなのだが、彼らの成長の過程に、正負両面で与えた影響は決して小さくはなかった。昭和二五年（一九五〇）の出生児数は、二三三万七五〇七人、彼らが就学年齢に達したときは、小学校が超過密状態に陥り、一学年の学級数が一〇を超える例も稀ではなく、教室は鮨詰めという時代が訪れているが、この大量の子どもたちの上に起こった暮らしの変化は、家電製品によって母親の家事負担が軽減されたことと、テレビをパートナーとして成長していったということであろう。

母親の家事負担の軽減は、子どもたちから、家事を「手伝う」余地を剝奪する。かつて、「専業主婦」と呼ばれた母親たちは、また、自家営業と家事を両立させることを強いられていた主婦たちは、家族全員の洗濯・掃除・炊事などと家庭生活を支えるためのこまごまとした仕事に手の空く暇もなく、自分自身の時間など到底持つことのできない暮らしぶりであった。そこで、子どもたちも、帰宅後は、夕食のための買い物を頼まれたり、外に干した洗濯物の取り入れを手伝ったりと、いわゆる「お手伝い」を余儀なくされ、時に不平を漏らしたりしながらも母親と家事を分担し合って、家庭内の一員としての役割を果たしていた。土曜日や日曜日など、子どもたちの時間に余裕のある時は、廊下の拭き掃除や庭の草むしりなどが、子どもの仕事として割り当てられている場合もあったし、家業を手伝ったりその合間に家事を手伝ったりと、子どもなりに相応の働き手として暮らしの一端を支えていたのであった。しかし、これらの一切は、家庭電化による家事の軽減で姿を消す。家電製品の導入で余暇が出来たのは、一家の主婦だけでなく、子どもたちもまたそうだったのである。

さらに、茶の間へのテレビの進出は、帰宅後の子どもたちをテレビの前に坐らせてしまう。彼らは、好みのチャンネルを回して番組を楽しみ、親たちの制止さえなければ、夕食までの時間をテレビとともに過ごす場合も珍しくはない。この時期のテレビの普及状態は、表1からもうかがえるように、目覚ましいものがあり、加えて、ほどなくカラーテレビが進出したりしてテレビの魅力は倍加した。子どもたちは、ますますその前に釘付けにされることになる。したがって、彼らベビー・ブーマーたちは、「家事手伝い」などいう労働から免れ、テレビを他の誰にもましてエンジョイしながら、成長を遂げていった最初の世代と言うことになろうか。彼らの思い出のなかに、当時の人気番組、たとえば、アメリカ映画の『コンバット』などが色濃く像を結んでいて、往時のアメリカ兵を模して「コンバット遊び」に興じたなどと回想されるのは、このことの証しと言えよう。

加えて、掃除機や洗濯器で家事から解放された母親が、帰宅した子どもたちを迎える態度も一変する。かつては、掃除・洗濯、あるいは食事の準備などの家事に追われていた彼女たちが、「専業主婦」の座を返上して「専業母」だけに専念することになったから、多くの母親は、手ぐすねひいて子どもの帰宅を待ち受けることになった。彼女たちは、学校の出来事、宿題の有無、今期の試験成績など、学校生活の隅々までを把握しようとして、今日の出来事を余すところなく報告することを要求する。「専業主婦」の役割から解放されたエネルギーは「わが子」だけに注がれ、「専業母」の役割が異常なまでに肥大化していくのは当然と言えようか。

ところで、この母たちは、密かに感づいていたのではなかったか。ベビー・ブーマーと呼ばれる彼らが義務教育を終えた時、高校入試が激烈になるであろうということを……。何しろ、急激に膨れ上がった「子ども人口」に対して、既存の高校数は余りにも少なく、母親運動の主題は、しばしば「高校全入」であった。昭和三五年（一九六〇）の中学生人口は約五九〇万人、高校生総数が三二〇万人強であってみれば、進学率は既に五〇%を超えていたのだが、一〇〇%全入というには遠く、子どもたちは受験競争の波にもまれるであろうことが予想されたのであった。

進学熱の異常なほどの高まりは、庶民一般の高等教育志向が、従来とは比較にならないほどの強さで、社会一般を席捲したということを物語る。第二次大戦後のわが国は、占領軍の強力な指導の下、家族制度を廃止し財閥解体や農地解放を実現させた。そればかりか、一時的ではあるが個人資産の凍結も行なわれて、先祖に由来する身分や財産など、個人の現在の働きに帰属されない特権はすべて無効であると、庶民一般に痛感させたのである。頼れるのは、個人の学歴と技能だけ……。

戦後のこの動きは、生活の向上は、ひたすら個々人が努力して学歴を身につけ、技能を磨いてよい職場と高収入を確保することにあると、広く人々の肝に銘じさせたのであった。

それに、新教育の基本とされたデモクラシーは、高らかに市民の平等を謳っている。自家の子どもも、他家の子どもと等しく、平等な能力の持主である以上は、磨きさえするなら必ず勝利者となることができ、社会の上位に立って恵まれた一生を送り得るに相違ない、とこういう次第で、母親たちの教育熱に火がつけられたのであった。かつて、「瓜の蔓《つる》に茄子《なすび》はならぬ」という諺に忠実に、慎ましく分相応の教育を考えた人々が、人はすべて平等であるばかりか、「鳶《とんび》が鷹《たか》を産む」可能性を頼りに、腕まくりして帰宅後のわが子を迎えた。いわゆる「教育ママ」という造語がメディアを賑わし始めるのはこのころのことであった。

「教育ママ」が、学歴第一主義に立ってわが子を受験競争に駆り立てる一方、子どもを芸能界に送り込もうとして、俳優養成学校への入学や歌謡コンクールの出場に憂き身をやつす母親も現われる。戦後の歌謡界を賑わした「美空ひばり」などの少女歌手や、愛らしい笑顔でテレビ画面に登場するCMタレントなど、メディアの話題となる年少芸能人の出現は、母親たちの野望に火を点ける結果となった。いわゆる「ステージママ」が出現し、また、昭和三〇年（一九五五）ころから、「ジャリタレ」という言葉がメディアを賑わすようになる。そして、「ジャリタレ」への督励、すなわち、母親たちの今一つの上昇志向が、幼いタレントを目指してわが子を追い立てることへと発展する。すなわち、知力・学力に秀でた子どもには一流大学進学の道を、容姿の美しさや芸事に関心のある子どもは芸能界へ……。母親たちの視線は、現在ではなく未来路線の上に注がれ、わが子を乗せるにはどの路線が有利かと、ひたすらなる模索が開始されたのである。

一方、余暇によって生じたエネルギーを、子どもではなく、外に向けようとする者たちも現われた。彼女たちは、より高度の自己充実のために学習の場を求め、あるいは、既に獲得していた技能を活かして職業に就くことを試みる。さらには、不足がちな家計費の足しにと、なにがしかの収入を求めて臨時採用の職場で働く者も増えてくる。彼女たちを脅かした家計費の上昇は、「三種の神器」と呼ばれた電化製品購入のためであったり、あるいは、子どもたちの進学や芸事の稽古のための費用であったりしたのだが、家電製品で生じた余暇を使って、より十分な家電製品を揃えるために働くとは、蛸が自分の足を食べるようなナンセンスな動きでもあった。そして、こうした動きが、子と母の関係を変えていく要因ともなった。

昭和五八年（一九八三）の内閣官房広報室の調査によれば、女性が働く理由として上げているのは、「家計の補助」「自由に使えるお金を得る」など、経済的の理由が上位を占めていて、その後三年置きに行なわれた同様の調査でも変わらない。特に、「自由に使えるお金が得られる」という理由など、年を追う毎にその比率は上昇を見せる（表2）。長年、「家事」という無報酬労働に従事していた主婦たちは、外に出て働くことで「自由に使い得るお金」を手にし得ることに気づき、そのことによって、いくぶんかの精神的心理的な自由と自立感を手に入れたのであった。

外に出かける母親が増えてくると、子どもたちの帰宅後の過ごし方も一変する。たとえば、「ただいま」とドアを開けた子どもを迎えるのが、「おかえりなさい。おやつは冷蔵庫に入っています」と書き残されたメモであったりして、おやつを抱えたままテレビの前に坐り込む子どもたちも少な

表2　就業形態別有職女性の働く理由（平成9年）

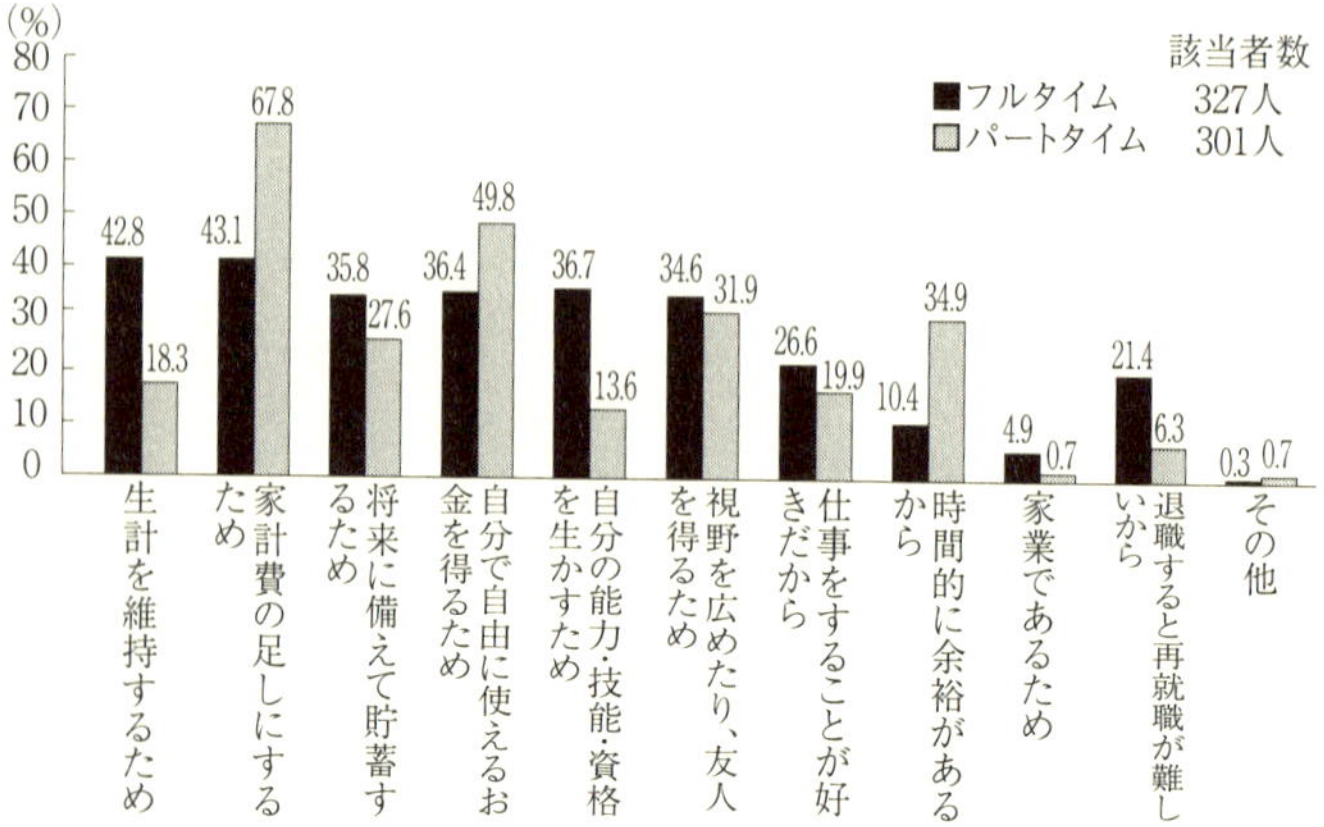


（注）該当者は夫が勤めている既婚女性628人。複数回答。
資料：経済企画庁国民生活局「国民生活選好度調査」1998年。

くなく、さらには、電子レンジなどが普及すると、「もしママの帰りが遅くなったら、冷蔵庫の中のものをレンジで温めて食べていなさい」などと、子どもに自力で夕食を整えて一人で食べるよう指示した書き置きが残されることも珍しくなくなる。家事労働に悩む主婦の救世主として機能した家電製品は、結果として、一方では、過度に子どもに執心する「教育ママ」や「ステージママ」を産み出し、他方、家事と同時に子育てまで放棄しかけている「子育て忘却ママ」をも誕生させてしまったのであった。

「教育ママ」や「ステージママ」に抱え込まれた子どもたちは、時に圧制とすら言えそうなその支配を疎ましく思い、一方、「子育て忘却ママ」に忘却された子どもたちは、身辺の雑事のもろもろを自力でこなすことで、次第に母親不在の日常に慣れて自分の時間を自分好みに管理することをマスターする。その結果、かつて、子を持つ母の役割、すなわち、子どもの身辺に細やかに気配りしながら、成長のすべてを見守るというそれは、徐々に輪郭をぼやけさせ姿を消していくことになる。

近代における「子どもの発見」は、彼らを「保護し愛育する対象」として位置づけたとされている。そして、これも近代の発見である「専業主婦」が、その任に当たった。「食べさせること」「着せること」「その暮らしを快く整えること」など、すべて母の役割とされ、それは子どもの生死を司るものとすらなって、両者の関係は成長にかかわる不動の絶対と化した。母親なしには子どもの暮らしが成り立たない、というほどの強い関係が成立したのである。

しかし、この強力な母親依存も、また、子どもを身近において常に喜怒哀楽をともにしようとする母の強い欲求も、現代のこうした暮らしの激変によって、徐々にその力を弱められる。子どもたちは、「親はいなくともやっていける」という感覚を我がものとし、母親の側は、「手を抜いても子どもは何とかやっていく」と捉え始めていったのである。「家庭意識」に関する調査結果でも、「親子の絆が弱くなっている」と感じている親たちが、増加していることが示されていた（表3）。

## 流通革命と自立する生活者としての「子ども」

不可分に結ばれていた子と母の関係が曖昧となり、子と親の両者に「果たして家庭生活の主管者は必要なのだろうか」と疑わせるようになったのは、単に家電製品の普及だけが原因ではない。スーパーマーケットやコンビニエンス・ストアーの出現という、流通革命も、この動きの加速化に一役買っている。これらの大型商店は、限られた特定の商品だけを販売する個人商店とは異なり、多種類の品物を商品棚に陳列して客が自由に手に取ることを可能とし、さらに、加工食品や半調理品

表3　家族・家庭生活に関する意識（平成13年）

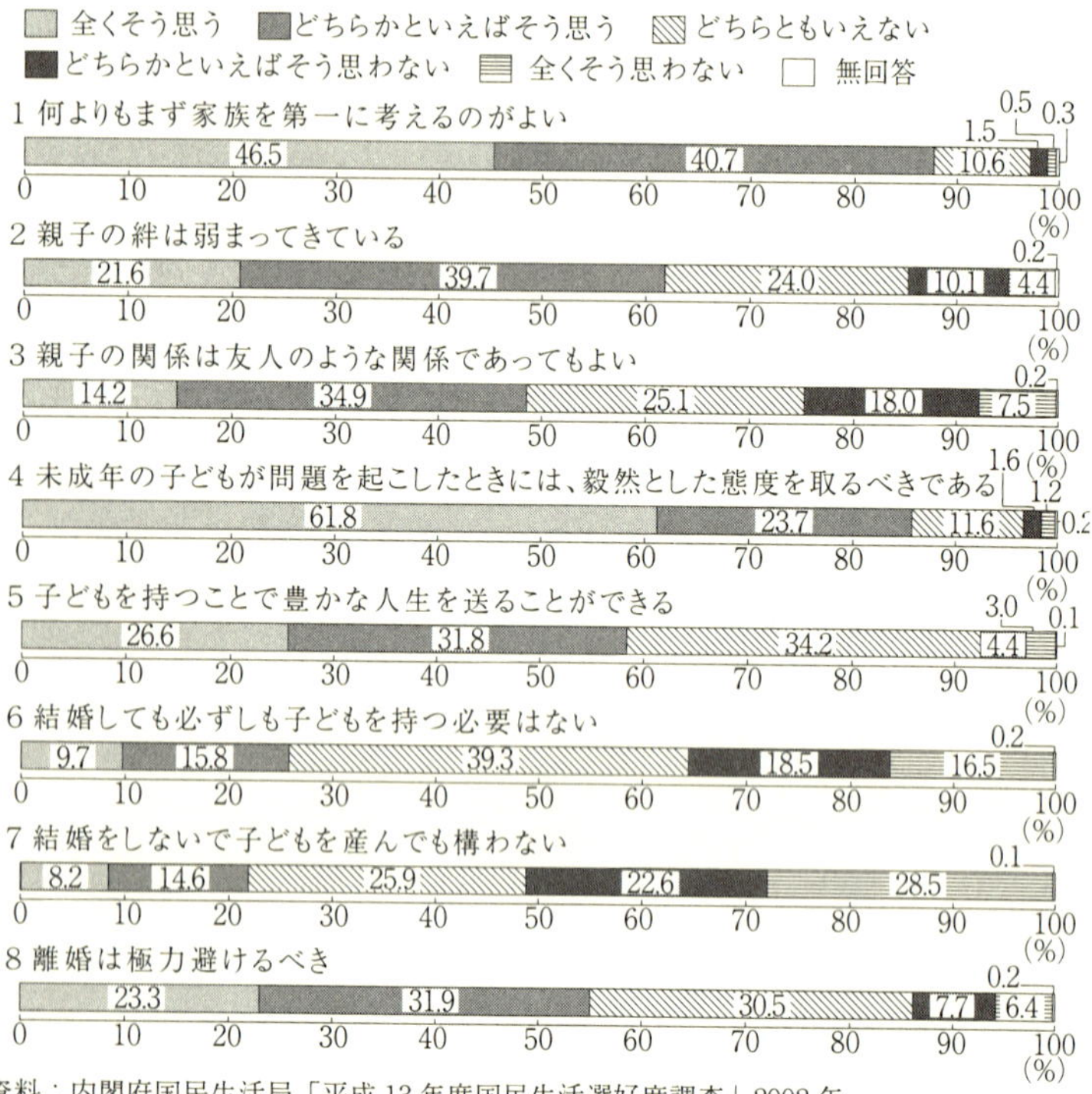


資料：内閣府国民生活局「平成13年度国民生活選好度調査」2002年。

を品揃えして「食材を整える」という家事の手間を半減させることに成功した。結果として、これまで主婦を悩ませていた食材の買い物も、調理にかける時間も短縮され、家事に注がれる時間と労力は大幅に削減されたのであった。

昭和二八年（一九五三）、東京青山に最初のスーパーマーケットが出現した。当初は、駐留米軍の家族を対象に輸入食品などを販売していて、庶民一般とはさほど縁のあるものではなかったが、普通の商店には置かれていない高級品などが揃えられていて、一般庶民の憧れ心を誘っていた。後に直木賞作家となった林真理子は自伝的作品のなかで、東京で働き始めた若い女性にとって、青山近辺に小ぎれいなマンションを借り、近くの高級スーパーで買い物をするのが夢の一つだったと記している。ただし、日用食品を購入する場所としては、そのスーパーの品物はすべて高価すぎて、彼女たちにとっては安易に利用し得る店ではなかったらしく、買い物籠にマーガリンを一つほうり込んでエレベーターに乗る若い女性の姿がユーモラスに描かれていた。

この高級スーパーが林の作品に登場するころは、出店後、かなりの歳月を経ていたから、食の豊かさを求め始めた贅沢志向の日本人にも利用されるようになっていたが、それにもまして、一般庶民にスーパー形式の商法の便利さを身近に感じさせたのは、昭和三三年（一九五八）に、「主婦の店」を標榜して「スーパー・ダイエー」が登場したことであった。何しろ、手の届く陳列棚に、これも手の届く値段の商品が豊かに並べられているから、客たちは、それを自由に手に取って点検し、必要な商品は次々と腕に下げた籠に入れて、清算場所であるレジまで運んでいけばよいのである。店員が一々客に応対する必要がなくなり、その分軽減された人件費が商品の価格に反映される。慣れてしまえば、これほど便利な商法はない。というわけで、スーパーマーケットは流通業界の寵児となり、昭和三七年（一九六二）以降、各地にチェーン店が出されたり、あるいは、土地の個人商店がスーパーに転換するなどして、日用品の売買の仕方が大きく転換させられていったのである。

スーパー型商法は、子どもにとっても、必要品を購入するのに都合のよい商い方式であった。何しろ、商品がほどよい量にパックされて価格を記したラベルが貼られて並んでいるから、あちこち眺め回して、目に触れ心をそそられたものを籠に入れればよい。「これはお幾らですか」とか「これがお安いですよ」などと、店主との間に余計な会話を交わさなくともよいし、あれこれと迷ったら一度籠に入れた商品を再び棚に戻すことも可能である。家事に不慣れな子どもにとって、まことに便利な買い物の仕方と言い得る。たまに欲張り過ぎて、レジスターに打ち出される金額が予定を超えてしまうことがあったりしても、それを籠から出して収支を合わせればよく、試行錯誤しながら買い物の仕方をマスターするには格好の練習台となった。結果として、スーパーの出現は、子どもたちに生活者としての成熟を促し、常よりも早く大人になることに手を貸すという、予期せざる効果をも発揮してしまった。子どもたちは、こうした買い物の仕方に熟練することで、自力で夕食の食材くらいは整えることができるようになったし、先述のように、電子レンジで調理すれば「空腹を抱えて母の帰りを待つ」必要がなくなったのである。

インスタント・ラーメンの開発は、昭和三三年（一九五八）であり、「ダイエー」の開店と同年である。この商品は新製品としてスーパーの一画を飾り、テレビCMの効果もあって、瞬く間に庶民の食卓に上がるようになった。インスタント食品の消費者による歓迎ぶりと、その普及度は驚異的とすら言えるほどである。加えて、「おにぎり」や「サンドイッチ」などの調理された食品も、小ぎれいに包装されて店頭に置かれるようになった。透明で伸びのよい包装用品として、クレラップの販売が始まるのが昭和三五年（一九六〇）である。一人前ずつ小分けされた調理食品の大量生産が可能となった背景には、これら新しい包装用品の存在があることも確かであろう。

さらに、「コンビニエンス・ストアー」の開店によって、インスタント食品の売上げに拍車がかかった。そして、親に放棄された「子どもたち」、あるいは、自らも親離れし始めた「子どもたち」も、インスタント食品の普及に貢献している。というより、それを普及させた功労者であったとすら言い得よう。子どもたちは、レンジにかける手間も要らず、ただ熱湯を注いだだけで完成するこれらの食品を熱愛し、空腹時の間食の域を超えて、母親の不在時などには夕食代わりに活用しさえしたのである。

子どもの食生活調査によれば、家族と食事時間を共有しない子どもの比率は、一九九〇年ころから増加の一途を示す。足立みゆきの調査研究によれば、家族と食卓を囲む回数が激減するのと子どもが一人でカップ・ラーメンを食べる回数が相関していて、質量ともに子どもの食事が劣化していることと、食卓を囲む人間関係の貧しさが指摘されている。自身の食事風景を描かせた実験では、「一人で食べました」という説明に添えて、カップ・ラーメンの絵が描かれていて関係者たちを唖然とさせた。もちろん、日本中の子どもたちがカップ・ラーメンで、一人ぼっちの孤独な夕食をとっているというわけではない。しかし、かつては、「一家団欒」の象徴と見えた食事時間に、朝夕ともに「子どもだけ」で食事する子どもの割合が、徐々に増え続けるという実態を調査は示していた（表4）。

昭和三五年（一九六〇）以降、経済成長の結果として社会全般に高級志向が広まり、インスタント食品や冷凍食品にまで、従来の簡便性だけを特徴とするのでなく素材や味の高級化を売り物にするものが現われ始めた。しかも、このインスタント食品の高級化が、職場の勤務状態や子どもの塾通いで食事時間が調整できず、一日の食事が個別バラバラになりかけていた家族に歓迎されて、子

**表4　いつもどのように食事しているか**

(1) 朝　食　　　　　　　　　　　　　　　　　　　全体（単位：%）

| 地域 | 項目 | 小学校 男子 | 小学校 女子 | 小学校 計 | 中学校 男子 | 中学校 女子 | 中学校 計 | 総計 |
|---|---|---|---|---|---|---|---|---|
| 都市 | 1　家族そろって食べる | 28.4 | 20.1 | 24.3 | 19.4 | 13.1 | 16.2 | 20.4 |
| | 2　家族の誰かと食べる | 51.1 | 60.0 | 55.5 | 41.2 | 50.0 | 45.6 | 50.8 |
| | 3　家族と食べたいが一人で食べる | 7.2 | 7.7 | 7.4 | 5.9 | 8.4 | 7.2 | 7.3 |
| | 4　家族とは別に一人で食べる | 10.8 | 9.1 | 10.0 | 29.5 | 24.4 | 26.9 | 18.1 |
| | 5　その他 | 2.5 | 3.1 | 2.8 | 4.0 | 4.2 | 4.1 | 3.4 |
| | 計 | 100.0 | 100.0 | 100.0 | 100.0 | 100.0 | 100.0 | 100.0 |
| 農村漁村 | 1　家族そろって食べる | 28.2 | 24.1 | 26.1 | 21.7 | 14.8 | 18.3 | 22.1 |
| | 2　家族の誰かと食べる | 52.1 | 61.2 | 56.7 | 43.2 | 54.2 | 48.7 | 52.5 |
| | 3　家族と食べたいが一人で食べる | 6.5 | 5.3 | 5.9 | 5.9 | 6.1 | 6.0 | 5.9 |
| | 4　家族とは別に一人で食べる | 10.1 | 6.7 | 8.4 | 25.2 | 20.5 | 22.8 | 15.9 |
| | 5　その他 | 3.0 | 2.7 | 2.9 | 4.1 | 4.5 | 4.3 | 3.6 |
| | 計 | 100.0 | 100.0 | 100.0 | 100.0 | 100.0 | 100.0 | 100.0 |
| 総計 | 1　家族そろって食べる | 28.3 | 22.0 | 25.2 | 20.6 | 14.0 | 17.3 | 21.2 |
| | 2　家族の誰かと食べる | 51.6 | 60.6 | 56.0 | 42.2 | 52.2 | 47.2 | 51.6 |
| | 3　家族と食べたいが一人で食べる | 6.9 | 6.5 | 6.7 | 5.9 | 7.2 | 6.5 | 6.6 |
| | 4　家族とは別に一人で食べる | 10.5 | 8.0 | 9.2 | 27.3 | 22.4 | 24.8 | 17.0 |
| | 5　その他 | 2.8 | 2.9 | 2.9 | 4.0 | 4.3 | 4.2 | 3.5 |
| | 計 | 100.0 | 100.0 | 100.0 | 100.0 | 100.0 | 100.0 | 100.0 |

回答数　11,295 人　　無回答・無効回答　183 人

(2) 夕　食　　　　　　　　　　　　　　　　　　　全体（単位：%）

| 地域 | 項目 | 小学校 男子 | 小学校 女子 | 小学校 計 | 中学校 男子 | 中学校 女子 | 中学校 計 | 総計 |
|---|---|---|---|---|---|---|---|---|
| 都市 | 1　家族そろって食べる | 57.4 | 50.9 | 54.2 | 50.5 | 46.7 | 48.6 | 51.5 |
| | 2　家族の誰かと食べる | 37.2 | 44.6 | 40.9 | 38.6 | 44.2 | 41.4 | 41.1 |
| | 3　家族と食べたいが一人で食べる | 1.7 | 1.0 | 1.4 | 2.1 | 1.6 | 1.9 | 1.6 |
| | 4　家族とは別に一人で食べる | 1.7 | 0.8 | 1.3 | 6.7 | 4.1 | 5.4 | 3.3 |
| | 5　その他 | 1.9 | 2.6 | 2.2 | 2.2 | 3.4 | 2.8 | 2.5 |
| | 計 | 100.0 | 100.0 | 100.0 | 100.0 | 100.0 | 100.0 | 100.0 |
| 農村漁村 | 1　家族そろって食べる | 60.8 | 62.7 | 61.7 | 56.4 | 54.3 | 55.3 | 58.4 |
| | 2　家族の誰かと食べる | 34.7 | 32.7 | 33.7 | 35.6 | 37.5 | 36.5 | 35.2 |
| | 3　家族と食べたいが一人で食べる | 1.3 | 1.2 | 1.2 | 1.1 | 1.6 | 1.3 | 1.3 |
| | 4　家族とは別に一人で食べる | 1.9 | 1.2 | 1.5 | 5.5 | 4.2 | 4.8 | 3.3 |
| | 5　その他 | 1.4 | 2.2 | 1.8 | 1.4 | 2.5 | 1.9 | 1.9 |
| | 計 | 100.0 | 100.0 | 100.0 | 100.0 | 100.0 | 100.0 | 100.0 |
| 総計 | 1　家族そろって食べる | 59.0 | 56.6 | 57.8 | 53.6 | 50.6 | 52.1 | 54.9 |
| | 2　家族の誰かと食べる | 36.0 | 38.9 | 37.5 | 37.0 | 40.7 | 38.9 | 38.2 |
| | 3　家族と食べたいが一人で食べる | 1.5 | 1.1 | 1.3 | 1.6 | 1.6 | 1.6 | 1.4 |
| | 4　家族とは別に一人で食べる | 1.8 | 1.0 | 1.4 | 6.1 | 4.1 | 5.1 | 3.3 |
| | 5　その他 | 1.6 | 2.4 | 2.0 | 1.8 | 2.9 | 2.3 | 2.2 |
| | 計 | 100.0 | 100.0 | 100.0 | 100.0 | 100.0 | 100.0 | 100.0 |

回答数　11,203 人　　無回答・無効回答　275 人

調査対象：全国 47 都道府県の完全給食実施校の公立小学校 5 年生、中学校 2 年生 12,962 人（有効回答数 11,478 人）。

資　　料：くもん子ども研究所『からだレポート』2001 年 5 号。

どもの「孤食化」を推進したとすれば、この皮肉な現象をどう解釈したらよいのだろうか。結果として、家電製品やインスタント食品、冷凍食品の開発と普及は、「家族成員の個別化」を推し進め、日常生活は「家族で営まれる」という従来の形から脱して、独立した個人が自身のペースで個別の暮らしを営む集合住宅のようなものへと変質していったのであった。

「おにぎり」や「ホットドッグ」などの調理食品も、学校帰りの子どもたちを上得意として発達した。放課後、家に寄らずに学習塾に直行する子どもが増加し、彼らが途中のコンビニに立ち寄ってこれら調理食品を購入するからである。包装用のラップを半開すれば、皿も箸も不要だし、食卓も必要とせず、バス停などで簡単に食事をすますことができる。というわけで、塾通いする中高生にとって、コンビニは自家以上に大切な食の提供場であり命綱の感さえある。

かつて、子どもたちが何よりも恐れたのは、母親の「不在」であった。日暮れまで遊びほうけて家に帰るとき、彼の心に密かにしのび寄るのは、「玄関を開けたとき、もし母親がいなかったら」という、うっすらとした不安ではなかったか。何しろ、母親不在の家は子どもにとって見知らぬ他所に等しい。もし母親がいなければ、日々の食を口にすることも、汚れた衣服を着替えることも、怪我や病気の手当をしてもらうことも、何もかも覚束無いばかりか、何よりも、「ただいま」と帰った彼を迎えてくれるあの笑顔もあの腕も、どこにも見当たらないことになるのである。このとき、「家」と名付けられたその場所は、子どもが生きていくに相応しくない危険に満ちた空間に変質してしまうに相違ない。とすれば、子どもにしてみれば、そんな殺伐とした日常をどう生きていったらよいか見当もつかないことになるだろう。

しかし、家電製品の発達やスーパーマーケットやインスタント食品の発達は、子どものなかのこうした不安を軽くし、「子どもだけでも何とか生きていける」と囁いて、子と母の絶対性に亀裂を生じさせた。母もまた、常に子どものことのみを思い患うこともなく、また、格別の不安も恐れもなしに、彼らの世話を放棄したり置き去りにすることができるようになった。先述の例のように、親に遺棄された子どもたちが、都会のマンションの一室で彼らだけで何ヶ月も過ごし得たのもこうした状況下の出来事であった。

ところで、ここで重要となるのは、所有される金銭の問題である。子どもたちがそれらの食料を調達するためには、どうしても一定額の資金が必要となろう。何しろ、ただのマーガリン付き食パンにするか、あるいは、卵サンドが買えるかなど、すべて所持金の多寡で決まるからである。現代という時代は、お金さえあれば、食べるに事欠かず、着ることにも不自由しないで、子どもだけでも生きていける世の中になってしまったということであるが、子どもたちの暮らしのなかで、金銭の価値が従来にまして重く位置づけられるようになったのは、こうした動きと無縁ではない。子と親の絆は弱くなり続ける今日、一方で、子どもと金銭の結び付きだけは従来にまして強くなりつつあると言うなら、それは余りに皮肉な物言いに過ぎるだろうか。

## 二 「母」のエネルギーの「凝集」と「拡散」

学習塾の存在と親子の関係

子どもたちの学習塾通いが話題を呼ぶのは、昭和五〇年（一九七五）ごろからである。昭和五二年（一九七七）の文部省調査は、小中学生の三一〇万人が塾に通っていると報告しているが、昭和五七年（一九八二）になると、小学生の二一・八％、中学生の三四・九％と塾に通う率が上昇していて、受験競争が小学生レベルにまで浸透してきたことが推察される（表5）。ベビー・ブーマーの時代に発生した受験地獄は、母親たちの「高校全入」の要望もあって高校の増設が続き、高校の受験難はおおよそ解消されたはずであった。その証拠に、高校進学率は、既に九〇％を超えた。また、大学もその大衆化が問題視されるほどに新設が続いていて、「大学全入時代」の到来が明言されている。にもかかわらず、子どもたちは、受験競争の真っ只中に追いやられて、塾は盛況を続けていくのだった。

非一流の大学では社会的通用度が低いと見なす親たちは、一流と言われる大学進学を目指して、それに有利な中学や高校へ進学させようと、幼児期からの受験準備に総力を結集する。とすれば、いくぶんふざけた言い分ではあるが、コンビニの食品類は、子どもたちの大学合格に多少ならず貢献していたのではなかったろうか。コンビニ経由の「おにぎり」や「菓子パン」で一時の空腹を満たしながら、塾の勉強に励んだ子どもたちが、それぞれ、母親が一流と規定して入学を熱望する大学へと進学しただろうからである。

受験競争の過熱化とそれに連動する塾通いの常套化は、避け難く母子の上に覆い被さり、両者の暮らしを拘束した。平成五年（一九九三）の「文部科学省実施調査」は、塾通いしている小・中学生の親を対象として、その理由を挙げさせている（表6）。これによれば、第一の理由として挙げ

表５　通塾率の推移

ｉ）小学生の場合

（単位：％）

| 区　　分 | 昭和 51 年 | 昭和 60 年 | 平成 5 年 |
|---|---|---|---|
| 小学校 1 年 | 3.3 | 6.2 | 12.1 |
| 2 年 | 4.8 | 10.1 | 14.1 |
| 3 年 | 7.5 | 12.9 | 17.5 |
| 4 年 | 11.9 | 15.4 | 23.6 |
| 5 年 | 19.4 | 21.1 | 31.1 |
| 6 年 | 26.6 | 29.6 | 41.7 |
| 小学生平均 | 12.0 | 16.5 | 23.6 |

資　　料：文部省「児童・生徒の学校外学習活動に関する実態調査」(昭和51年、60年)、文部省「学習塾等に関する実態調査」（平成 5 年）から作成。

調査対象：小中学生を有する 63,000 世帯（平成 5 年調査）。

ⅱ）中学・高校生の場合

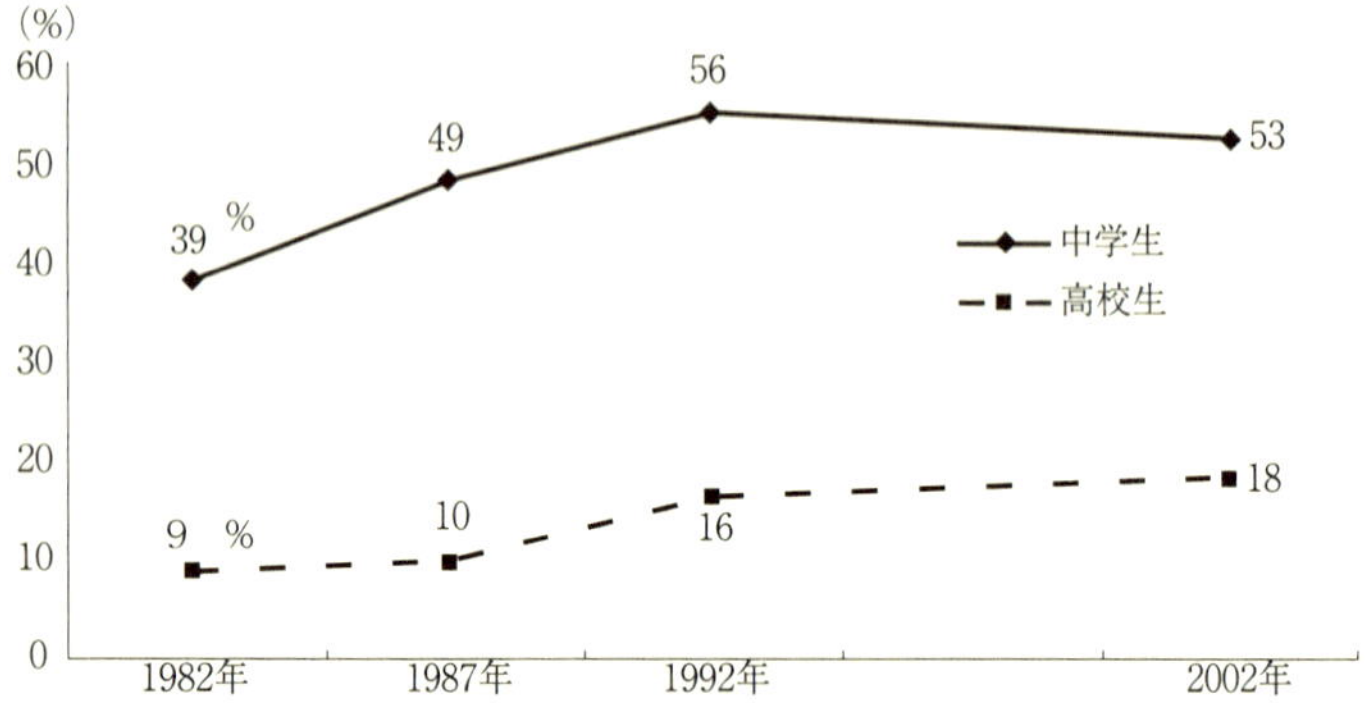


資　　料：ＮＨＫ放送文化研究所「中学生・高校生の生活と意識」(2002 年)。

調査対象：（2002 年）全国の中学・高校生の年代（1984 年 4 月 2 日～ 1990 年 4 月 1 日生まれ）の男女 1,800 人（有効回答数 1,341 人）。

（1992 年）全国の中学・高校生の年代（1974 年 4 月 2 日～ 1980 年 4 月 1 日生まれ）の男女 1,800 人（有効回答数 1,459 人）。

（1987 年）全国の中学・高校生の年代（1969 年 4 月 2 日～ 1975 年 4 月 1 日生まれ）の男女 1,800 人（有効回答数 1,556 人）。

（1982 年）全国の中学・高校生の年代（1964 年 4 月 2 日～ 1970 年 4 月 1 日生まれ）の男女 3,600 人（有効回答数 3,165 人）。

図６　小学校・中学校の学習塾に通わせている理由の比較

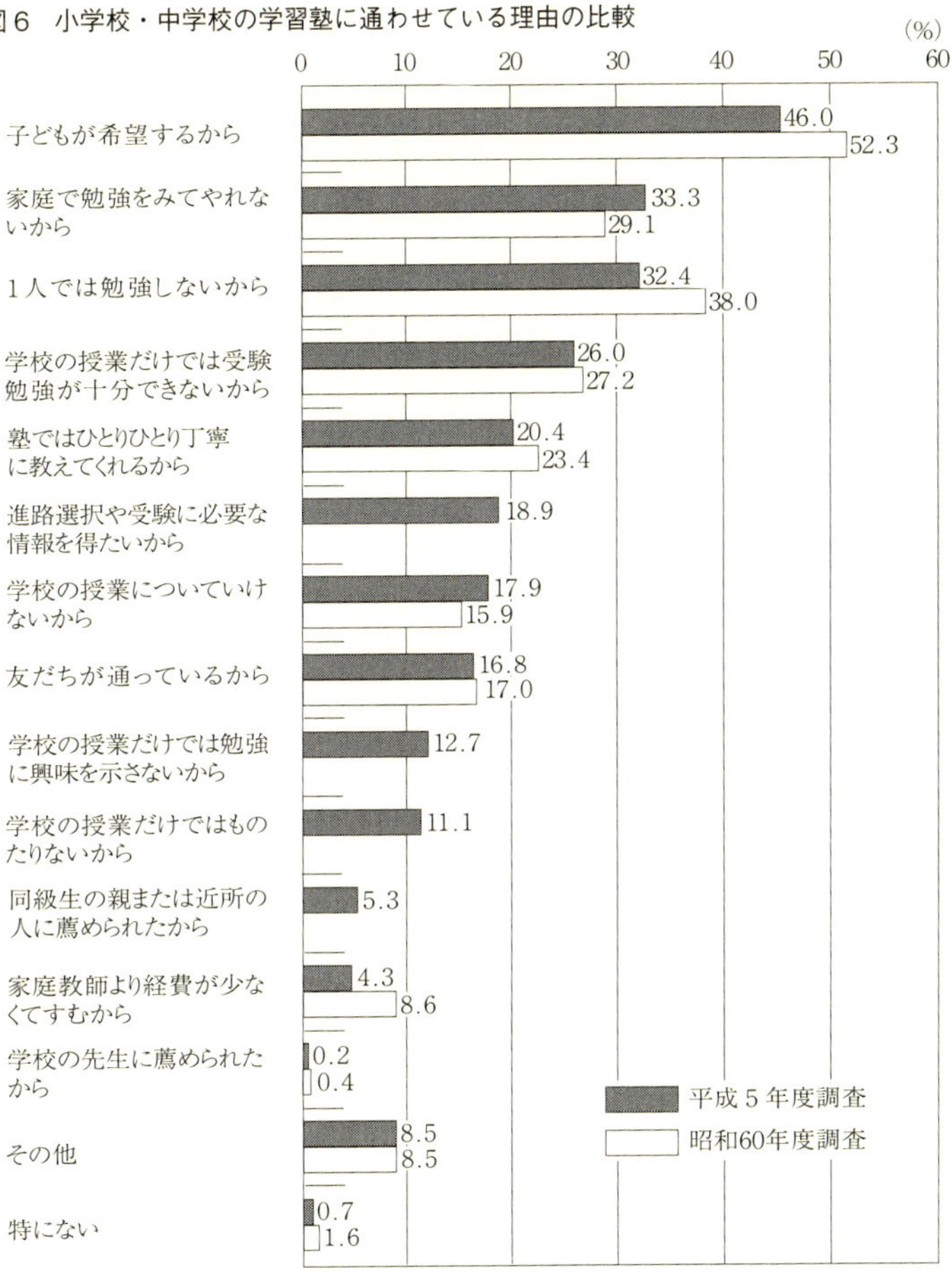


（注）１　一度でも学習塾へ通わせたことのある世帯のうち、「通わせている理由」を回答した世帯数を母数とする理由別世帯の占める割合に基づき、学習塾へ通わせたことのある総世帯について、割合を推定した結果。

２　１つ以上４つまで回答。

資料：文部省生涯学習局「平成５年度学習塾等に関する実態調査」1994年。

られたのは、「子どもが希望するから」というものであった。調査が実施された同年には、既に半数を超える子どもが塾通いをしている。したがって、「子どもの希望」とりわけ小学校低学年次のそれは、「友人が行くから」あるいは「塾に行かなければ友人が得られないから」というものであり、受験を見越しての勉強はまだ視野に入っていないと見てよい。都会、とくに首都圏などの場合、近隣の子どもたちが塾通いを始めれば、放課後の遊び仲間がいなくなり、結果として、一人でゲームなどに時間を潰すしかない。「子どもが塾を希望する」とは、こうした友人を見つけにくい少子化時代の子どもの転倒した要望とも言い得よう。

第二位以下に挙げられている「家庭で勉強を見てやれない」とか「一人では勉強しないから」などは、学力の向上を願う親たちの心情であった。そして、第四位に挙げられた「学校の勉強だけでは受験勉強が十分にできないから」という理由こそ、将来の受験競争を睨んだ親たちの偽らざる心境の表明に相違ない。小学校入学と同時に、否、より極端には、子どもが物心つくや否や、将来の大学受験が視野に入ってきて、その対策を考えずにはいられない現代の親の痛ましさの現われと見るべきだろうか。いずれにしても、わが国の現代において、「親となること」は、一筋縄ではいかない難行苦行と言うべきであろう。

子どもと母親の塾をめぐる判断は、その理由を異にしながらも、「塾に行く」という結果だけは共有されたから、結果として、正規の学校の課業を終えた後、子どもたちは塾の生徒として勉強に励み、塾に預けたことで安堵した母親は、塾の費用の調達も兼ねて、パート労働などに参加して収入を得ようとする生活パターンが定着した。母親は次のように主張するに違いない、「自分が外に出るのは、子どもの学費を稼ぐためである」と……。そして、この物言いは、恐らく偽りではないだろう。しかし、子と母の関係はますます稀薄化し、双方がお互いを必要とする度合は、ひときわ薄くなっていくであろうことは想像に難くない。

「塾通い」は、なぜ、子どもの受験学力を向上させるのに有効なのだろうか。佐伯胖は、塾の指導方法の特色として、「信じさせる」ことを挙げている。生徒一人一人に関して、テスト成績に基づいた「診断」が行なわれ、「処方」が与えられる。生徒たちは、塾から与えられる処方に従ってひたすら努力するだけであり、疑問を持ったり異議申立てをしたりする余裕はないという。つまり、「黙って従いなさい」と提示される「やり方」に従って、それ以外のことは頭から追い払い、与えられた課題をこなすよう仕付けられるのである。塾流の「やり方」は、ノートの取り方、問題文に書き込むマークの付け方に至るまで、こと細かに決められていて、それを守ることが要求される。

また、正解の出る質問は歓迎されるが、答えの出ない質問は「悩み」として対処され、塾教師の誰かが一応は聞いてくれるのだが、彼らの熟練したやり方によって、生徒たちは、「悩み」にまして現在すべきことは受験勉強以外にないと、納得させられてしまうらしい。学校の教師には打ち明けるすべもない「悩み」を、とりあえずは打ち明けることができ聞いてもらうこともできて、その上での説得であってみれば、生徒たちも塾教師の対応に一応は満足して、再び予定の学習に戻るというわけである。その結果、テスト毎に評価され公示される成績順位の向上を目指して、彼らのエネルギーはひたすらに傾注されるのである。

受験塾では、級友相互の競争が激しいのだが、それでいながら、彼らの間には「戦友」とでも言うべき独特の意識が生まれている。不思議なことに、メディアが強調するように「仲間はみんな敵」とはならず、「苦楽をともにしつつ戦う仲間たち」として助け合い励まし合うのである。成績の公示は序列が仲間内に明示されるという痛みではあるが、生徒たちのなかには嫉妬や恨みはなく、陰湿ないじめも生まれにくいと言われる。成績の明示は学力の序列を明確化し、自分はそのどこに位置するかという客観的事実が認めやすくなるため、それなりにふっ切れた明るさに支配されているらしく、生徒たちにとって、塾は、どうやら「学校」や「家庭」よりも居心地のよい場所であるらしいのである。その証拠のように調査結果は、「学習塾の効果」に関する子どもの答えとして、「学校の勉強がよくわかるようになった」という利点と同時に、「塾の先生と親しくなれた」「友達が出来てよかった」などと人間関係的な効果を上げる者が多いことを示している（表7）。

こうして、「塾」は、子どもの生活の主要エリアに位置づけられ、心の領域でも重要な役割を果たし始めたのだが、それと逆比例して、彼らの心理的世界に占められる「学校」や「家庭」の位置づけが曖昧化していくのは避けられぬ傾向と言わねばならない。「学校」も「家庭」も、自身の成長と不可分に位置する場所ではなく、習慣的なかかわりで対処される場所へと変質し始めたのである。そして、親子の関係も稀薄化の度を増し加えていく。考えてみれば、ほとんど家にいない父親はもとより、母親もまた、子どもにとっては「自分を守ってくれる不可欠の者」ではなくなりつつあって、子と親は、かつての強い結びつきを失って必然性の乏しい存在へと変化し始めたのであった。

図７　小学校・中学校本人が学習塾に通ってよかったこと（平成５年度）

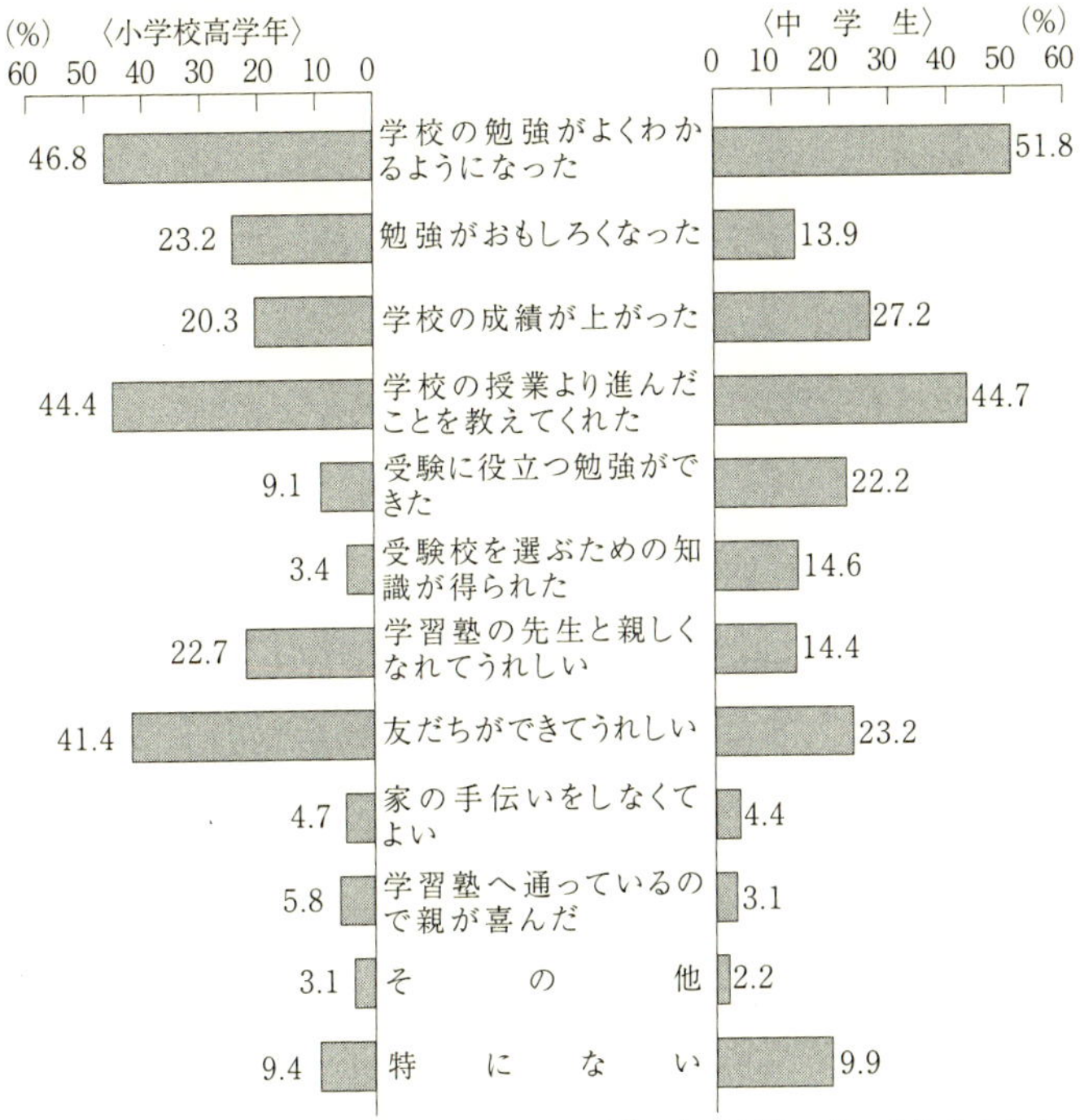


（注）１　一度でも学習塾に通ったことのある小学校４年生以上の小・中学生のうち「通ってよかった」と回答した小・中学生数を母数とする回答項目別の割合に基づき、学習塾に通ったことのある小学校４年生以上の児童・生徒の総数について推定した割合。

２　１つ以上４つまで回答。

資料：文部省生涯学習局「平成５年度学習塾等に関する実態調査」1994年。

### 母と子の「進路展望」

就学前や小学校低学年からの「塾」通いに関して、決定権を持つのは本人の意志にまして親たちの意志であり判断である。何しろ、まだ、テレビアニメや遊園地にしか興味のない子どもたちが、十数年先の大学進学のことなど想像しようもないはずではないか。

以下に引くのは、首都圏の電車内で見た母と子と思われる一対の大人と子どもの光景である。昼下がりの比較的空いた時間帯に乗り込んできた大人と子どもの二人連れは、四歳か五歳と見られる男児と、四十代の母親らしい女性であった。二人は片隅の空席に坐ると、母らしい女性がすかさず膝の上に広げたのは、幼児向けの「ワークブック」、いわゆる有名小学校受験のための参考書である。「さあ」と促されて、その男児は、一枚一枚とページをめくりながら、そこに記された絵や文に対応して課題をこなしていった。

しかし、そのとき、隣合う乗客たちが目を峙《そばだ》たせたのは、隣に坐って子どもの答えに耳を傾ける女性の奇妙な態度である。その女性は、子どもの答えを聞いて静かに頷《うなず》き次問への解答を促す。しかし、彼の身体がいささかでも動くと、瞬時に素早く、その四肢や頭・首などの動きを制止しようと、自動人形のようにその手を音もなく伸ばして、子どもの動きを止めてしまうのである。黒いワンピース姿のその女性は、肢体をピクリとも動かさず、ただ、腕だけをスッと動かして子どもの手足を抑え動きを止める。その制止法が余りにも手慣れていて、何かしら不気味に思えるほど……。どうやら、彼女は、幼い子どもに、手足一つ動かすことなく、不動のまま、言葉だけで答えることを要求しているらしい。ワークブックの問題を解くのに、手足が動いたり、首をかしげたりすることが、なぜここまで厳しく抑止されねばならないのだろうか。

もしその女性が母親だったとしたら、あるいは、幼児専門の家庭教師だったとしても、とにかく、子どもにピクリとも動かず、頭と口だけで解答することを要求することは、余りにも「子ども」を無視した対応と言う他はない。幼い子どもは、唇や手足を動かしつつ思考するものではなかったか。彼女は、子どものそうした特色を理解しないばかりか、どうやらそれが我慢できないらしい。とすれば、それは子どもに対する「無知」というにまして、感覚のレベルでの「子ども嫌い」……。子どもの動きを、思わずも腕を延ばして制止してしまうその仕方は、彼女の「子ども忌避」の見事なまでの表現と言う他はない。

しかも、それが、意図せざる「忌避」であるらしいことが、むしろ不気味とすら思える。彼女は、恐らく、その子の遠い将来を予測して瞬時も惜しんで準備に専念させているのであろうし、それは、彼女にとって「子どものため」の企てと自覚されていることだろう。そして、そのゆえに「子どもへの愛情」と把握されているのかも知れない。しかし、彼女には、子どもが傍らにいて子どもらしく振る舞うという、そのこと自体が基本的に許容し得ず、ほんの暫くの間でも我慢ができにくいのではないか。この光景の異様さは、「子ども嫌い」の母親が受験準備にだけは寸暇を惜しんで協力する姿であるという、そのことにあるのではないだろうか。しかし、それでいて、現代の子と母の在り方をなんと見事に象徴していることだろう。

母とは、かつては、子どもを「保護する者」としてその胸に抱擁し、また、彼らに幼いなりの「道を示す者」として時に教え諭し時に叱咤して、成長までの道のりをともに「歩幅をそろえて」

歩き続ける人であった。しかし、いま、その役割は変わり、将来に向けての進路指導者と化してしまったのではないか。より正確には、「将来に向けて」というにましで「将来、進学させたい大学」へ向けて……。しかも、それを決めるのは「子どもその人」ではなく、両親、時には母親だけの強烈な意志であるらしい。母親たちは、どうやら、わが子の将来に対して、これ以外にはないというはっきりした道を思い定めてしまって、よい学歴とよい就職先を獲得し、生涯を高い地位と高収入で過ごせることだけを絶対の条件としているように見える。しかも、わが子が何を望み、どのような適性の持主かなど、一顧だもされないままにそれが決定されてしまうのである。

昨今の有力女子高校では、医学部と法学部への進学希望が群を抜いている。高校入学間もないころから、学力の高い優れた女生徒たちの一群は、明確にその意思を表明するという。しかし、彼女たちは、問いかけたことがあるのだろうか、「自分は医師として一生を過ごすのに適した人間であるのか」と……。あるいは、「裁判官や弁護士などは、自分のやりたい仕事なのだろうか」と……。

子ども自身の進路調査によれば、「医師」や「弁護士」という職種は、彼らにとってさほど強い吸引力を持っていないらしいことが示されている。恐らく、小中学生レベルでは、その職業内容が判然とせず、メディアなどで漠然としたイメージを抱かされているだけなのだろうから、特別な魅力が感じられないのも当然ではないか（表8）。したがって、彼女たちの将来は、概して母親の意志と希望に従って決定されているのである。

母親たちは、恐らく、男女間に不平等さの目立つ職場を経験して、女性が仕事を持ち続けることの困難さを体験している。したがって、もし、仕事をし続けたいと望むなら、一般的な事務職など

表８　青少年（小学４年～21歳）の希望職種（平成７年）

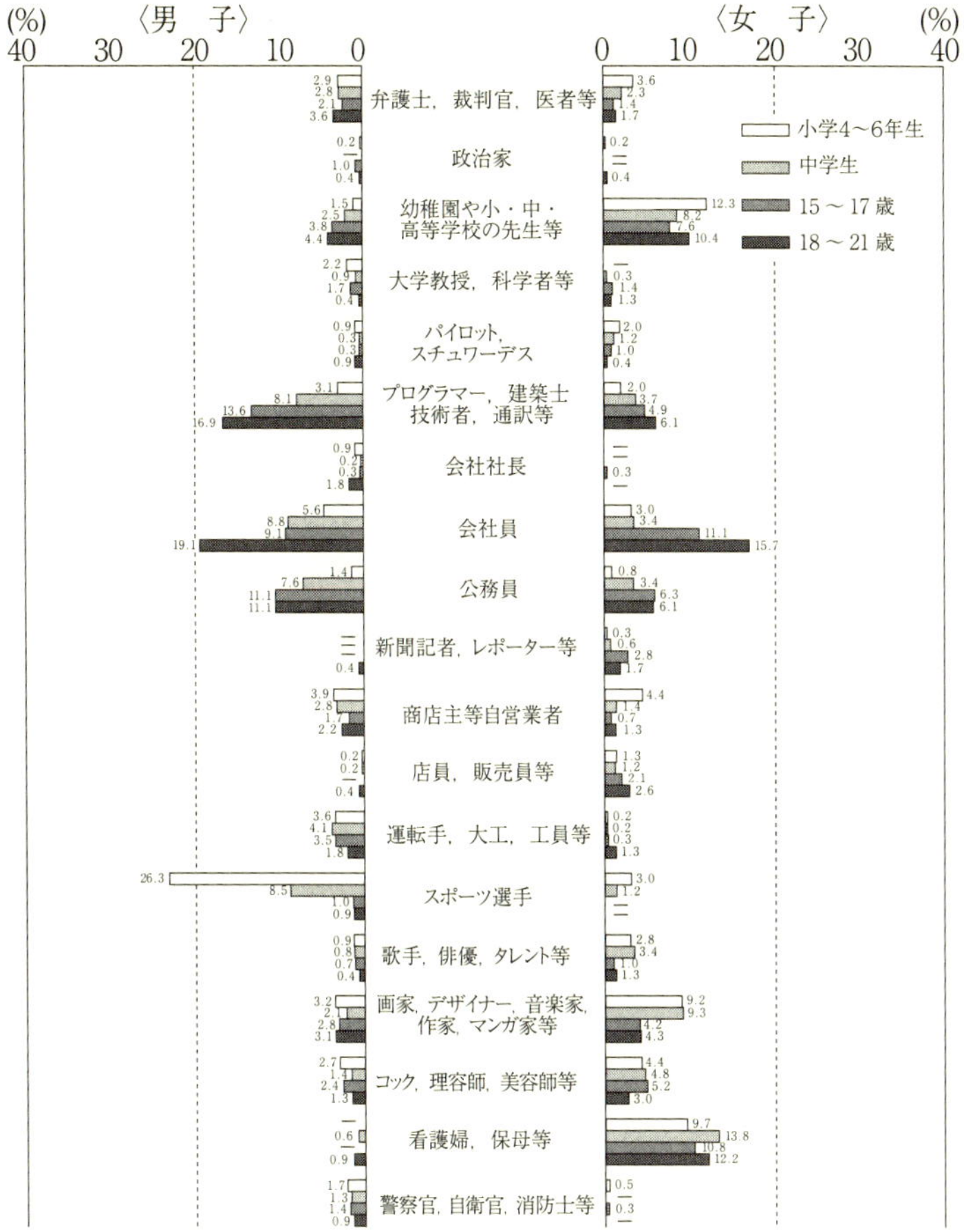


（注）　調査対象は小学４年～21歳のうち未就労者のみ。

資料：総務庁青少年対策本部「日本の青少年の生活と意識――青少年の生活と意識に関する基本調査報告書」1996年より作成。

ではなく、医師や弁護士などの専門的職業が望ましく、それも資格に裏付けられている場合により強みを発揮すると、経験から生まれた強い信念にしたがってわが子の将来を決定しているのであろう。確かに、医者や弁護士は、ハイレベルの専門職であって、知的水準の高い女性の仕事として、相応しいと言えるかも知れないし、結婚や出産後の復職も、比較的容易かも知れない。しかし、子どもの将来は子どものものであって、子どもは、母親の叶えられなかった夢の実現者でもなく、また、母の代理人生を生きるわけでもない。にもかかわらず、自分自身の思いを優先させて、その子の人生を決めてしまうことに対して、彼女たちはいささかのためらいもないのだろうか。

母親たちは、繰り返し主張する。「自分たちのたどった挫折の歩みを、娘たちには経験させたくない」と……。そのためには、「知的専門職で、国家資格を必要とするものが最善である」と……。確かに、ベビー・ブーマー世代の女性たちが成人後に経験したのは、男女平等を謳った学校教育の方針とは裏腹に、厳然と存在する男女間の差別であり、抗おうとする彼女たちの前に強固に立ちはだかる「男社会」の壁であった。幼稚園から大学まで、経てきた学校教育の範囲内で格別の男女差は感じられず、人はみな、個別の能力にしたがってそれぞれの個性を発揮し得るものと思い定めてきたにもかかわらず、その壁の厚いこと……。

母親たちの進路決定力は、しばしば、息子にまして娘の上に、その強権を発揮することが多い。「娘たちの進路」を、がっちりと握り締めて手放そうともしない母親の不屈の意志の前に、高校の進路担当の教師たちも異を唱えることは困難であるとか……。かつて、娘と母親の間を繋いでいた同性ゆえの固い絆は、いま、「進路の決定」という方向にのみその強さを発揮して、娘たちが自身の生き方を選ぶ権利を阻害してしまっている。それは、自身の苦く空しい経験から生まれた「専門的資格取得」への願望ゆえであろう。医者や弁護士なら、職を得ることは容易であったろうし、かつ、自力で開業する道も残されていたはず、現在のように「専業主婦」となって髀肉《ひにく》をかこっている必要はなかった。そんな挫折の経験をわが子だけには味合わせまいと、母親たちの進路指導に拍車がかかるのも当然と言うべきだろうか。彼女たちの「娘」と生まれた女児たちが、もの心もつかもたないころから、医学部や法学部という難関学部を目指して、あるいはその他の資格取得を条件としつつ、受験勉強に邁進されることになったのはこの所以である。

「子どもは親の私有物ではない」、「子どもの人生は、彼自身のものである」「一人一人の子どもには、彼ならではの使命が与えられている」などと、かつて明治期の啓蒙論者たちが、警世の言として熱意をこめて主張した「新しい子ども観」は、どこへ行ってしまったのだろう。現在、日本の子どもや若者は、「将来の夢」を持っていないと、先行世代を嘆かせている。確かに、比較研究の結果が示すのは、米国や中国などと比べて明確な希望を表明せず、さながら「何となく」生きていこうとするかに見える子どもの姿であって、その無気力ぶりが問題視されたりしている（表9）。しかし、子どもたちは、何を夢見ることができるだろうか。仮に薄れたとはいえ、過去よりは曖昧化したとしても、「親」は「親」であり、とりわけ「母親」は不可抗力的権力者として、子どもたちの上に君臨している。したがって、母親が示す抗い難いその力によって、自分の進むべき道など自身で想像し夢見る余地もなく、狭く細く決定されてしまうのではないか。そして、それら母の意志する進路が、過去において充足不能であった母親自身の欲求の代替的充足であるとすれば……。か

表9　高校生の現在志向か将来志向か（日・米・中比較）（平成16年）

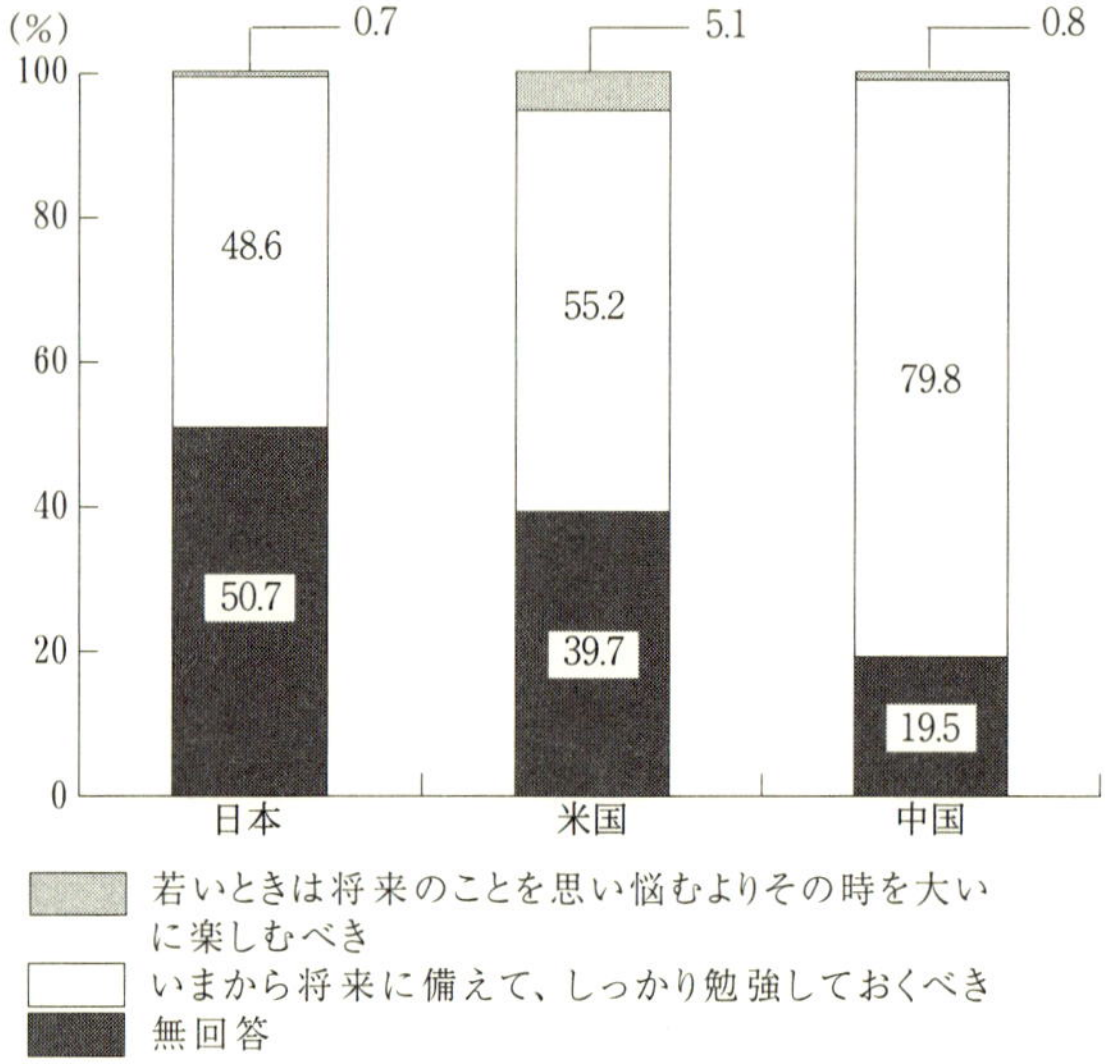


資料：財団法人日本青少年研究所「高校生の学習意識と日常生活調査報告書」。

つての姿を失った子と母の関係は、この生きづらい時代と相乗して、子どもを困難な道へと追いやり始めているのかも知れない。

先に引用した心理歴史学者のドゥモースは、日本人の母子の絆は「今日でも生物の共生のように強い」として、「親子心中の是認」をその例に上げる。確かに、かつて、親子の心中とそれに寛容で同情的な社会一般の風潮は、わが国に固有の傾向として欧米人の批判の的であった。個人主義的心性の発達に伴い、一時期に比べて母子心中は減少しているかに見えるが、しかし、この進路決定に関する母と子の一心同体化は、まさしく「生物の共生」さながらに見えて奔騰する近代路線のなかの前近代の残骸と言えそうである。

## 三　病気と「子ども―母の関係」

### 「多産多死」から「少産少死」へ

伝統的社会では、子どもとは「多産多死」を徴づけられて、多くの者が成人に達する時を待たず幼いままに世を去った。「痘瘡」「麻疹《はしか》」「疫痢」など、今では遭遇することすらなくなった伝染性の病いで、命を落とす者が多かったのである。

「裳瘡《もかさ》」「赤裳瘡」「豌豆瘡《えんづかさ》」「疱瘡《ほうそう》」など種々の呼称で呼ばれて、古くから死病として人々を恐れさせていた「天然痘」は、一度大流行に見舞われれば、幼い子どもたちがバタバタと命を落とすことが当然とされた。そこで生き延びることは、幸運の持主としてその強運を羨まれたのである。天然痘と同様、死病として多くの子どもたちを苦しめたのは「麻疹《はしか》」であった。これら周期的な大流行を見せる病いは、「子ども」にとっては特に危険な死病であるとされて、周囲の者たちは適わぬながらも懸命に手を尽くした。この病いは、両者とも免疫性の強さを特色としている。文久二年（一八六二）の『武江年表』には、その年の夏の麻疹の流行期に、罹患する者の多くが若年者であることを挙げて、天保七年（一八三七）の流行期に罹患していないからであると、若年者の免疫性のなさを指摘していた。したがって、幼年期に罹患し、もし、無事にその病気を乗り越えるなら、その後の流行期には罹患を免れることができる。子どもの患者が治癒するか否かは、その後の人生を無事にまっとうし得るか否かということにも繋がるのである。何しろ、無事にこれらの病いを乗り越えた者は、繰り返される流行期にも無傷で過ごすことが可能となるからであり、これらの疾患は成長のための一種の「関門」の感すらあったのである。

「天然痘」や「麻疹」は、伝染病であることが判明するまで、その原因が不確かなゆえの種々の憶測や珍説が横行して人々を惑わしたが、なかでも、人々を根強く支配して「産む胎」である女性を悩ませたのが「胎毒説」であった。すなわち、これら皮膚表面に痘瘡や湿疹の出る病いは、胎児として胎内にある期間に胎内の毒を吸収したことが原因であり、それが「吹き出物」の形で表面に出てくるとされたのである。というわけで、これらの病気の原因はすべて母の胎の在り方に帰されたから、母となった人は、吹き出物に覆われて眼前に苦しむわが子に対して、ただ申し訳ないと詫びるしか術もなかった。胎児を身ごもっていたときの「胎の善し悪し」を責められても、それは、自力では如何ともし難いことがらであろう。にもかかわらず、母となった人は、これら迷信のゆえに、久しい間「身に負い得ぬ悲しみ」を負って、わが子に済まぬとその身を苛まねばならなかった。そして、このことが物語るのも、幼い子どもたちにとって、これらの病いが、いかに禍々しいものであったかということに他ならないが、同時に、子どもの病いが発生したとき、ひときわ、「子と母の不可分性」が顕わとなるということであった。

かつて、子どもの病気は、子を持った女性に、しばしば完璧なまでの「母の役割」を強要し、彼女もまた、狂おしいまでにその役割に忠実であろうとした。不眠不休の看病は言うまでもなく、病いが癒えるようにと「お百度参り」などの神仏祈願を繰り返し、あるいは、食断ちを続けたりしてひたすら子どもの回復を願ったのはその証しである。もちろん、こうした病児と母の関係は、武家の母子間に特に強く発現されたが、それは、子どもに付託された存在意義の反映と言い得よう。つまり、子どもを「家の継承者」として不可欠と見る階層社会の意志が強い拘束力をもって反映された結果なのである。何しろ、折角授かった子どもを、仮にいまここで死なせてしまうならば、その女性は「母親失格」の烙印を押されることだろう。そして、次の男子が産まれるまで癒されぬ悲しみに苛まれながら、肩身の狭い生き方を余儀なくされるに相違ないのである。

『桑名・柏崎日記』（天保一〇年―嘉永元年）と通称される幕末の桑名藩士渡辺平太夫と養子勝之助の間に取り交わされた日記は、当時の下級武士の生態を伝える興味深い資料とされている。そのなかに、病児に関する数種類の記述が含まれているが、とりわけ、真吾と呼ばれる子どもが痘瘡にかかって、顔や頭部の吹き出物に苦しむ有り様と、病児を抱えて夜も眠らぬ母親のふるまいが、困り果てて手を束ねている父親の筆で詳細に記されていた。

真吾左の眼胎毒にて目はれ涙出て細目に見へ候へども、痛むやらふさぎ通し、右の目までふさぎ通し少しもお菊の手を離れず。時々大おこり致し誠に困り入り申候。萬一目にさわりては一大事也。お菊大心配晝夜一心不乱に介抱致し候。

甚かゆがり両目より涙出、首を苦しみもだへ、時々大だだおこし晝夜泣き聲止むときなし。おきく懐へ入れ立通し飯を食べ候間も立て居り候位也。

おゆき参り昨日おきく頼置候妙行寺の鬼子母神のお札を持て来てくれ候。明朝よりお菊七日の間ばかり鹽《しほ》断ちにて、真吾にいただかせ候積也。

（いずれも『桑名日記』天保一三年十一月〜十二月の記述より）

全身のむず痒さにぐずり続ける子どもを抱いて、帯も解かず横にもならず、その上に「塩断ち」までする母親の姿がここにはある。それに引き換え、父親は「誠に困り入り候」と傍観する他にすべもない様子。お菊というこの女性にとっては、幼い息子に襲いかかった「疱瘡」というこの大患を、何とか無事に切り抜けねば「母の一分」が立たないということのようだ。

しかも、それは、武士階層に特に強く現われたことではあったが、農家や町人など、相応に暮らしの立つ者たちに等しく共有された母子の型でもあった。このことをめぐって、疾病の歴史、とりわけ病いをめぐる心性史の研究者立川昭二は、次のように語っている。「町民や農民にとっても、誰にとっても、疱瘡をはじめとする病気は、日夜心をはなれない大事であった。江戸時代の人々は、こぞって病気を心から畏れ、病気と日夜心をこめて付き合っていたのである」と……。

したがって、近代医学が、これらの病気は神仏に治癒を委ねるしかない不可抗力などではなく、予防や治療の余地のある回避可能のものであると知らせてくれたことは、病児の生死に心身を擦り減らしていた母親にとって、さながら天来の訪れにも似た福音であり恩恵であったろう。ジェンナーによる「種痘」の普及は、死病であった「天然痘」を子どもの周辺から追放することに成功し、「麻疹」の予防接種の普及は、若干の問題を指摘されながらも、この病いの大流行を過去のものとした。幼い時期にこれら伝染性の病気で命を落とす子どもの数は激減し、それに伴って、「通過儀礼」とも言うべきこれらの病気のために、一心不乱昼夜兼行で命を擦り減らす母親の姿も、私どもの視界からは消えていったのであった。

子どもが「子どものままに」、回復のすべさえ見当たらぬ流行病で命を落とす。それは、折角この世に生を請けた子どもにとって、また、それを「産み落とした」親たちにとって、運命を呪うしかない悲惨な出来事である。近代医学は、そうした不可避に見えた運命から、子と母を救出することに成功した。事実、乳幼児の死亡率は激減の一途を辿っているではないか。したがって、近代医学、とくに発達し続ける免疫学や予防医学は、子と母の前に「科学」という名の輝ける救世主として顕ち現われたことだろう。しかし、ものごとは、すべて表裏の両面を持っている。こうした病気の追放が、子と母の強い靭帯、時に狂気と見え、父親ですら介入を許されない聖域と見えた両者の関係に、ゆるやかな変化を生じさせたこともまた、覆い難い事実と言えよう。

### 「医薬技術」の発達と解放される母たち

ベビー・ブーマーと呼ばれた子どもたちは、さまざまな面で戦後日本の様々な生活革命の体験者となったが、「医学薬学」と「医療技術」の発達に関しても同様であり、この世代は、目覚ましいばかりのこの分野の発達とその歩みをともにしている。そしてそのゆえに、史上稀な「多産」時代の子どもたちは、そのお陰で「多死」ならぬ「少死」集団となり、「団塊の世代」として一時代を担うことになるのである。

言うまでもなく、ベビー・ブーマーたちに生き延びることを可能にしたのは、「大戦の終結」であり、その後に訪れた長期にわたる「平和」であろう。わずか三年早く産まれただけで、戦火に命を奪われた子どもの数は少なくはなかったであろうし、何よりも広島や長崎では、誕生と同時に、あるいは母親の胎内で、この世の空気を呼吸することもなく死んでいった赤ん坊も皆無ではなかったからである。わが国に訪れたこの長期的な平和は、科学の力を戦いの武器に応用するのでなく、そのおおよそを人々の暮らしの上に振り向けてくれた。開発された新薬が、戦場の兵士たちを癒すのではなく、市井に暮らす普通の人々や子どもたちのために使用され始めたのはこのことを証しする例と言えよう。

第一次ベビー・ブームの訪れた昭和二二年（一九四七）は、新薬ペニシリンが一般人にも配布され始めた年である。一九二九年、イギリスのフレミングの発見によるこの抗生物質は、医学界に革命をもたらすものと評価され、ノーベル医学賞・生理学賞を与えられている。しかし、わが国の場合、開発途上にあったペニシリン研究は敗戦によって中断されたままであり、当初は、既に臨床的応用段階に入っていたアメリカ占領軍の病院でのみ、使用可能な貴重な薬品だったのである。当時、肺炎や炎症性疾患などで苦しむわが子を前にして、「ペニシリンさえ手に入れば」と切歯した親たちも少なくなかったことだろう。それが、とにかく入手可能になったのがこの年だったのである。

「ペニシリン」というこの新薬は、使用の進んだアメリカ合衆国などの海の彼方では、既にその副作用が問題視され始めていたのだが、しかし、わが国の場合、さながら虐げられた人々が救世主を待ち望むかのように、ただひたすらにその一般化が求められていた。したがって、国産ペニシリンの量産が開始された昭和二三年（一九四八）は、子を持つ親たちに福音の訪れた喜びの年に他ならなかったのである。何しろ、新薬の効果は劇的であったから、注射一本で病児は高熱から解放され苦痛からも逃れ出ることができた。生命の安全を保証され、周囲の大人たちも愁眉を開くことができる。それはまさしく、奇跡の新薬であった。乳幼児の死亡率は、目覚ましく減少の一途を辿る（表10）。しかし、発熱した子どもを抱えて、やみくもにペニシリン注射を要求する母親の姿に、受験を克服する「教育ママ」ならぬ病気に対する「短期決戦ママ」の出現を感じて、心ある医師たちが眉を顰《ひそ》めたのもこのころの出来事であった。

ほぼ同時期に登場するストレプトマイシンも、ペニシリンやサルファ剤の効かない多くの病気に

表10　乳児死亡率，新生児死亡率

| 区　分 | | 乳児死亡率（出生1,000対） | 新生児死亡率（出生1,000対） |
|---|---|---|---|
| 明33年 | 1900 | 155.0 | 79.0 |
| 38 | 1905 | 151.7 | 71.2 |
| 43 | 1910 | 161.2 | 74.1 |
| 大4年 | 1915 | 160.4 | 69.7 |
| 9 | 1920 | 165.7 | 69.0 |
| 14 | 1925 | 142.4 | 58.1 |
| 昭5年 | 1930 | 124.1 | 49.9 |
| 10 | 1935 | 106.7 | 44.7 |
| 15 | 1940 | 90.0 | 38.7 |
| 20 | 1945 | … | … |
| 25 | 1950 | 60.1 | 27.4 |
| 30 | 1955 | 39.8 | 22.3 |
| 35 | 1960 | 30.7 | 17.0 |
| 40 | 1965 | 18.5 | 11.7 |
| 45 | 1970 | 13.1 | 8.7 |
| 50 | 1975 | 10.0 | 6.8 |
| 55 | 1980 | 7.5 | 4.9 |
| 60 | 1985 | 5.5 | 3.4 |
| 平元年 | 1989 | 4.6 | 2.6 |
| 2 | 1990 | 4.6 | 2.6 |
| 3 | 1991 | 4.4 | 2.4 |
| 4 | 1992 | 4.5 | 2.4 |
| 5 | 1993 | 4.3 | 2.3 |
| 6 | 1994 | 4.2 | 2.3 |
| 7 | 1995 | 4.3 | 2.2 |
| 8 | 1996 | 3.8 | 2.0 |
| 9 | 1997 | 3.7 | 1.9 |
| 10 | 1998 | 3.6 | 2.0 |
| 11 | 1999 | 3.4 | 1.8 |
| 12 | 2000 | 3.2 | 1.8 |
| 13 | 2001 | 3.1 | 1.6 |
| 14 | 2002 | 3.0 | 1.7 |
| 15 | 2003 | 3.0 | 1.7 |
| 16 | 2004 | 2.8 | 1.5 |

資料：厚生労働省大臣官房統計情報部、2004年度資料より作成。

有効性を発揮し、とりわけ、わが国の死病であった結核の撲滅に成功した。昭和二三年（一九四八）の『児童研究』誌には、子どもの結核性脳膜炎に対するストレプトマイシンの効果が紹介されていて、次々と開発される新薬が、疑いもなく子どもの守護神となり得ることを証明し、幼い生命の喪失を恐れる親たちから「わが子の死」に対する不安と脅えを取り除くのに役立っている。

ペニシリンやストレプトマイシンが、病気に罹った者の治癒に画期的だったとすれば、子どもたちを病気から守る手段として飛躍的な進歩を見せたのが、百日咳、ジフテリア、麻疹などのワクチンの開発とその普及であった。天然痘の追放に際して、「種痘」の貢献が絶大であったことは既に触れた。罹患する以前に、無害に加工された病原菌に触れさせて、体内に免疫抗体を作り出しておく。「予防医学」のこの手法は、子どもにとって不可避の災厄とされ、さながら「通過儀礼」の感さえあったいくつかの病いを、時を経ずして子どもの世界から追放し、それらの病気がかつては親や周囲を恐れさせた死病であったことなど、遠い過去のこととして忘れられてしまっている。こうして、開発された諸種のワクチンは、抗生物質と並んで子どもの世界の救世主・守護神として、彼らを無事に成長させることに手を貸したのであった。

未熟児や早産児の医療は、久しく、抗生物質も予防医学も手の届かない領野に置かれていた。特に細菌性の病気に冒されたわけではなく、また、予防接種の暇もないままに、ただ、小さく小さく産まれてしまったがために、生き続けることのできない赤ん坊たち……。しかし、そんな彼らのために「生き延びることのできる装置」が開発され、それがわが国の小児病棟に姿を現わしたのは、昭和二九年（一九五四）のことであった。未熟児保育器が「世界保健機構」（ＷＨＯ）から寄贈されたのである。首都圏の病院や乳児院内に「未熟児センター」が設けられ、産まれてきたからには、すべての子どもの生きる権利を保証するという企てが本格化されることになる。二十世紀の「医学薬学」の目覚ましい発達と、それに伴う「医療技術」の飛躍的な進歩発展は、「多産多死」を徴づけられた「子ども」とそのことを「不可避の運命」として受け入れてきた大人たちを、諦念から救い出し、「ともに生きることの可能な者」へと置き換えて見せた。親たちは、ホッと安堵すると同時に、改めて、「科学の力」への帰依と信頼を深め、出版物やテレビなどのマスコミ媒体から発信される「育児科学情報」を過剰なまでに信頼し、それに依存することになる。すなわち、わが子の成長も、病気という異常事態も、あるいは、進学その他の身分上の変化に対しても、すべて「科学という眼鏡」なしには見ることの適わないものへと転換させてしまったのである。

## 救世主「新薬・新技術」の光と陰

ペニシリンによるショック死が「新時代の薬害事件」としてメディアを賑わせたのは、昭和三一年(一九五六)のことであった。劇的なまでにその効果を誇示し、人々の過大な信頼を勝ち取った抗生物質が、その副作用にも注意を払うべきであったと、改めて問題視されるようになったのである。実は、それ以前から、ワクチンによる障害は発生していた。たとえば、昭和二三年(一九四八)に、京都で発生したジフテリア・ワクチンの薬害では六〇六名という大量の発病者を出し、そのなかの三八名が死亡するという悲惨事に発展していた。しかし、医療関係者たちの新薬信仰は根強く、麻疹ワクチンや、百日咳・ジフテリア・破傷風の三種混合ワクチンの接種などが、大々的に推進されていたのである。

それは、多くの子どもたちを疾病から守るという意味で、多大な成功を収めてはいるが、しかし、その陰にこうした薬害の発生があり、一生を障害を負うて過ごす者たちを発生させていたのであった。極端な場合は、先の京都の場合のように、予防接種さえ受けなければ、無事に永らえることが可能であったはずの命を、幼いままに散らしてしまう不幸な事例もあったのである。

「薬剤の進化は、薬害の深化に繋がる」と言うとしたら、それは、輝かしい進歩に対する意地悪な批判と誇られるかも知れない。しかし、相次いで開発される新薬は、かつて不治と言われた病魔から人の命を救い出してくれたのだが、他方、予期せざる障害をも引き起こして使用者を苦しめる結果を生んでいるではないか。それが、いまだ人体に適用されたことのない「新薬」であればこそ、副作用も、あるいは結果としての障害も、いずれもいまだ人体に発生を見たことのない未知のものであった。そのゆえに、ここで新しい問題が生じる。すなわち、わが子の治癒を願ってそれを使用しようとする親たちは、薬剤の投与をめぐって「使用すべきか、拒むべきか」と、過去になかった葛藤に苛まれることになったのである。

昭和四〇年（一九六五）前後に巷を騒がしたわが国の「サリドマイド禍」とは、妊婦が妊娠期間中に服用したサリドマイドの影響で、産まれてきた子どもに生じる「肢体の異常」である。両者の因果関係を認めた西ドイツ政府が、この薬剤の発売禁止に踏み切った一九六一年の後であった。サリドマイドによる薬害は、当事者たる子ども自身の服用の結果ではなく、妊娠中の母親が服用した結果であるという。障害を負うて産まれてくる子どもは、母の胎内の負の遺産を負うて、その苦難の生を歩み出すのである。

近代以前に、母親たちを悩ませたのは、「胎毒」という語と概念の跳梁であった。「痘瘡」や「麻疹」など、それが伝染病として認知されるまでは、母親から受け継いだ「胎毒」が原因であるとしてその責を母に負わせていたのである。先に引いた『柏崎日記』のなかでも、幼児の「痘瘡」の発病が「胎毒」のゆえとされて、母親に格別の苦行を強いているありさまが活写されていた。原因が突き止められていなかった病いが発症し、それが「胎毒」と呼ばれるとき、「胎の提供者」たる母親は自身の預かり知らぬことながら、自身の胎内で起こったとされることのゆえに自らの咎《とが》とし、その責めを負って必死な看病でその責を果たそうとしたのであった。

そして、いま、サリドマイド禍に代表される子どもの病気は、胎生期の母の新薬服用に由来するものであるため、さながら、かつての「胎毒」のように母親自身がその責を負うことになる。いうまでもなく、その責は、単に母親一人で負うことのできるものではなく、新薬の開発と製品化に当たった研究者や製薬会社、さらには、その行政指導者たる責任官庁など、責任の所在はより多方面に求められるべきであろう。しかし、それらの原因の究明は「訴訟」その他の材料になり得ても、それを服用してしまった「自分自身」への自責の念を軽くしてはくれない。母親としては、「この薬を飲みさえしなければ」と、繰り返しても甲斐のない繰り言を絶えず繰り返しつつ、障害を負うたわが子とその歩みを共にする以外にない。それが、「母」と呼ばれる彼女たちに負わされた新しい難行なのであり、それは、さながら、わが子の身体に現われた「胎毒」を、わが身の責と思い定めて、不眠不休の看病に当たったかつての日の母親のそれに似る。「新薬」や「新技術」の副作用が、母親の身に負わせたのは、こうした近代以前に勝るとも劣らぬ「子を持つことの重荷」であった。

人工保育器もまた、同様の副作用で母親たちを脅えさせた。先に触れたように、それは、未熟児に訪れた福音であることは確かながら、時に、未熟児網膜症に代表される幾つかの「後遺症」を発生させて、子どもと親との両者の肩に重い荷物を負わせたのである。もちろん、その後の新生児医療の発達は、それら後遺症を激減する方向で動いてきている。しかし、仮に、それが、一％程度にまで減少されたとしても、やはり、その一％がわが子に降りかかる危険性は排除できないだろう。そのゆえに、親たちは、ここでも、「人工保育器使用の可否」をめぐる厳しい選択と、「あのとき拒否していれば」という取り返しようのない反省に苛まれることになる。

以下に引くのは、いずれも拙著『変貌する子ども世界』からの引用である。躍進する医療技術とその恩恵を受けて命永らえる子どもの傍らに、こうした問題が同時進行しつつあることを、意識化する必要があると思うからである。

このことが物語るのは、子どもにかかわる薬害や医療公害は、単に使用された結果、後遺症という惨禍をもたらして利用者を苦しめるだけでなく、利用の可否を巡って親となる人たちの前に、新しく深刻な葛藤を用意したということであろう。新薬や新技術などとは無縁な戦前の社会では、子どもの生命を奪う不治の難病を前にしたとき、親たちは完全に無力であり、手を束ねて運命の裁きを待つしかなかった。

現在、安楽死や脳死は、医療技術分野の主たる関心事であり、さまざまに論議を呼んでもいる。特に、本人の意志を確認できない場合、それを他者の意志で代行し得るか否かは、明確な解答の用意されていない課題として、いまもなお未解決の状態である。しかし、こと新生児に限っては、意志の確認不能という前提を踏まえて、当然のように他者の意志による生死の決定が実行されてきている。たとえば、緊急の手術なしには生命の保証ができないと診断された新生児に対して、重度障害という後遺症のゆえに、手術に同意しない権利も親には与えられているのである。

このとき、神の手から科学者の手に移し替えられたかに見えた子どもの運命が、その執行に当たっては、科学者の委託により親たちが代行させられていることに気づかされる。つまり、子どもの生殺与奪の権は、最終的には、親の手に委ねられるのである。わが子の生死を、己れの手で選び取る。親なるものに委ねられたこの絶大な権力は、親子の関係に何らかの変化をもたらさずにはいない。そして、その果てに浮かび上がってきたのが、現在の「出生前診断」による中絶の問題であろう。

この事態が象徴するのは、「家」や「国家」が解体した社会にあっては、子どもは究極的に「親」のものであると言う事実ではないか。子どもの生命は、子ども自身のものであるべきとは、美しい観念に過ぎない。現実を支配するのは、子どもの生死のぎりぎりの境に立たされた親たちの選択なのである。そのゆえに、これらに象徴される親たちの心情、つまり「わが子はわがもの」とする心情は、戦後を支配する時代の心性であった。

かつて、子どもの生死は、子どもを襲う難病や不測の事故のゆえに人知を超えた超越的意志に委ねられ、親といえども抗い難い惨《むご》い定めの前に頭《こうべ》を垂れるしかすべもなかった。その意味で、子どもは、人知だけでは左右し難い「授かり物」であった。しかし、先端医学とその応用によって、大方の病気は治癒可能のものと化した。しかも、それら新薬や新技術を使用するか否かの決定が、最終的に親たちに委ねられることで、親たちは、子どもの生殺与奪の権利を握らされてしまった。子どもはこのとき、親にとっての「授かり物」どころか、生かすも殺すも自分次第という存在へと変わったのである。「産む」ことに関しても選択権を行使した親たちは、ここでもまたその権利の行使者となる。二十一世紀の今日、子どもたちは、彼ら自身の権利の擁護を志向する時代の企ても空しく、その存在の基盤たる生命そのものを親たちの手に抱え込まれてしまったのである。

## 四　「子ども」「母親」「親子」

### 「母役割」は普遍か?

「子ども」と「母」の関係は、昨今の頻りに取り沙汰される話題の一つであろう。子どもの言動がメディアを賑わしたとき、最初に指摘されたのは「家庭」の問題であった。夫婦関係は円満か、母親が働いているか、あるいは外出がちであるか否か、など、メディアの標的はもっぱら当該児童の両親に向けられてその詳細が探られ、虚実取り混ぜたレポートが紙上やブラウン管を賑わしたのであった。ところで、やがて、その焦点は「学校教育」へと移動する。「教師」の不適確行動や管理体制のゆがみなど、「学校」の欠陥が話題となるとともに、ことが起こる度にカメラの放列に向かって深々と頭を下げる校長の姿が画面に写し出されるようになった。そして、父母に代表される「家庭」は、いつか、メディアと同列に並び、教師や学校を糾弾する側に回ってしまったというのが最近の風潮でもあろうか。こうした動きのなかで、「教育基本法」が改定され、「道徳」や「公共性」の涵養が強調されると同時に、一方では、「家庭」と「就学前期」に目が向けられ始める。改定「教育基本法」のなかに、従来法の欠落部分として「幼児教育」と「家庭教育」が盛り込まれたのはそのことの証しと言い得よう。

確かに、人は、就学期に到達してから初めて、ものごとを学習し始めるのではない。価値意識や判断力、あるいは感性や表現する言葉や動作も含めて、人としての最も重要な基盤が形成されていくのが「幼児期」であることは言を俟たない。したがって、「幼児期の教育」が重視されること、さらには、従来それらが「家庭」で行なわれていたとするなら、それが持っていた機能を顧み評価し直して対策を考えることなど、そのこと自体は、「人の育成」を考える立場として極めて妥当なものである。ただし、従来法にそれが盛り込まれていないのは、恐らく、以下のような了解が暗黙裏に働いていたからではなかったろうか。つまり、それらは、より自由度の多い個に即したものとして、非制度的に行なわれることこそ当為である、という……。

にもかかわらず、「幼児教育」と「家庭教育」が、改めて、法的視界に位置づけられたのは、昨今の「家庭機能」や「母役割」のあまりにも急激な変化が、関係者たちの目には放置し得ぬ危険な傾向と映じたからに他なるまい。恐らく、それらの人々は、慨嘆し将来を案じたことだろう、「このままでは子どもの健やかな成長は望むべくもなく、社会は荒廃の度を加えるに相違ない」と……。そして、密やかに、あるいは公然と、要求され始めたのが「家庭機能」と「母役割」との復権、それも恐らくは、従来的な意味での復権ではないだろうか。「母役割」について、一般的には、漠然と以下のようにイメージされている。「母」とは、わが子の生命を守り、保護愛育を義務として、成人するまでその歩みを支え続ける者である、と……。そして、「家庭」とは、その営みが機能する場所である、と……。

しかし、現在の私どもを理由なく捉えているこの「母イメージ」は、社会的変動と無関係であり得るのか、否か。すなわち、それは、有史以来常に不変であり不動であったのだろうか。また、地域や文化にかかわる差異は、どのように位置づけることができるのだろうか。親とは、特に「母親」とは、一体、何者であり、また、子どもとは、特に「わが子」とは、どのような存在なのだろうか。現代において、激しく揺れ動いているかに見える「子と親の関係」に焦点を当てたこの文章のなかで、先ず視野に入れて置きたいのはこの問いに他ならない。

## 長い時間軸のなかで見つめ直すなら

古代日本の基層文化を担ったとされる「母系制」については、改めて言及するまでもなく、「イロ」などと呼ばれた母系血縁集団によって成り立ち、「母処婚」および「妻訪《つまど》い婚」が実施されていたと推定されている。この場合、「母」の権力は絶大であったと考えられるが、それは母系血縁集団そのものの守り手であり統制者であったわけで、単に、家内仕事としての衣食の整えや子育ての具体だけを担ういわゆる使役者的存在ではなかった。「母」なる者は、集団の凝集力の要であり、支配力を振るう統帥者的存在であったのである。

母系制崩壊の原因としては、マーガレット・ミードらの人類学者の指摘にあるように、恐らく、産業構造の変化と、「母」の優位性に対する「父」の不満とに由来すると見るのが一般的である。生産性の向上や人口増加など、細部にわたる計画性と従来に勝る労働力を要求される時代が到来すると、体力に勝る男性への依存度が強化される。そして、この両者、すなわち、産業構造の変化と人口増加の相乗効果として新しく出現するのが、男性の家父長を中心とする「父系制社会」だったと言われている。加えて、女性の生殖機能に基盤を持つ「母性」の安定性に比し、「父性」の不確実性は「父」の葛藤の原因となる。なぜなら、「父」とは「母」の「夫」に過ぎず、自身の財を自身の係累に残すことの適わぬ者、しかも、「子ども」という最大の財貨すら「母方」の系族に所有されてしまう不平等が、母系社会への抵抗として現われたのも看過し得ない一因と言えようか。

さて、ここで、「母系制」から「父系制」への移行などと、既に言い古された家族社会史的通説をなぞってみたのは、「父母の役割」といい「家庭の機能」などという、当然のように私たちの脳裏に焼き付いてしまっている通俗的イメージを、一度、洗い直す機会を持とうと考えたからである。

そして、一般に、母役割の「当為」と考えられ、「家庭教育」のあるべき姿と見なされているもの、つまり、「母親は家にいて子どもを守る」という通念が、時代や社会変動と無縁の「不変不動」のものではあり得ないことを確認しておきたかったからである。

現在の私どもにイメージされる「家庭の姿」は、近代化に伴って出現した「近代家族」に由来している。農漁業や牧畜業などいわゆる第一次産業から離脱し、工業化社会への転換を特色とする近代社会が、企業労働者として系族から抜け出した人々による「単婚家族」を単位として成立したとは周知の言説であろう。その結果、多くの人手に恵まれたかつての「系族集団」では、多くの人力によって分かち持たれていた家内の雑事や子育ての業務を、誰か一人に担わせねばならない必然性が生じてくる。そこで、明確になったのが、男女の性別による分業化であった。すなわち、収入を得るために「外で働く男性」と、家にいて「内部を整える女性」という……。

社会学者や女性史研究者の指摘を借りれば、それが、近代における「専業主婦」の誕生であり、「家庭」概念の出現も、このことと連動するとのこと。つまり、外で働く男性のためには「職場」が、家内の女性のためには「家庭」が、それぞれ別仕立てのものとして輪郭を与えられたのである。そして、同時に、一方では、大人と子どもの成熟度別役割が明確化された。すべての子どものためにと提供された「公的学校教育」は、その区分を明確化する社会的装置であった。結果として、「職場」にいる者が「夫」であり「父」であり、「家庭」にいる者は「妻」であり「母」であり、そして、「学校」に通う者が「子ども」とされて、三者三様の役割が定められたのであった。

このとき、「家庭」は、「職場」で働く夫と、「学校」で学ぶ子どもの安らぎと憩いの場として、ホーム」のイメージを与えられ、以後、そのイメージで把握されるようになった。明治近代が、欧米諸国からとりあえずの輸入を試みたのは、こうした「ホーム」の概念だったことは言うまでもない。ここで、「とりあえず」と条件を付したのは、明治初期の代表的な啓蒙雑誌『女学雑誌』（一八八五―一九〇四）が、紙数を費やして新しい生活概念として「ホーム」の意義とその使命の喧伝に努めたにもかかわらず、明治新政府が法的根拠を与えたのは伝統的な「家制度」、しかも伝統的社会の武士階層のそれをモデルとした「家父長主義的家制度」であり、一対の男女の婚姻を基調とする「近代家族」ではなかったからである。にもかかわらず、「ホーム主義」が主張した「専業主婦」の観念は、「家制度」を支えるものとして、あたかも「法以前」の「真理」であるかのように人々を支配した。すなわち、女性は「家」を守り整え、そのために「子を産み育てる」ことを使命とする存在である、と……。『女大学』に代表される「女訓書」が、あたかも女性にとっての唯一絶対の教育法であるかのように浮上してきたのも、江戸期ではなくむしろ明治近代の出来事であった。「女は、幼にしては父母に従い、嫁しては夫に従い、老いては子に従え」という、あの三従の教えまでも引き連れて……。

わが国の場合、家を整えることも、「産み育てる」ことも、すべてを女性に委ねられて「母の専売事業」と見なされたのは、西欧文明の輸入である「ホーム主義」と、前近代社会の武士階層の「家」概念とが、奇妙に結託した結果として産み出された明治期のたくらみであった。そして、いまに至るまで、私たちの深層を呪縛し、時として意識の上に浮上する「母」のイメージは、こうした「聖なるアマルガム化されて出来上がった結晶体と言えそうである。しかし、それがいま、現在の混乱を収束すべく、わが国古来の妙薬のように復活させられようとしている。とすれば、それは、時代の変化を視野から外し、その変化に伴う人の役割をも無視した上での、危険な対処療法に過ぎないと言えないだろうか。

いま、求められているのは、新しい「子どもの存在意義」であり、それを「支え育む者」の役割であろう。この世に出現して間もない人たち、すなわち、誕生直後の赤ん坊には権利として、受けねばならないケアがあり用意されねばならない環境がある。それは、「人の存続」という意味で、ゆるがせにし得ない重要事であり、それに手を貸す者たちもまた、不可欠の要職に携わる人として、疎かに扱われるべきではないだろう。しかし、それが、「妻」となった者、あるいは「子を産む」役割を担った者にのみ、限定される根拠はないし、その限定が様々な混乱を招き、かつ、時として当事者の不幸の源泉となった事実も忘れてはならないだろう。

今後の社会が、とりわけ、天然資源に乏しく人口減少に悩むわが国の将来社会が、性別にかかわらず優れた資質能力を必要とし、老若男女を問わずふさわしい働き手を求めていることを思うなら、「子」を育てるための「時間と労力」を特定の性に担わせることの是非は、軽々に結論づけることのできない重要事であろう。「子ども」とは「親」の対をなす概念に過ぎないのだろうか。また、従来は「母」と呼ばれていた「育てる人」は、一体誰なのだろうか。私たちは、いま、「子と母」の関係をめぐって、その本質が問われていることに気づくべきではないだろうか。

## 「母」と「ケアする人」

誕生して間もない人間、いわゆる新生児および乳児と呼ばれる人たちと、それをケアする人との関係ほど、圧倒的な差異を基本とするものはない。一方は、生命の維持という基本的な自身の要請にすら応えることのできない未完成態であり、他方は、生活する力においてほぼ完成した人間である。何しろ、赤ん坊が生きていくためには、「他の誰か」の保護と支援を仰ぐ以外に道はないのだから。それに、ケアする者は、身体レベルにおいて完成されているだけでなく、彼もしくは彼女のおかれた社会というある文化的集団に属していて、その集団の慣習と規範のなかで要求されるものを獲得するすべを熟知しているし、個人の欲求充足に際して限界となる障壁の存在をも心得ている。ケアする人は、そのように「生物的」「社会的」に完成された人間として未完成な子どもの傍らにあり、彼の要請に大人として応えていくのである。

他方、誕生間もない子どもは、ケアする人がどのような集団内にあって、どのような文化を身につけていようとも、そのことには無知であり無関心である。赤ん坊にとっては、ただ、身近に、「飢え」によって生じる緊張を満たしてくれる「環境」が存在するだけであり、その「環境」が「物質」ではなくて「人間」であるというだけのことに過ぎない。しかも、その人間は、他の人やものと截然と区別されてもいないし、赤ん坊自身の身体から独立した個体ですらない。

この間の経緯を説明する精神分析学者佐々木孝次の以下の文章を、「母親」という語を「ケアする人」と置き換えて読んでみることとしよう。「飢えに対する体内の知覚が緊張状態をよび起こすと、母親はこれを不快の訴えとして受けとるが、それはまだ、たんなる生理的な機能の反映であって、心理的な機能によるものとは言えない」。「したがって、その頃の母親と子供が、すでに強い絆で結ばれているとすれば、その関係の内実は、人間の社会的な環境から分離されて、いわば動物的な通じ合いによるところが大きいと考えられるのである」。

乳児が示す初期的な動物的関係が、やがて人間的な関係へと変化してくることは言うまでもないが、それは、母子関係の研究者たちが示すように、三ヶ月ころから人の顔を他と区別して反応するようになることからも伺われ、その関係は、常に自身の欲求を満たしてくれる特定の人との間に形成される最初の社会的反応として位置づけることができる。しかし、その対象は、必ずしも、血縁あるいは制度的な「母」である必要がないことも、また、最近の研究の示すところであろう。すなわち、乳児が示す最初の社会的反応は、「飢え」によって引き起こされた彼の生理的緊張を解消してくれる存在が傍らにあること、そしてその存在を乳児が「見慣れたもの」として認知可能であること、などの条件が整うことによって表出される当然の反応であり、傍らにある「ケアする人」は、彼が表出する生理的反応を「快」「不快」などと分節化して意味的に把握し、「不快」の状態の素早い解消と「快」の状態の安定のために行為しようと努めることになる。こうした経緯のなかで、乳児の側から「ケアする人」に対して「不可欠の大切な存在」という意味が付与され、その結果として、「赤ん坊」と「ケアする人」との間に心理的・人間的関係が結ばれていくのである。

赤ん坊は、独力で自身の「飢え」に対処するすべを知らず、いまだそのスキルを獲得してはいない。したがって、彼の「飢え」の解消を助ける存在、しばしば「母」と呼ばれ、昨今の研究者間では「ケアする人」（Care-keeper）などと呼ばれたりするその存在者の役割は、赤ん坊が生き物としての生命を維持するためだけではなく、彼が人として成長していく上で不可欠のものと言い得よう。なぜなら、「飢え」によって生じた興奮からの解放を求める彼の欲求が、繰り返されるある種のメカニズムによって充足されるとき、そして、それが自分ではない「誰か」によってなされる営みであると気づかされたとき、彼は、この世界に「他者とともに存在している自分」、しかも「他者によって受け入れられている自分」に気づかされることになる。それが「自己肯定感」「自尊感情」などと呼ばれるものの始まりであるが、この感情が、人が、変化する環境下で常に自分自身を受け入れ、生き続けることを可能とするための土台であることから見て、乳児と「ケアする人」の間に形成される初期的関係が極めて重要であるとは、改めて言うまでもないことであろう。

ところで、近代社会においては、その役割は概して「血縁の母」の担うものであった。というよりむしろ、近代化された社会は、子を持った女性にその役割を「押し付ける」ことに専念したといううべきかも知れない。近代化にともなって「性役割の分業化」が促進されたが、先述のように、女性には「専業主婦」、そしてそのゆえに「専業の母」という役割が付与され、それが女性に与えられた唯一絶対の「価値」として強力に推進されたのが、現代に至る社会の歩みである。結果として、「母＝ケアする人」が、赤ん坊の「不快」を取り除き「快」を安定させるために表出する諸種の言動は、「母の愛」と「母性的表現」という特別な言葉で輪郭づけられた。そしてそれが、「母＝ケアする人」を縛る頸木《くびき》ともなり、「産み育てる」営みに過剰な負荷を負わせてきた一因でもあろう。現代の若い女性たちが、「子ども忌避」に陥り、「子育ては損」と言明するのもこのことと無縁ではない。

その余波として生じたのが、「子育て放棄」の罪であり、同時に自らの育児回避に対する女性自身の強い「罪の意識」であろう。また、当の子どもには、「悲劇的な運命の子」とでもいうべき、特別に徴付きの人生を歩むことを余儀なくさせる。すなわち、止むを得ない事情でわが子を育てなかった母は「保護養育遺棄」の罪状で起訴されることもあり、あるいは、生涯を「養育を他者の手に任せた」とする「罪の意識」に苛まれることにもなる。他方、母に育てられる機会を持ち得なかった子どもは、「母のない子」「実母に育てられなかった哀れむべき子ども」として、悲劇色の人生を生きることにもなりかねないからである。

ところで、乳幼児の発達阻害因として「母性的養育の喪失」を挙げる言説は、一九五一年にWHOに提出されたボウルビーのレポートによるところが大きい。「早期発達においては、母親が一貫して養育に当たるべきであり、母親との分離は最小限にすべき」という彼の主張は、人間の初期発達に不可欠の「愛着関係の形成（アタッチメント）理論」として、広範な影響力を持ち、多くの追跡研究を産み出したし、そのゆえの多岐にわたる論争を生じさせた。なかでも、一九八〇年以降の多くの実証的研究は、働く女性の増加を踏まえつつ、母親の就労の有無と子どもの愛着関係の発達との関係を見ようとするものであったが、それに関して、多くの研究が特段の有意差が見いだせないとする結論を導き出した（表11）。当のボウルビー自身も、「主要な養育者が不在のときは二次的養育者が子どもの要求を満たすことができる」と言い換えて、母親絶対の視点を転換させることを試みている。

わが国の場合も、平成一三年（二〇〇一）に報告された二〇年にわたる大規模な調査結果においいては、さほどの有意さは見いだせないとされ、むしろ、「家庭」ではなく「保育施設等」における保育の効果を挙げるものが増加していることを示した。この報告は、かつての母親を絶対とする見解は、いわゆる実証科学を装いつつ実は神話的幻想に過ぎなかったことをあらわにし、一時世を支配した「三歳児神話」の解体を促す出来事であった。

「誰が、子どもの養育に当たるべきか?」それを決定するのは、その社会の人口動態であり、産

**表11　保育が子どもの発達に及ぼす影響**

アメリカ合衆国NLSY(Notional Longitudinal Survey of Youth) による縦断調査 (1979～1999) の結果のまとめ

| |
|---|
| ・発達早期における母親の就労は、それ自体、単独で子どもの発達に影響するという結果は得られなかった。 |
| ・交互作用などが見られた場合もそれほど大きな影響はなく、発達早期における母親の就労が子どもの発達に及ぼす影響は小さいといえる。 |
| ・母親の就労形態、就労のタイミング、就労の継続や中絶は、子どもの発達に対して一貫した関連が見られなかった。また、就労時間が長いことは、9歳までの認知発達がわずかながら低いこと、および7歳より前の学業成績がわずかに低いことと関連していたが、行動発達上の問題や柔順さ、self-esteem には有意な関連が見られなかった。 |
| ・発達早期における母親やの就労は、シングルマザーや低所得家庭の子どもの認知発達にとって、ある程度有益である。<br>シングルマザーで子どもが生後3年間に就労していた場合、子どもの語彙テストの得点が高かった。<br>低所得家庭においては、父親の就労時間が長いことと、子どもの語彙テストの高さが関連。一方で高所得家庭においては、父親の就労時間の長いことと、子どもの語彙テストの得点および達成テスト得点の低さが関連。 |
| ・発達早期における母親の就労は、家庭の所得が増加することを通して、子どもの発達に肯定的に影響することの仮説を部分的に提示。 |

資料：網野武博「母性神話と保育」の要約紹介より作成。

業構造と暮らしの様式である。たとえば、近代以前の伝統的農村社会では、「取りあげ親」「拾い親」「名付け親」など複数の「親」が設定されていて、「子ども」は共同体全体の責任で育てられるべきものとされていた。凶作に悩む寒冷地では「間引き」の慣習があったが、それを決定するのは「母親」ではなく、「家父長」であったり「共同体の総意」であったと言われる。一〇ヶ月を胎内で育んだ母親は、「育てたい」と願うが、食物の収穫高によって決定される人口計画では、「生かすこと不可能」と断定されざるを得ないのだ。打ち続く貧困のなかで、密かに行なわれる「子棄て」や「子売り」なども、単なる一家族の問題ではなく、共同体の黙認のなかで行なわれた。わが国が目覚ましい速さで近代化を成し遂げた大正期以降も、「子売り」の因習は絶滅されたとは言い難く、深刻な経済不況に襲われた大正末期から昭和初頭にかけて、いわゆる「身売り」と通称される少女たちが、東北地方からの夜行列車で続々と首都圏に送り込まれてきた事実は、いまも私たちの記憶に痕跡を止めている。

こうした歴史的変動の果てに、近代化を達成した先進諸国では、外に仕事を得ることなく家の内に止められた女性に、「専業の母」という専任者としての役割をふり当て、「子育て」こそが女性の天職とばかり、その営みへの専従を求めた。ところで、人口減少を視野に入れつつ今後の社会の動態を考えるなら、女性の就労に異を唱えることは不当であり理に合わないばかりか、今日では、子どもに不利益という言説も根拠に乏しいことが明らかとされている。しかし、これまで支配的であった「母子関係」の絶対性がその基盤を危うくされながら、新しい絶対的モデルがいまだ輪郭を鮮明にされていないのが昨今の情勢であろう。そして、一方では、「産み育てる」ことへの不信感と

「子ども忌避」の感情だけは、増幅の一途をたどりつつあるかに見える。

次々と打ち出される少子化対策が効果を見せず、子どもに関する残酷な事件が多発して、あたかも、手も足も出ないかに見える現状の混乱は、もしかしたらここに一因があるのではないか。必要とされるのは、乳幼児の初期発達に不可避の「人的・物的環境」の構成であり、それへの支援であろうが、「人的環境」の最大要員たる「ケアする人」への不認識と、また、最大構成因たる社会の「子ども観」が、いずれも不透明なままに事態に対応し得ていないことも、看過し得ない重要事であると言うべきであろう。

## 〔補遺〕劇場型「親子」の今昔

「わが子」を殺す親は、江戸の劇場に登場して観客の喝采を呼んだ。そして、幼子の亡骸《なきがら》に縋《すが》って嘆く母あるいは父役者の演技に、観客は袖を濡らして酔いしれ、倒錯とも見える甘美な陶酔に耽った。『伽羅先代萩《めいぼくせんだいはぎ》』や『伊達競阿国劇場《だてくらべおくにかぶき》』に登場する乳母《めのと》政岡は、観客の趣向に応えて「わが子殺し」の名演技を披露し、古今東西の「子殺しの母」の代表となる。伊達騒動に典拠したこの歌舞伎狂言において、彼女は忠実な乳母として若君を守るべく、わが子に毒入りの菓子をそれと知りつつ食味させるのである。そればかりか、毒に苦しむ幼子が、さらに、陰謀の露見を恐れた相手方の手にかかって、母の目前で刺殺される憂き目に遭うのだが、このとき彼女は、わが子に救いの手を延べようともせず、顔色一つ変えることなく、若君を庇《かば》う佇《たたず》まいのまま、黙然と殺されていくわが子を見守り続けるのだ。「若君の命こそ大事」とばかり、主君への「義」を重んじてわが子への「情」を犠牲にするとは、天晴れ名婦の鑑と、芝居小屋の江戸人を熱狂させた次第である。

政岡と若君鶴喜代と実子千松、この三人の関係をめぐって、金子省子は以下のように論じた。すなわち、政岡の台詞としては、鶴喜代に対しては鼓舞と賞賛、千松に対しては「叱り」が多用されている。優しく慈しむ「母」と、厳しく教え導く「母」という、この二様の母のありようが三者関係のなかで表出され、そのゆえに、母と子の間にはほどよいバランスが保たれていたと言うのである。そして、そのバランスが一挙に崩れるのが、終盤の「歎き」の場面で、千松の健気でかつ無残な死によって、敵方を欺くことができたため、ことは無事に推移し若君を守りおおせることができたのだが、ホッと安堵した政岡の上に、堰を切ったように訪れたのが隠しに隠してきた「母」の情であった。わが子の亡骸に取りすがり、歎きつつかき口説く政岡の姿に、劇場一円は、抑えるすべもない観客の興奮で、どよめき揺れたということだ。

このとき、観客一同の心の底に流れるのは、「血の繋がったわが子は、他人の子どもにまして可愛いはず」という前提である。その前提に背いて、同年齢のわが子には「家臣」の道を厳しく教え、若君には保護と慈愛を惜しみなく注いで、「若君こそ大事」、同時に「君の為に死ぬことこそ大事」とばかり、全身全霊を込めて乳母道に励む。そんな彼女の言動は、先ず、常の母性を超えて「忠烈無比」、そして「健気」と衆の胸を打った。そのゆえに、クライマックスの「子殺し」に観客の期待は頂点に達し、その後の愁嘆場に「やはり、わが子は可愛かったのだ」と納得する。そして、とすれば、先刻来の「子殺しの黙認は、さだめし地獄の責め苦であったろう」と、あふれる涙に袖を絞ることになるのであった。

江戸の舞台は、「私の愛」と「公の愛」、「情」と「義」など、わかりやすい二項の対立で構成されている。『菅原伝授手習鑑』の人気場面である「寺子屋の段」もその一つと言えよう。ここでは、「若君を救うため」という大義名分の下、松王丸と千代夫婦の共謀により、二人の一子小太郎がその幼い命を犠牲として用いられるのである。敵方の陰謀により太宰府に左遷された菅丞相の遺児菅秀才は、丞相に恩義を感じる旧臣の源蔵夫婦に匿われ、寺子屋に身を潜めていた。しかし、かつての敵でいまは権力の頂上にある藤原時平から遺児を差し出せという厳命が下る。その探索方の役人に選ばれ菅秀才の検分役として寺子屋に乗り込んでくるのが松王丸。彼はかつて三人の兄弟とともに菅丞相に仕え、主君の寵愛を受け厚遇されて過ごした過去の持主であった。しかし、いまは、心ならずも旧主の仇敵に仕え、世の指弾を受ける身となっている。「梅は飛び　桜は枯るる　世のなかに　何とて松のつれなかるらん」と、三兄弟の名前を詠みこんだ旧主の和歌ですら、今は曲解されて「松はつれない　松はつれない」と世論は彼を非難し嘲り罵る。

そんな夫妻に訪れた千載一遇の機会が、かくまわれている菅丞相の遺児菅秀才の首実検であった。何しろ、若君の顔を知る唯一の人物……。旧主の恩義に報い、「松はつれなし」と誹《そし》る世の嘲りに応え得る機会はこの時をおいてないとばかり、そこで、夫婦が案出したのが、年格好の同じわが子を身代わりに捧げるという悲しい手段であった。「わが子献上」という、あまりにも惨いこの報恩……。しかし、心を鬼にして彼を討った源蔵によれば、幼い小太郎は幼いなりに潔く「若君の御身代わりならば」と「にっこり笑って」、従容《しょうよう》と自身の首を差し延べたという。それを聞いて、泣き悶える母親の千代女に対して、父親の松王丸はそれを宥《なだ》める。「コリャ女房も何でほへる。覚悟した御身がはり、内で存分ほへたでないか」と……。

そして、舞台上の父親は、開いた扇で面を隠しつつ、しみじみと述懐する。松王丸役者の真骨頂の発揮と言われる、次の一連の科白がそれであった。

ム、ハ、ム、、、ハ、、、、ア　出かしおりました　利口なやつ　立派なやつ　健気な　八つや九つで　親にかはって恩送り　お役に立つは孝行者　手柄者と思ふから　思ひ出すは桜丸　御恩もおくらず先達し　嘸《さぞ》や草葉の陰よりも　うらやましかろけなりかろ　伜が事を思ふにつけ　思ひ出さる、思ひ出さる、

（『菅原伝授手習鑑』「寺子屋の段」より）

「義」のために捧げたわが子ゆえに、その最後を賞めこそしても嘆いてはならぬ。泣き惑う母の「情」に対して、父の「義」は嘆くことを肯んじないはず……。しかし、やはり、犠牲に捧げたわが子の愛しさと哀れさに、「父」としての松王丸は耐えることができない。そこで、舞台上の彼に課されたのは、次のような難しい演技であった。すなわち、扇の陰に面を隠し、徐々に上体を斜めに倒しつつ、身体をそむけながら泣き続ける、という……。芝居小屋に集うた江戸町人たちにとって、これぞ悲劇のなかの悲劇としてその胸を掻き毟《むし》られ不覚の涙に袖を濡らしたことだろう。

歌舞伎の「子殺し」に関して、かつて、私は、先著のなかに以下のような一文を置いた。繰り返しを恐れず、その一部をあえて引用しよう。

子どもの存在が、悲劇の中心的にない手、というよりもむしろ、悲劇そのものの根源であることが多いが、それは、舞台上に「親子の情」が出現したことを意味しよう。「親と子の間柄」とは、旅・別離・あるいは死などの要因により、いずれ断たれねばならない関係に他ならない。断たるべき運命を予測し、それが不可避であると知りながらも、分かち難く結び着いてしまうことの悲しさ。親子の間に、格別の情などというものが介在しなければ、それは悲劇を胚胎しない。濃密に、理屈を越えた「情的結合」が生じたからこそ、それが舞台上に悲劇を出現させ得るのだ。「子別れ」が、そして、その極限たる「子殺し」が、悲劇の当為たり得たのは、血に連なる肉親の情が、ことさらに意識され始めていたことを物語る。血縁信仰に浸された観客たちは、それを断ち切る舞台上の虚構に、虚なる世界に酔う甘美さを心ゆくまで堪能したのであろう。

（拙著『子別れのフォークロア』より）

ところで、江戸の舞台はさておき、現代の大衆芸能を代表するテレビの世界で、親と子の切断は、どのように描き出されているのだろう。伝統芸能のそれのように、親は「義」のためにわが子を捧げ、「公的愛」の優先の下、「私的な愛」の対象たるわが子を殺傷し、すべてが終わった後に、二度と帰らぬわが子を求めて胸を噛む後悔に身を焦がしつつ、つらく切ない涙にむせぶことがあるのか、否か。

かつて劇的脚色を経て舞台上に展開された「親子」は、現在のテレビ画面では、むしろ「ドラマ」ではなく、報道・情報系番組のなかにこそ、よりドラマティカルな像を結ぶように見える。たとえば、輪禍や自殺など、突然に訪れた不幸な死によってわが子を失った親の悲嘆の前で、テレビカメラは延々と回り続けてその悲しみを全国に伝え、あるいは、子どもを虐待死させた親や不注意で子どもを死なせた親の話題も、格好のニュース種子として各地域を駆け巡る。そして、ワイドショーなどの情報系番組に招かれたコメンテーターによって、時に子どもに惨い都市の交通事情やあるいは子どもの生きにくい現状が怒りの言葉とともに告発され、あるいは、「いまどきの母親は」などと親たちに向けての厳しい非難が繰り返される。これら、子どもの常態ならざる突然死は、いずれも、メディアによって放映に値する「事件」として処理され、新しく衝撃的な事件が起こらない限りは、延々と同一テーマの放映が続くのである。その結果、私たち一般視聴者は、現代を生きる「親たち」については、頻発する禍々しい事件を演じる一方の主役として意識化させられてしまうことになる。いわく、この社会で「親」であるとは何と辛く悲しいことであるのか、あるいは、「親」とは、いとも無造作にわが子を殺すほどに無慈悲で残酷極まりない人間であるのか、などと……。

情報系番組が、「親子」とりわけ「子と母」にかかわる出来事を「事件」として取り上げるとき、そこには定型化された枠組みがあって、各局ともそれに準拠した上で遺漏のないよう情報の加工に当たっているように見える。それらは、事実そのものの報道と言うにまして、ある一定のコンセプトの下にある一定のストーリーで組み立てられた「ノンフィクションという名のドラマ」に他ならない。

たとえば、非業の死を遂げた子どもの事故現場と葬儀の風景、正面祭壇にはあどけなくほほ笑む子どもの写真が飾られ、在りし日の幼稚園あるいは学校の光景が、探し出されたビデオテープで写し出されることになる。胸に花束をつけた卒業式風景や、元気に駆け回る運動会の光景などがそれ……。そして、弔問に訪れた友人たち、幼い幼児の場合は不安げな表情のまま母の手に引かれて早々に立ち去り、いくぶん年長の子どもは、泣きじゃくる姿をカメラに収められる。そして、レポーターによるお定まりの質問、「○○ちゃんはどんな子でした?」「いまどんな気持?」最後に登場させられるのが、死児の親たちである。父親は、カメラに向かってわが子を巻き込んだ事故への怒りをあらわにし、母親はひたすら涙にくれる。そして、コメンテーターの次のような結びの言葉で括られる。「幼い命を奪った○○とそれを未然に防ぐことができなかった当局に対して、改めて憤りの念にかられます。こんな悲しい事故が二度と起こらぬよう、関係者に強く切望いたします」。

他方、その悲劇が、虐待や養育放棄など、親たちに原因が見いだせる場合は、「なぜ、いたいけな子どもを」とばかりに「非常識な親」の糾弾にエネルギーが傾注される。レポーターたちは、その人物の周辺に十重二十重に取材の網を張り巡らして、視聴者の興味をそそるような刺激的な情報の入手に熱中する。過熱さのあまりに、時にいくぶんの猟奇性さえ加味され、「母」なる人の愛人について、あるいはパチンコなどの射幸的な趣味について、延々と情報が流され、さながらスキャンダラスな種探しの趣きさえ呈することがあって、時に良識ある者たちの眉を顰めさせるほどである。幼い命を奪われたという点では、前例の場合と同様の被害者であるはずの当の子どもは、親たちに対する熾烈なカメラ攻勢の前で、陰を薄くされてしまったかに見えるほどに……。

「子どもの事件」が「親がらみ」で取材されるとき、情報の加工の仕方には一定のルールがあるとでも言うのだろうか。すなわち、キーコンセプトとされるのは、子どもの不幸が外的要因による場合、たとえば、交通事故や不適切な学校の対応など、両親以外の他者の手になる場合は、「二人の親」は「親の愛の権化」と化し、愛の対象を奪われた悲しみと奪った者への怒りで全身を震わせる。「なぜ、わが子が」という悲痛な母の叫びに、メディアは「犯人探し」の検察官に変身し、無謀なドライバーや学校教育の責任者、さらには、配慮に欠けた関係行政部門に非難の矢を浴びせかけるのである。その結果、視聴者の目に映るのは、「事件」発生と同時に、民放各局が入手した情報をいち早く同じ色調に染めぬき、同じ方向性を持たせて一定の結論へと収束させ得るよう、慌ただしく加工していく各局一体のその経緯である。ある中学生グループが、「テレビは、公共性の高いＮＨＫと娯楽番組に特色をもつ民放一社があれば、他はいずれも不要ではないか」という意見を述べている。理由として挙げられたのは、報道・情報系番組などはどのチャンネルを回しても、同じ材料で同じ説明をし、同じ見解を表明しているからということであった。

ここで、「親子の情愛」を普遍・不変と見ようとする願望の端的な例として、「難病もの」を挙げてみるとしたら、それは不謹慎の誹りを免れないだろうか。現代の先端的医学・医療技術ですら、いまだ治癒不能の難病に子どもが罹患した場合、それはしばしば報道に値する情報として、メディアの取材の対象となり、ノンフィクションであれ、あるいはドラマ化されたものであろうと、流通に値する素材として取り上げられることが多い。そして、そこで燦々《さんさん》と輝くのが「わが子に対する親の愛」であり、また、それに対して、相応の援助を惜しまない人々の善意である。

たとえば、海外手術の諸費用を得るために行なわれる街頭カンパは、必ずといっていいほどにカメラが向けられ、写し出された光景はニュース番組を通じて広く一般視聴者の視界に飛び込む。「○○ちゃんを救え」などと書かれたプラカードが写し出され、行きずりの人々のカンパの列……。それは、日本人のなかにいまだ深く根付いているかに見える「親子の情愛」と、「子どもに寄せられる温かな思い」を象徴するかに見えて、大方をホッと安堵させる映像に他ならない。当事者にとっては切羽詰まった状態であろうとも、制作者と視聴者には、安らぎと癒しの画面となる。

仮に、それがドラマ化された場合には、「親」とりわけ「母親」の演技は、まさしく「献身」の一語に尽きよう。視聴者は思わずも涙を誘われ、所詮子ども主人公の運命は「死」であろうと知りつつも、身を乗り出して主人公の快癒を祈り、画面上の健気な母に対しても、命を取り戻したわが子を胸に抱いて笑って欲しいと願うことになろう。

このとき、メディアは期せずして露呈しているのではないか、そこに内包されている「親像」とくに「母性像」と「母性観」が、いかに画一的であり美しくはあるが旧態依然たるものであるかということを……。前提とされるのは、「親、とくに母親は、わが子を何よりも愛し慈しみ、その命を己れの命に替えても守り抜こうとする存在である」ということ。そのゆえに、拭いようもない悲しみと怒りに全身を震わせる「親の姿」を、カメラは逃さず捉えて繰り返し画面に登場させる。そして、他方で、そうした「親像」、すなわち、大方が期待するはずとされた「愛に満ちた親の姿」に背いて、残酷にも子どもの加害者となった「非道な親」に対しては、悲憤やるかたないといった風情で、激しい非難の言葉を繰り返すのである。このとき、レポーターやカメラマンなど報道関係者たちは、俄《にわか》に子どもの側に立つ正義の味方に変身し、被害を受けた子どもに代わって加害者となった親たちを断罪する。

また、「難病」が題材とされる場合には、そこに集うて子どもの治癒を願う親や関係する大人たちを捉えて、わが子に対する親の愛も、幼い者に注がれる大人たちの情も、いまだ変わることはないと宣言して、視聴者に安らぎを提供し、制作者もまた己れの「親子像」を反芻しつつ安堵の胸を撫で下ろすことになる。

タイム・スパンを長くとって振り返ってみるとき、私どもは、子と親の関係が時代と文化の産物であり、「母親のありかた」もそれに準じることを知らされてきた。とすれば、人々にイメージされる「母なるもの」もまた、それら変化する時代の底に流れる心性によって、様々に象《かたど》られることは自明であろう。にもかかわらず、変貌甚だしいこの時代に、それに相応しい親子のありよう、とりわけ、「母と子の結び付きの形」が、いまだ明確な輪郭をもって描き上げられてはいないらしい。密やかに浸透し続ける「子ども忌避」の心性のなかで、「親と子」の出来事が事件として社会の表層に突出するとき、人々の視野に浮かぶのは、依然として近代以降の輪郭線で囲い込まれた「親子の像」であるとは……。

私たちは、いま、改めて問わねばならない。現代という時代に、「子ども」とは何者であり、特に「親」との対として位置づけられる「子」とは、どのような存在であるのか。また、どのような存在であることが「当為」なのだろうか。そして、そのために、いま私たちには何ができるのだろうか、と……。

第三章　都市化する空間と子ども排除の構造

「子ども部屋」が、親子の関係を疎にしたとは、最近、巷間を賑わす指摘である。わが国の場合、第二次大戦後に推進された住宅政策のなかで、子ども各人に自分だけの一室を与えることは、彼らの自我の確立に有効であり自立を促すとされて、新しく住居を求める際の不可欠の条件とされたのであった。

十九世紀半ばのアメリカ合衆国の啓蒙思想家の見解として、子どもに個室を与えることの重要性が説かれ始め、また、中産階級向けの建築図面のなかに子ども用個室と見られる小空間を用意する建築家が現われている。これらは、子どもたちに自由に使用可能な空間を提供すること、彼らに内省の機会を持たせることが重要であること、などが認識され始めたことが伺われる動きと言えよう。そして、わが国の場合は、二十世紀に入って、中産階級向けの婦人雑誌などには、「子ども部屋」の必要性が啓蒙的筆致で記述され始めたのであった。

しかし、第二次大戦前のわが国において、庶民一般の子どもたちは自分のためだけに用意された空間を持たず、その代わりに、家の中のいずれの場所でも、あるいは地域のなかのどこででも、自分の生活を展開することが可能であった。時にうるさがられたり、邪魔にされることはあっても、通常の暮らしのなかに子どもが交じって、大人との生活を共有することが当たり前だったのである。下校時の悪戯は、地域のご意見番を自認するお節介焼きの老人に咎められ、下校後は、宿題のノートを母親の裁縫台その他の机式のものの上に広げて、仕事の傍ら進行状態を覗き見る母親の視線に曝し、夜がくれば両親や兄弟と並べて敷かれた布団の上で眠りに就いた。

たまに一人だけになりたいことがあれば、蔵の中や物置の埃と黴の匂いのなかに、何とか閉じこもれる片隅を探し出し、辛うじて一人の世界を確保することになる。他者と共有不能な自分だけの世界を確立しようとする場合、いささか不都合な暮らし方ではあったが、しかし、それが当然とされるのが当時のわが国の大人と子どものかかわりのありようであったのである。

子どもたちは独立の空間を与えられていない代わりに、成長の種々相もそれに伴う諸変化をも親や家族もしくは近隣の人々に共有され、多くの人々の見守り養育する視線のなかで、成長の日々を過ごすのが常であった。「このころ、あの家の誰某は、丈が伸びて逞しくなった」とか、「いや、それだけに悪さがひどい」、あるいは「急に女らしくなった、きっときれいな娘になるだろう」など、子どもたちは、ともに暮らす地域の人々の共通の関心であり話題だったのである。

しかし、都市の発展と、とりわけ第二次大戦後の住宅政策に伴う住形態の変化は、それまで有効に機能していた「子どもを地域全体で育てる仕組み」を無化し解体した。子どもの成長は、個々の家族内の責任とされ、コンクリートの壁で仕切られた個別の空間内に封じ込められたのである。加えて、個々の家庭内でも、その狭い住空間がさらに仕切られて、子どもの暮らしは、「子ども部屋」

という密室内の密事と化した。そして、冒頭に述べたように、今日の子育てが困難になったことの一因は、ここにもあると考えられ始めたのである。

言うまでもなく、人の成長は、無数の要因の絡み合いのなかで遂行されていくものである。いま、とりあえずの言及を試みた住空間なども、その一つに過ぎない。しかし、ここでは、変貌著しい空間環境に焦点を合わせて、子どもの問題を考えることとしたい。とりわけ、狭義にはそれぞれの家庭に出現した「子ども部屋」の問題を、広義では機能的な集団住宅の出現した都市空間の問題を取り上げ、子ども忌避の心性が培養されていく過程をたどり直してみたいと思う。

## 一　近代化される生活空間と子ども分離の構造

### 子どもの暮らしの二元化

明治の近代化に伴う生活改良のなかで、容易に進展を見せなかったのが、食生活と住生活であるとされる。もっとも、西欧風建築物が徐々に街を彩って人々の耳目を峙《そばだ》たせるようになったが、それらは、官公庁や軍隊の建物、あるいは学校建築などで、為政者の企てる住生活の近代化を視覚化し、「お上の意向」を具現化して見せてはいた。しかし、それら建築物は庶民一般の暮らしとは縁遠く、鬼面人を驚かすような珍奇な構築物、単なる「見物」の対象ではあり得たが日常の暮らしとは無縁であった。

それでも、学校は、国民皆学の時代精神に則り、庶民の子どもたち全員が通わねばならない場所であった。したがって、一般庶民が、先ず馴染むことを強要された新時代の建築物は、「初等学校の校舎」であったろう。もっとも、新時代の教育は西欧をモデルとすることが方針とされ、そのために洋風建築が奨励されたとしても、信州松本の開智学校や茨城の水街道《みつかいどう》学校のように明治型洋風建築として文化財級の史的価値を誇っているものは例外であり、一般には、長屋の一画を改良したり、空き空間となった家畜小屋の活用であったりして、前時代の寺子屋にも劣る程度のものが多かったとされている。しかし、東北のある小学校の設備・備品目録には、机・腰掛け・塗り板（黒板）などが記載されていることから、間に合わせの粗末な校舎内でも寺子屋スタイルとは異なり、新時代風の教育が志向され、せめてもの試みとしてこれらの備品が用意されていたことが偲ばれる。なぜなら、畳敷きの部屋を板張りに改造して正面に黒板を掲げ、机と腰掛けはすべて等しく正面に向けてならべるという、西欧風教室様式が採用されていたことが想像されるからである。

新しい師範学校の教育が、幕府の「藩黌」として著名な湯島の「昌平黌《しょうへいこう》」の建物を引き継ぎ、その畳をはがして粗末な床板の上に机と椅子を置き並べたところからスタートしたという前例から見ても、新教育には洋風スタイルの出発を望んだのが当局の方針だったということであろう。伝統的社会における学校式教育は、「藩黌」にせよ「寺子屋」にせよ、概して個人別の教授であったから、机は一般には対面型に並べられ、なかには、坐している師匠を三方から囲んで坐る場合もあった。したがって、同一方向に机と椅子を並べる新しいスタイルは、画一的な一斉授業に適った空間構成と言うべきであろう。新しい教育は、文明開化の象徴として欧米風スタイルで行なわれねばならなかったが、同時に、新国家建設に向けて国家から発信されるメッセージが、誤りなくすべての子どもに受信され得る形態が志向されたのでもあった。

板張りの床に机と椅子、正面に設置された黒板とそこに立つ教師の姿、こうした教室風景は、当時の人々にとっては珍しいものであったに相違ない。この学校建築と教室内配置には、先述のように、近代国民国家建設へ向けての明治政府の政策意志が明瞭に表現されている。そのゆえに、子どもたちにとってこの学校空間は、毎日の時間の大半を過ごす場所ではありながら、ただし、彼らの生活実感からは遠い「非日常」の「ハレ」の空間で、食べたり寝たり遊んだりして、日々を過ごす日常の暮らしのスタイルから遠く隔たったものであったろう。

義務教育適齢期の子どもたちは、登校すれば洋風の机と椅子に身体を順応させて教師の訓戒に従い、家に帰れば畳敷きの部屋に坐って、なじみの暮らしを受け入れることを当然としていた。帰宅後の勉強は、有り合わせの机や、机替わりの空き箱などを使うという二重生活を余儀なくされた。しかも、学校暦のなかでは「官製の新祝祭日」が重きを占め、子どもたちは正装して講堂などの大ホールの儀式に連なることになり、家の暮らしのなかでは、「盆」や「正月」、「七夕」「月見」「地域の祭り」など、伝統暦に従った時のリズムに身を委ねる。明治という時代は、子どもの暮らしとそれに伴う心身の流れを、「公」と「私」に二元化したのであった。

しかし、幼い心身は順応性に富む。彼らはさほどの葛藤もなくその双方を受け入れ、一方では新しい時代の官製の空間と時の刻みに、他方では伝統的な家屋の佇まいと時間の流れに、ともに順応して両者を共存させた。幸田文は、父露伴との思い出を綴った文章のなかに、格式を重んじた露伴家の元旦の朝と、それに続く学校の式典について、興味深い記述を書き残してくれた。すなわち、しきたりに厳しい幸田家の元旦行事に緊張しきった少女は、登校後は講堂に列して教育勅語も校長の講話もうわの空で聞き流す。こうして、元旦の朝を彩る「家々のしきたり」と、国家的に統一された「学校の儀式」のすべてが終わると、後は子どもの時間。勉強からも家事からも解放された子どもたちは、「さあ！　これからが本当のお元日」とばかりに、晴れ着の袖を翻し裾を蹴立てながら目一杯に跳びはねることになる。

いつもの爐の前の主人の座でなく、床近い客の座に客用の手焙りに凭って、妙によそよそしく父がゐる。精一杯の聲を出して私は、「おめでたうございます」と云ふ。弟も同じく馬鹿聲を張り上げる。語尾のはっきりしない挨拶を父は常に撥ねつける。低い聲で口の中でもにやもにゃ云ったりすれば、もう一度やらされる。祝儀となればなおさらである。「つぶやくがごとき祝賀の辭などと云ふものは何の作法の本にも無い」と云ふ。（中略）

村の小學校は雪どけで泥んこだったが、うちの客間の空気から脱けだした私は、リボンをふりたてて飛びはね、大元気で、「祝ふ今日こそめでたけれ」と唄った。紅白のお菓子と蜜柑を貰って歸る頃は、父は爐の前にゐて年賀の客を受けてゐる。臺處は能力のかぎりを發揮し、お燗徳利は袴着たり脱いだりの忙しさ。「文ちゃん、ちょいとこれをお座敷へ持って行って頂戴」と云はれてしまへば、もうおしまひである。

（幸田文『こんなこと』より）

上に引いた一文が物語るように、訪れた明治という新時代が子どもたちに要求したのは、「二つの世界の往還」である。それは、伝統的なしきたりに沿った日本風な暮らしぶりと、公的空間で要請される外来の立ち居振舞いに対する二重適応である。そして、その要請は、初等教育を洋風スタイルで行なうと定めたこの施策に如実に現われていた。しかし、子どもの柔軟性は、それらの違いを彼ら流に無化して自在の往還を可能とし、そのゆえに両者の併存が実現されたのであった。

### 消費者としての子どもの発見

二十世紀初頭の市場主義の進化は、「子ども」を消費者として発見してから、新たに子ども向け市場が開発されることになった。その好適例として引用されるのが新興デパートの子ども対象の商戦であろう。子ども向け商品の販売戦略として採用されたのは、単に「ものを作り」「それを売る」という単純な商法ではなかった。子ども向け特別製品の普及こそが子ども尊重の証しであり、新時代の子ども観体現の営みであるとして、宣伝業者の手を借りつつ大々的な宣伝が試みられ、広告産業という新興文化とも結託しての商品の販売であった。

たとえば、「児童博覧会」は、三越デパートの新商法の一つたる一大イベントとして企画されたが、その趣旨は、以下のように謳い上げられていた。

男女児童が平常座臥行遊に際して片時も欠くべからざる衣服、調度及び娯楽器具類を、古今東西に亙りてひろく鳩集し、又特殊の新製品をも募りてこれを公衆の前に展覧し、以て明治今日の新家庭中に清新の趣きを添へんことを期する。

陳列品の審査に当たった委員の一人は、陳列される商品は、「児童の心身に悪い影響を与えないで、その活動を過不足なく円満に保護発展させていく」品物であると断じていた。子どもは、市場主義の標的とされたことで、消費経済の一翼を担わされることになったが、しかし、それらは単なる「金儲け」の行為であってはならず、「子どもの成長に役立つ」ものでなければならないとされたのである。

### 創出される子ども商品と「子ども部屋」

新興商業施設たる百貨店が、子どもに注いだ関心は、市場社会が新たに発見した「子ども」という標的が、「児童中心主義」という時代思潮と結び付いて、より正確には、戦略的な巧みなドッキングを見せてと言うべきかも知れないが、人々の視界に浮上してくる動きを象徴する。開発された子ども向け商品は、新しい家庭に清新の気風を吹き込むとされたから、逆からいえば、清新の気風に満ちた「新しい家庭」は、これら「子供向け商品」を積極的に活用することで、子どもの成長を保証しなければならないとされたわけでもある。そして、その代表として開発されたのが、子ども用衣類や玩具類であったが、それらに加えて、「哺乳器」や「牛乳消毒器」などの衛生的な育児用品が出現し、含有栄養素を宣伝する飴や洋菓子類、果ては、子どもの背丈に合わせた机や本箱も製作される次第となった。

次に引くのは、恐らくわが国におけるごく初期に位置するであろう子ども専用品の広告文である。

弊舗は一般の醫科器械と共に家庭衛生用器械、看護用器具、分娩及育児用品等精良品取揃へ格安に供給可仕候

そして、この育児用品とは、「牛乳消毒器」と「哺乳瓶」であるが、高値で宣伝されている「牛乳消毒器」とは、銅製またはブリキ製の缶に湯を入れて一合瓶を温めるという程度のものであった。恐らく日用品として使用されている鍋や薬缶《やかん》でも十分に転用可能であるのに、「消毒」という医学用語で粉飾され、「乳児の健康を維持するため」という用途目的で装丁されたことで、新時代の商品として高額で市場に送り出されたのである。

また、洋菓子の普及にも、子どもは、重要な役割を負わされている。わが国最初の洋菓子販売は、明治一〇年代の米津風月堂によるとされているが、その売出しには、「病気の子どもを回復させた」という「子ども健康神話」が添付され、滋養強壮をキーワードとして販路拡張が図られたのであった。何しろ、卵やバターが使われているので栄養に富み、ふわふわと柔らかくて消化もよいので、子どもの健康に寄与するだけでなく、病気まで治してしまうと宣伝されたのである。

出版界においても、子ども読者を標的とした企てが、明治二〇年（一八八七）以降の博文館ジャーナリズムや、あるいは、一九一八年（大正七）に始まる芸術児童文学運動『赤い鳥』において試みられ、それなりの成果を上げてはきたが、子ども読者の争奪戦が熾烈となり、市場の標的としての「子ども」の性格があらわとなるのは、一九二八年（昭和三）刊行のアルス社の『日本児童文

庫』と文藝春秋社の『小学生全集』の競合であろう。これは、新興の子ども向けジャーナリズムが、市場獲得を意図した競争として注目すべき出来事と言い得る。何しろ、奇しくも同月同日の同ページに両者の広告が掲載され、アイデアの盗用をめぐって訴訟合戦が展開されるなど、華々しくメディアを賑わしたのであった。

ところで、子どもの本をこうして全集形式で刊行する企ては、家屋の中に「子どものための空間」を確保させることに一役を買った。なぜなら、順次、時を分けて刊行される全集という出版形式は、一冊、また一冊と小出しに本を手渡しながら、最終的には、購入者に多量の書物を購買させてしまう。結果として、彼らの住空間内には、予想を超えた多量の書物が運び込まれることになるため、それら全集の購入に踏み切った父母たちは、送り届けられた大部の書物に戸惑い困惑する破目となった。

しかも、わが家のなかにそれらを収める場所を用意しなければならない、と思案投げ首の父母たちの思いに乗じて、新しい商品開発を試みたのが、子供向け家具製造業者であった。すなわち、これらを収納するための本箱と、ついでに子どものための机・椅子が、新製品として市場に登場したのである。全集の企画者たちもここに目をつけ、本箱を付録につける試みも現われた。子ども向け全集は、大人の本に交じってあちこちに置かれるにまして、専用の書棚に一揃いでまとめて置かれることが望ましいとされたのである。子どもたちにとって、それこそが、読みたいときに選び出して手に取ることのできる収納の仕方、となれば、全集を買い与えるほどに「子どものため」を思う親たちは、当然、専用書棚も購入してそのなかに全巻を収納しようと企てる。

結果として、子どもたちは、自分専用の書棚を手に入れることになった。専用書棚は、専用の空間を要求する。家屋の一隅に書棚を置くための場所が求められ、かつては、茶の間の一隅であったり、あるいは廊下の片隅であったりした子どもの本置き場が、やがて、独立の「子ども部屋」へと成長していくことになる。婦人雑誌や育児雑誌上に、「子ども部屋の必要性」を説く記事が現われるのは、こうした動きと軌を一にする出来事であった。「子ども部屋」の根拠として、子どもの自立を促すためには、「独立した空間」が必要であり、大人の干渉を排したその空間内で、子ども独自の生活を展開させるべきだとされたのである。

「子どものための空間」については、明治初頭、当時の啓蒙的子ども論者の若松賤子《しずこ》が、子どもの人権保障に絡めてその必要性を論じていた。たとえば、以下のように……。

手近な譬がまづ十疊の座敷、八疊の茶の間、其外書齋も茶席も具はってある中以上の生活をする家にも子供の部屋と諦《きま》った場處はない、それ計りでも分かって居り升。それ故子供等は據なく間から間を食客の様に彷徨ふてありき、あちらへ行ってはならぬ、ここでも邪魔だと首蝿《うるさ》がられ、落着く處なきはしたものにされてをるが極く極く通例です。

（若松賤子「子供に付て」『女学雑誌』連載より）

ところで、これら啓蒙的言動とは無縁に、住居内に「子どものため」の空間を用意しようとする動きは、容易には一般の共有するところとならず、子どもたちは、依然として大人の暮らしの透き間に入り込んで、辛うじて自分たちの遊びや学習のための空間を確保し、訪れた夜には、親の傍らに布団を敷いてともに眠りに入るのを常とした。しかし、子どもが新しい「消費者」として注目されたことにより、漸く、「子ども部屋」の必要性が浮上してきたのであった。書物や玩具など、子どもも彼ら独自の財貨を所有するようになり、さらにその収納場所としての家具が出現することにより、その置き場所が求められたというわけである。同時に、「子ども部屋」が子どもの自由空間であること、それゆえに彼らの自立を促すために不可避の教育的空間であることなどが、再確認され再主張され始めたのであった。

他方、大人には、子どもの目に触れさせたくない「大人だけの生活」がある。たとえば、夫婦の性行為などはその典型かも知れない。したがって、「子ども部屋」という隔離空間を子どもに提供することは、彼らを大人の生活から隔離することにもなって、大人が大人としての生活を守り得るという利点も有していた。かつて、家父長主義が家庭内を支配していた時代に、家父長としての権威に支えられた父親は、子どもたちとは寝室を別にして一人の夜の時間を持つことができたが、子どもたちは、母親と同室で夜を過ごすのが一般であった。しかし、そのような空間分割と棲み分けにもかかわらず、夫婦の夜の営みはどのようにかして行なわれていたらしい。子どもたちが気づいていなかったのは、彼らの性意識が現在ほど敏感ではなく、両親の夜の行為などに意を向けることがなかったということでもあろうか。あるいは、両親が子どもに悟られぬよう、細かく気配りしていたのかも知れない。いずれにしても、住まい方の新原理の一つに、親子の暮らしの分離が主張されたことで、夫婦を単位とする大人の暮らしと、子どもたち、さらには、子ども一人一人を単位とした子どもの暮らしとが、それぞれに尊重されねばならないと考えられ始めたのであった。

子どもたちが、「子ども部屋」という独立の空間を与えられたことは、「家制度」が解体され、家族の単位が結婚した一対の男女から始まるとされた「新民法」の体現でもあろう。そして、それは、一世紀遅れの「近代家族」の実現を象徴する出来事でもあった。また、さらにいえば、それは、近代的子ども観の空間配置にかかわる現実的な体現でもあったのである。

### 「子ども部屋」に象徴される近代的子ども観

「子ども」を発見した近代は、子どもに対して、次代の国民として必要な知識・技能を身につけ、親から独立して国家の要求するよき国民へと成長することを期待したため、子どもたちを公教育の対象として学校教育のなかに囲い込んだ。しかも、同時に、大人には、子どもに対して、いつまでも汚れなく子どものままでいて欲しいという、叶え難い願望が抱かれ続ける。そのゆえに、子どもたちは、「教育の対象」であるだけでなく、「保護と愛育の対象」とされるのであるが、子ども部屋はまさしくその象徴であった。なぜなら、そこは、子どもの勉強を中心とした独立空間であると同時に、彼らを大人の暮らしから隔離して世の塵から守り、「汚れなき子ども時代」を持続させるための空間でもあったからである。「親からの独立」と「親による保護」という、この二つの相反する目標によって引き裂かれるのが、子どもを「教育」と「保護・愛育」の対象として発見してしまった近代に育つ子どもたちの宿命であったろう。そして、「子ども部屋」は、この宿命をさながらに体現して、その二つの願望の二つながらの入れ物であり、各住居のなかに挿入されて「子どもたちの近代」を空間的に象徴したのである。

先にも触れたが、十九世紀後半の自然科学の発達は、近代的子ども観の誕生を支え、それを推進することに貢献している。なぜなら、次代に夢を託し得る「進化論」や、種の改良の可能性を示唆する「遺伝学」が、子どもをめぐるパラダイムの転換に一役買ったからである。「遺伝因子の組み合わせ」を工夫してよい資質の子どもを出現させ、「よい教育」を施して世に立つ能力を身につけさせるなら、人類の進化には期待すべきものがあり、次代の人間は、現代の人間にましてより優れた能力を発揮し得るはずではないか。というわけで、これを受け止めた二十世紀は、子どもに現在の大人を超え得るという夢と希望を仮託した。「児童中心主義」が、時代を席捲したのはこの所以である。

さらに、発見された「子ども」への注視とそこに見いだされた変化が、研究者の関心を惹き、その変化が「発達」と命名されると、新しい教育理論は「子どもの心身の発達」を中心として構築し直されることになった。「児童中心主義」と呼ばれて二十世紀をリードした子ども中心の教育論は、こうした時代思潮の賜物であるのだが、住空間における「子ども部屋」の独立は、まさしく、住まい方のなかでの「児童中心主義」でもあった。

一方で、自然科学ならぬ文学や芸術の世界に、今一つの「児童中心主義」が湧き起こる。それは、工業化され市場化された近代社会によって、自然の汚損が進み、素朴な人間性が破壊されるとする文化人たちが、子どもの無垢と汚れなさに人類の救いを見、それを守ろうとする思想であった。その結果、子どもは、人と社会を救済するというミッションを背負う天使として、「永遠に子どもの

表12　増改築の希望箇所（勤労者世帯）　単位（実数%）

| 結婚持続期間 | 計 | 台所 | 居間 | 仕事場 | 老人室 | 子どもの部屋 | 若夫婦の部屋 | 間取りを全面的かえて変更 | 貸間 | その他 | 不明 |
|---|---|---|---|---|---|---|---|---|---|---|---|
| 計 | (97) 100.0 | 5.2 | 5.2 | 0.0 | 4.1 | 37.1 | 6.2 | 13.4 | 2.1 | 3.1 | 23.7 |
| ～4 | (16) 100.0 | 6.3 | 12.5 | 0.0 | 0.0 | 50.0 | 6.3 | 6.3 | 0.0 | 6.3 | 12.5 |
| 5～9 | (24) 100.0 | 0.0 | 4.2 | 0.0 | 0.0 | 58.3 | 0.0 | 8.3 | 0.0 | 4.2 | 25.0 |
| 10～14 | (19) 100.0 | 5.3 | 0.0 | 0.0 | 0.0 | 47.4 | 5.3 | 15.8 | 5.3 | 0.0 | 21.1 |
| 15～19 | (12) 100.0 | 8.3 | 8.3 | 0.0 | 0.0 | 25.0 | 16.7 | 8.3 | 8.3 | 0.0 | 25.0 |
| 20～24 | (15) 100.0 | 0.0 | 0.0 | 0.0 | 20.0 | 13.3 | 6.7 | 26.7 | 0.0 | 6.7 | 26.7 |
| 25～29 | (7) 100.0 | 0.0 | 14.3 | 0.0 | 14.3 | 0.0 | 14.3 | 14.3 | 0.0 | 0.0 | 42.9 |
| 30～34 | (3) 100.0 | 66.7 | 0.0 | 0.0 | 0.0 | 0.0 | 0.0 | 33.3 | 0.0 | 0.0 | 0.0 |
| 35～39 | (0) 100.0 | 0.0 | 0.0 | 0.0 | 0.0 | 0.0 | 0.0 | 0.0 | 0.0 | 0.0 | 0.0 |
| 40～ | (1) 100.0 | 0.0 | 0.0 | 0.0 | 0.0 | 0.0 | 0.0 | 0.0 | 0.0 | 0.0 | 100.0 |
| 農家世帯 | (45) 100.0 | 11.1 | 8.9 | 2.2 | 2.2 | 4.4 | 8.9 | 46.7 | 0.0 | 4.4 | 11.1 |
| 一般世帯 | (42) 100.0 | 2.4 | 9.5 | 7.1 | 2.4 | 9.5 | 4.8 | 26.2 | 0.0 | 9.5 | 28.6 |

「家計におけるライフサイクルの実態に関する研究」国民生活研究所，昭和42年3月。

ままの無垢であること」を期待されることになった。

「永遠の子ども願望」、すなわち、子どもが子どものままで大人へと成長しないことを願うのは、日常界で実現されようはずもなく、単なる憧憬であり幻想に過ぎない。しかし、人間のなかに「内なる子ども」を覚醒させることでそれに応えようと願う人々からは、大人への成長は「内なる子ども」を喪失させる必要悪と見なされ、童心こそが美であり究極の理想であるとする人間観が語られることになる。

これら二つの「児童中心主義」の跳梁する時代にあって、子どもは、一方では、次代の国民国家の担い手となること、あるいは、市民社会の形成者であることが期待され、そのための準備として国家規模の初等教育のなかに囲い込まれた。しかし、同時に、他方では、いつまでも汚れなく無垢のままの「子どもでいて欲しい」という矛盾した願望に翻弄され、学校教育にましてのびやかな自己解放こそを当為とする子ども観に囲繞されることになる。「子ども部屋」が、子どもの自立を促す場所であり、かつ、彼らの無垢を守るための場でもあるとされたのは、こうした二つの「児童中心主義」の具体化であった。

「子ども部屋」は、子どもに彼ら自身の自由空間を提供し、子どもが大人の介入に災いされずに一人の人として成長をまさぐる権利を保証したという意味で、「子どもの人権」を発見し、その尊重を時代の意志とした近代を象徴する。他方、「子ども部屋」は、子どもを、性生活などの彼らと直接には係わりのない大人の生活から隔離し、子どもの特性とされる無邪気で無垢な生のかたちを温存させる場所として、「永遠の子ども」に憧憬した近代の心性を象徴してもいたのである(表12)。

## 二　発展する都市空間と排除される子どもたち

### モータリゼーションと追放される子ども

明治三八年(一九〇五)に刊行された『絵本風俗往来』のなかに、徐々に変化する子ども事情に関して次のような一文が含まれていた。

例年季節によりて子供の外遊びも替るなり其中廃れる遊びあり又年々に同じ遊びの巡りて出るもあり先ず年年相行はる遊び数あるうち一二を出し其他は略しぬ戸外往来に出て遊ぶは春の末より秋の初までなり但し大通り通行頻繁の處にて遊ぶ子供更になし横町河岸端に限る

（菊地貴一郎『江戸府内絵本風俗往来』より）

明治も終わりに近い三八年には、どうやら、車の往来の激しい主要道路は、かつてのように子どもが自由に遊べる空間ではなくなっていたらしい。彼らは、遊び場を求めて横町や川岸の空き地に移動せざるを得なかった。しかし、子どもが表通りから追放されるのは、明治の末に突発した出来事ではない。明治七年（一八七四）の六月には、東京市で子どもが道路で遊ぶことに関して警告が出され、子どもの遊び場としての道路の機能に大幅な制限が設けられている。明治七年といえば、いまだ自動車は登場していなかったが、新橋—横浜間に鉄道が開通し、また阪神間の鉄道も試運転を行なうなど、交通の世界に近代化が音を立てて進行し始めた時期であった。

東京市は、これに先立つ明治四年（一八七一）に、既に車道と人道を区別し、中央を車道とし両脇を人間の歩行空間と定めた。つまり、都市の道路が、主役を人以外の乗り物に譲り始めたということだ。また、明治七年（一八七四）に、道路で凧上げをしていた五歳の男の子が、電柱に凧を引っかけ裁判にかけられるという事件が発生している。もちろん、その幼児は「七歳以下は罪とせず」という法律によって無罪となったが、この例でも明らかなように、近代化の推進に急であった都市空間にとって、「遊ぶ子ども」の存在は厄介至極な障害物と見え始めていたということになろう。

街中では、人力車や乗合馬車が登場して、人々の移動手段として利用され始める。「人力車」という日本人の発明になる乗り物は、各地で大流行を見せ、明治六年（一八七三）には東京市で二万四〇〇〇台の人力車が疾走していたとのこと。しかも、人力車が通行人をひき殺すなどの事件が発生して、道路が、人の歩行空間として、あるいは子どもの遊び場的空間として、かつて保持していた機能を喪失し、その安全性に疑義が呈され始めていたのである。近代以前の社会では、大通りは歩行者が中心であり、乗り物としては、歩行を補助する若干の辻駕籠が乗り手を待ち受けるという程度であったから、歩行者が追いやられるような交通事情は、人々には予想もしない激変と見えたことだろう。

新しい交通手段としての人力車の優位性は、路面電車やタクシーの普及する大正期まで続いた。明治三五年（一九〇二）の東京府下の人力車台数は四万四五三七を数えたという記録が残され、それはまさしく道路交通の王者の地位にあった。しかし、その座は、徐々に徐々に、路面電車や私鉄あるいはタクシーなどに奪われていく。先の『絵本風俗往来』が出された明治三八年（一九〇五）は、ちょうどこの主役の交代期であり、しかも、人力車よりもより速くより機械力に頼った交通機関の出現が、人の移動を急速にスピード化する時期だったのである。そして、この変化が、表通りから子どもたちを駆逐する。道路の新しい主役となった電車や自動車の交通が激しくなったために、道路で遊ぶことが危険視されたのであった。

明治七年（一八七四）に早々と出された道路遊びへの警告は、子どもの安全を守るための方策でありはしたが、一方では、車の通行を有利にするための子どもの追放であったとも言い得る。電柱に凧を引っかけてしまった子どもといい、あるいは、追いかけっこなどして車の前を駆け抜けて運転者の肝を冷やさせる子どもといい、遊ぶ子どもの姿は、近代化を急ぐ大人たちの目に、時代の動きを妨げる障害物として映じたに相違ない。以後、都市化の度を高めていく近代社会は、子どもを迷惑な邪魔物と見なし、それらを都市の表通りから追放する方策を次々と取り続けていくことになる。

### 児童公園（児童遊園）の出現

わが国の近代史のなかに、子どもの遊び場を目的とした空間が、行政の関与の下に計画され出現するのは、おおよそ、大正一三年（一九二四）以降であるとされている。たとえば、東京市が関東大震災時に公園が避難場所とされたことを教訓として、市内各所に公園の配置を企てたのが一三年ころからであるとされ、児童公園の計画はこれと連動する出来事だったからである。当時の東京市当局の構想は、大公園の整備とともに五町ないし五町半の間隔で、九〇〇坪程度の小公園を設置するというものであった。その趣旨は言うまでもなく、災害時の避難所を至近距離に確保するということであった。したがって、都市の発達とともに遊び場を失った子どもの問題は、さほど念頭に置かれてはいなかったようである。

しかし、当時、東京市の公園課長だった井下清は、公園における児童指導を思い立ち、アメリカ仕込みの児童の校外活動指導家末田ますに注目した。彼女に対して、児童向けの福祉機能を発揮し得る公園の設計を依頼したのである。末田は、まず日比谷公園の一隅三〇〇坪の子どもの遊び場を整備し、そこに子どもを集めて遊びを指導し、実践例を踏まえつつ施設設備の充実拡大に着手した。

日比谷公園は、明治三六年（一九〇三）三月、十年の歳月と一七万五〇〇〇円の総工費を費やして完成された近代型の大規模公園である。東京では、明治六年（一八七三）に浅草寺、増上寺、寛永寺などの五ヶ所が公園として指定されていたが、それらはいずれも、江戸以来の伝統的な名所であって、上野や芝増上寺に代表されるように、季節の折々の寺社の祭礼などの機会に、人々が集い信仰と歓楽をともにする場所であって、西欧型の公園のイメージからは程遠いものであった。それに比して、日比谷公園は、広大な空間に他の目的を持たせず、純粋に庶民のための有閑施設として計画され、そのために巨額の公費が投じられたという意味で画期的であった。なぜなら、明治新政府は、それまで、空き地には、官公庁・軍隊・学校などの施設を建設し、近代化推進のために有効に活用するのが常だったからである。

二万四〇〇〇本の樹木が広い空間の光と影を整え、四季を代表する花々が花壇を彩る。そして、中央広場の噴水……。庶民の目にそれは「これぞ近代、新時代の都市のシンボル」と、まぶしく映じたことだろう。しかし、その公園内に、特に「子どものため」に提供された遊び場は、僅か三〇〇坪の用地に、木製のブランコ数台と、これも木製の滑り台が二台、申し訳程度に並べられているだけのお粗末なものだったという。

末田は、まず、その遊び場に垣根を設けて、周囲から囲うことを提案し実行した。末田によれば、それは「そこで遊ぶ子供達を園内交通の流れから保護しよう」という目的であった。この遊び場は、大きな道路に接していたため、時として自動車の被害も想定のなかに置かねばならないのが実態であったらしい。先にも触れたが、明治末年には既に東京の主要道路から、子どもは追われ始めていた。大正末期に至って、おおよそ全国で大正元年（一九一二）の九〇倍、数にして六万台にふくれ上がった自動車は、遊ぶ子どもを路上から追放する動きを加速した。そこで、このような動きを踏まえて、都市の子どもを自動車災害から守ろうとする動きが起こり始めていた。やがて、その動きの結実として「児童遊園協会」が設立され、公園や遊園地作りが積極的に提唱され始める。そして、いち早くそれへの対策を考えた末田は、このとき囲いが設けられたことで安堵し、恐らく子どもたちにも好影響を与えたに相違ないと述懐している。例えば、次のように……。

さて、柵をめぐらしてみると、私は意外な心境になった。私の天地がはっきりしてとても落ち着いたのである。ここが私の天地だと、周囲の柵を見廻したことも再三ではなかった。私のやうな大人にこのやうな効果のあった柵が、子供たちに無意識であらうともいい効果を齎したであらうといふことは想ふに難くはない。

（末田ます『児童公園』より）

東京市公園課の高級常勤嘱託という地位を与えられた末田は、その後は、鋭意この遊び場の拡張を心がけ、その努力が実って、日比谷公園内の遊園地は、当初の三〇〇坪から六〇〇坪へ、さらには九〇〇坪へと拡張されていった。そこに設置される遊具なども、彼女の要求に沿って徐々に整備されていったのである。

表13　特設児童遊園一覧

| 附設公園名 | 数 | 面積(坪) | 施　　設 |
|---|---|---|---|
| 日比谷 | 1 | 2850 | ブランコ 3　スベリダイ 4　ジャングルジム 1　シーソー 4　登り木 1　腰掛ブランコ 5　ロッカバイスウヰング 1　レボルビングパラソル 1　ホリゾンタルラダー 1　オーションウエーブ 1　動躍台 2　パークプレーステーション 1　プレープール 1　砂場 2　徒渉池 1　プレーハウス 1 |
| 上野 | 2 | 900 | ブランコ 4　スベリダイ 4　ジャングルジム 1　固定園木 2　幼児用ブランコ 1　シーソー 2　腰掛ブランコ 4　ロッカバイスウヰング 2　レボルビングパラソル 1　太鼓バシ 1　ロクボク 1　オサンシーソー 1　トラベリングリング 1　砂場 2　プレーハウス 1 |
| 芝 | 4 | 1080 | ブランコ 5　スベリダイ 4　ジャングルジム 3　固定園木 1　鉄棒 3　ホリゾンタルラダー 1　双輪 1　砂場 4　プレーハウス 1 |
| 錦糸 | 2 | 400 | ブランコ 1　スベリダイ 1　ジャングルジム 1　固定園木 1　幼年用ブランコ 1　シーソー 1　腰掛ブランコ 2　ロッカバイスウヰング 1　ホリゾンタルラダー 1　コンビネーション 1　回旋滑台 1　砂場 1 |
| 浜町 | 1 | 380 | ブランコ 1　ジャングルジム 1　スベリダイ 1　幼年用ブランコ 1　ロッカバイスウヰング 1　プレープール 1　オーションウエーブ 1　砂場 1 |
| 隅田 | 3 | 2400 | ブランコ 5　スベリダイ 7　ジャングルジム 1　固定園木 1　幼年用ブランコ 2　腰掛ブランコ 1　ロッカバイスウヰング 2　ホリゾンタルラダー 1　コンビネーション 1　回旋滑台 1　トラベリングリング 1　砂場 3 |
| 猿江 | 1 | 460 | ブランコ 3　スベリダイ 1　ジャングルジム 1　固定園木 2　幼年用ブランコ 1　パラゾルタルラダー 1　鉄棒 1　回旋滑蓋 1　トラベリングリング 1　砂場 2 |
| 清澄 | 2 | 900 | ブランコ 4　滑台 3　ジャングルジム 1　鉄棒 1　砂場 2 |
| 有栖川宮記念 | 1 | 150 | ブランコ 2　スベリダイ 1　ジャングルジム 1　幼年用ブランコ 1　砂場 1 |
| 井ノ頭 | 1 | 120 | ブランコ 2　滑台 1　ジャングルジム 1　パラゾンタルラダー 1　腰掛ブランコ 2　砂場 1 |

資料：末田ます『児童公園』より引用作成。

昭和に入ると、大正一四年（一九二五）設立の「児童遊園協会」の活躍もあり、また、母親の有志によって「公園母の会」が形成されるなどして、子どもの遊び場を推進する動きも漸く軌道に乗り始めた。昭和一七年（一九四二）には、東京市内の市設公園一八一ヶ所のうち、一六六ヶ所に、ブランコ、滑り台などの子ども用運動遊具が備えられるようになり、とりわけ、日比谷に倣った特設児童遊園も、上野・芝・井の頭その他、一八ヶ所に設置されるに至った（表13）。

その発展ぶりに対しては、その衝に当たった末田の実践力と、それを支えた行政当局の見識の賜物であり、これら先達の功を称えることを惜しんではなるまい。と同時に、子どもを「皇国の宝」と見なし「少国民」と位置づける戦時下の子ども観も逆に幸いしていた。つまり、児童遊園は子どもの健康な身体の育成に有益であるとして、設置を妨げない空気が社会で支配的だったのである。何しろ、「児童遊園」は、ほんの少々の空き地さえあれば、そこに数台の「運動遊具」を固定し、児童遊園地として指定することが可能だったからである。

### 児童遊園の運命

第二次大戦が終わり、焦土と化した大都市も漸く復興の装いを整えた昭和四〇年（一九六五）、「全国社会福祉協議会」は「児童遊園」に関する全国調査を施行した。その結果は、以下のような惨憺たるものであった。すなわち、抽出された二〇〇都市の児童公園や児童遊園などの子どもの遊び場の面積は、一人当たり平均二・八二平方メートルに過ぎなかったのである。しかも、そのうちの六八都市では、僅かに〇・四五平方メートル以下、まさしく碁盤の大きさしかないというみじめなありさまだった。調査結果が物語るのは、大戦前の先覚者たちの努力も空しく、子どもの遊びおよび遊び場の重要性に関しては、依然、何ほどにも認識されていなかったという事実であろう。幸か不幸か、戦前の街区が戦災で消失したその時こそ、子どものための空間が、新しく構想される都市計画のなかに正当な位置を占めてしかるべきであったろう。にもかかわらず、それは、あっさりと忘れ去られたものらしい。

恐らく、わが国の場合、従来は都市の一隅にも原っぱがあり空き地があって、子どもたちはそこをわがものとして自由に遊ぶことが可能であり、大人たちもまた、近郊の里山歩きや川土手の散歩など、自然と融合した暮らしが常態であったために、無目的な遊び空間を意図的に用意するという発想に欠けていたのであろうと推察される。したがって、大正から昭和にかけての末田ら先覚者たちの努力も空しく、大戦を経た後もわが国社会一般には、「子ども」の放課後の生活のために予算を計上し、わざわざ面積を用意し遊具を配置するなどして、彼らの遊びを支援するという発想が根付いていなかったと言うべきであろう。

第二次大戦後の経済復興のなかで、かつて例のない速度で都市の人口は膨張し、モータリゼーションは加速化の一途を辿った。過密化する大都市の暮らしのなかで、空き地や河原など、かつて子どもの遊び場だったところは、たちまち工場用地とされ、あるいは集合住宅の建設に当てられていく。こうなると、「児童遊園」は、子どもの成長に不可避の空間として関係者たちの希求するところとなり、「児童福祉」という新観念に浴した為政者たちもまた、管轄圏内にその数を増やすことに対して相応の熱意を示した。結果として、新設の団地や高層集合住宅地には、判で押したようにブランコや滑り台を具備した小遊園が設置されることとなった。「児童遊園」といえば、無理に捻り出した土地の片隅に、ブランコやすべり台を設置するだけという発想の乏しさは、恐らく、大正末期に末田の構想した日比谷公園遊園地が、ただ一つのモデルとされたからであろう。

その後、「都市公園法」や「児童福祉法」の後押しもあって、都市の中の児童遊園数は漸増の一途をたどりはする。しかし、昭和六一年（一九八六）の調査結果によれば、子ども一人当たりの公園面積は、北海道の五・四平方を最大として、二～三平方メートル前後を推移し、ニューヨーク、ベルリン、ロンドンなど、世界の主要都市のそれに遠く及ばないのである（表14）。

表 14　外国の都市と日本の都市の公園面積

| 都市名 | 1人当り面積 | 都市名 | 1人当り面積 |
|---|---|---|---|
| | m² | | m² |
| ワシントンDC | 38.8 | 名古屋市 | 3.4 |
| モントリオール | 22.5 | 北九州市 | 3.4 |
| ニューヨーク | 18.8 | 札幌市 | 3.2 |
| ベルリン | 14.4 | 神戸市 | 3.0 |
| ウィーン | 10.8 | 大阪市 | 1.7 |
| ロンドン | 10.1 | 京都市 | 1.7 |
| モスクワ | 9.7 | 東京都区部 | 1.3 |
| パリ（セーヌ県） | 9.2 | 横浜市 | 1.2 |

（注）　外国の都市の場合――1968 年調べ。
日本の都市の場合――1973 年調べ。
資料：藤本浩之輔『子どもの遊び空間』。

しかも、前述のように型にはまったそれらは、子どもたちの欲求に必ずしも応え得るものではなかった。以下に引く小学四年女児の一文は、大人の企画と子どもの欲求のずれを、見事なまでに指し示している。

わたしは、公園なんてほしくない。おとなの作った公園なんてつまらない。だって、ぜんぜんしぜんじゃない。それよりも、原っぱやかわら、どてなどがいい。しぜんで、あそびやすくて、しずかだ。「しずか」とはかぎらないが、やっぱり自由な所がいい。

（藤本浩之輔『子どもの遊び空間』より）

市街地のあちこちに設けられた小遊園地が、肝心の子どもに人気がないという現状を捉え、散歩の折々にそこに立ち寄って、子どもの歓声の響く所と彼らの姿の見えない場所との違いを考え続けた草森紳一は、児童福祉家や子ども研究者など遊び場の設置を推進する人々の善意は評価しながらも、以下のように辛口な感想を述べていた。

児童遊園は、子供を見くびったところから誕生している。子供が遊び場を失って衰弱し、童心を失ってしまっていると考えるのは、大人の僻目なのではないか。子供はいつだって獰猛な生き物であり、同時に逞しい童心をもっていて、どのような社会環境をも噛み砕いていく力をもっているのではないか。その野蛮な力を、大人の感傷と罪障感による行動力が、かえって衰弱させることに力を貸すことになっているのではないか。

（草森紳一『子供の場所』より）

考えてみれば、都市化に伴う人口の稠密とモータリゼーションが、道路や空き地など子どもたちの遊び場を奪い始めたとき、子どもたちの遊び専属の空間として、一定面積を確保して彼らをそこに囲い込んだことが、「児童遊園」のそもそもの始まりであった。西欧諸国とは、都市の歴史の異なるわが国で、そこだけ欧米に倣って人工的に空き空間を設け、「子ども専用」の囲い地とする。こうした無理な成立ちからしても、子ども用の遊び場は、いずれ形式化する運命にあったと言うべきかも知れない。

わが国において、明治近代は徹底した義務教育制度を施行して、すべての子どもを「学校」という閉じられた空間のなかに囲い込み、「授業時間」という制限時間のなかに拘束した。そればかりか、帰宅後の気ままな暮らしの場すら、「遊園地」や「校庭」という遊び場に囲い込んで、子どもたちの全生活をコントロールすることを試みている。言うまでもなく、それはいずれも、子どもに安全な遊び場を提供しようとする関係者の善意と愛情に由来するものであることは疑うべくもないが、しかし、急ぎに急いだ近代化は、子どもから自在に暮らす余地を奪い取り、代わりに「福祉」や「教育」の名の下、善意の囲い込みと拘束を強いたのであった。

## 三　第二次大戦後の住宅政策と子ども

### 2DKの出現と伝統の消滅

先にも触れたが、近代的見地からの住宅観は、衛生的見地からの「食と寝の分離」と、教育的見地からの「大人と子どもの空間分離」をセットとしたものであった。そして、わが国の場合、それが政策として推進され、一般市民の住居観にまで浸透したのは、第二次大戦後のことであった。住宅建築に関するこの標準的機能的な方針は、建築学者西山夘三が第二次大戦中に提案したものであったが、それが、焦土の跡に庶民のための大量の住宅を供給しようとする住宅政策において、急遽具体化されて陽の目を見たのである。

それ以前の平均的庶民生活においては、住宅建築の基本は、木の壁で囲われたほぼ長方形の空間をしつらえ、それを襖や障子で幾部屋かに分割して、その一室を食堂と寝室に共用し、あるいは農漁作業以外の屋内の仕事のための空間とするなど、それぞれが複数の目的で使用されるのが常であった。各部屋が機能別に設計されるのでなく、最初から多目的に使用可能なものとして設計されていて、「共用主義」とでも呼ぶべきこうした方針は、関東大震災後に建てられた同潤会アパートのような最新型集合住宅にも適用されていた。わが国の伝統的な住居観において、それぞれの部屋に建築当初から固定した機能を持たせるという発想は、おおよそ見られなかったと言うべきであろう。

しかし、第二次大戦で伝統的住宅の大半を消失し焦土と化した大都市において、人口集中に応えるべく新しい住宅政策を担うことになった関係者らが採用したのは、先の西山らの提唱した標準的機能的な新スタイルであった。すなわち、住宅政策の基本は、コンクリート製の積層型集合住宅の量産によって、人口集中に応えることであり、その内部は目的毎に機能的に設計された部屋の集合体として構成されたのである。そして、私的住空間を構成する主たる目的とは、食べるための「食堂」と寝るための「寝室」、そして、子どもが自立的に成長するための「子ども部屋」とされた。「食寝分離」「親子の分離」という住宅思想は戦後の住政策の基本とされ、標準型として画一的に全国各地域に普及していくこととなった。

戦後の住宅政策担当者たちの目に、当時、軍隊の解体によって姿を現わした広大な跡地は、そのための格好の用地と映じたことだろう。したがって、そこが集合住宅用地に転換されて、三階程度の画一的ビルが林立し、いわゆる「団地」が出現するのに何ほどの時間も要しなかったのである。

軍隊跡地は、概して都市の内部ではあるが、比較的郊外に位置して広大な面積を所有していた。そのなかに、複数棟の積層住宅が配置される。建築物は、一定面積がコンクリート壁で囲われた箱型空間の重なりであり、その一画が一戸のために確保された。さらに、細分化されたなかの空間が個別の部屋にしつらえられて、先の「食寝分離」と「親子の生活分割」の実行が企てられたのである。

仕切られた一隅にはキッチンがしつらえられ、他のスペースに食事用の椅子・テーブルが置かれて他の目的に使用することを困難にした。そして、ダイニングと片仮名名前を与えられたその部屋以外の部分を「親子分離」のために使おうとするなら、一室が「子どものため」に提供されることになろう。必然的に他の一室が夫婦の寝室。となれば、「夫婦と子ども」という単婚世帯以外の家族はそこに住むことが困難となる。こうして、新時代の住宅政策は、その物理的制限によって期せずして「核家族化」を推進することとなった。しかも、当時のアメリカ移入の育児方針は、後に再評価されるようになる「添い寝」や「添え乳」など伝統的な育児様式を批判し、必要なケア以外は子どもを抱かず手をかけず、可能な限り独立させる生活方式を推進し、親子密着を「甘やかし」として排除することを心がけた。「子ども部屋」の必須化は、こうした育児方針のもたらした必然でもあったのである。結果として、公営新築住宅の典型として庶民に憧憬された「2DK」は、「子ども」とその「親」のための居住空間として不動の位置を占め、他の同居人を排除せざるを得なかった。

この住宅政策によって、子どもたちは「子ども部屋」を与えられ、一家の主婦は憧れの「ダイニングキッチン」を手に入れた。夫婦は、子どもとは別の一室を自分たちの寝室と位置づけ、夫婦二人の夜を過ごした。そして、この「2DK」のもたらした暮らしぶりは、日本の家庭生活と家族のあり方を大幅に変えていくこととなった。

### 「家族主義」の解体と住まい事情

わが国の家族政策は、明治近代化のなかにあっても、西欧諸国とは異なる特殊な形態を取ったとされている。西欧の家族史においては、「夫婦と子ども」からなる単婚家族がしばしば「近代家族」と呼ばれているが、先にも触れたように、明治近代の民法は武家社会に倣った「家制度」に焦点を当て、それを新設の「国民国家」の土台と位置づけて中心化した。つまり、「家制度」を、新国家と連動した家族のあるべき姿としたのである。「家制度」は庶民層では江戸時代に既に解体され、事実上は単婚世帯も珍しくなかったのだが、単婚世帯に法的根拠が与えられ、今後の家族のあるべき姿とされたのは第二次大戦後の新民法の公布以降のことであった。そして、いわゆる「2DK」中心の住宅政策がその現実化に力を貸したのである。

先述のように、住宅建築における「DK」スタイルは、第二次大戦後のわが国において、完璧なまでのその定着率を誇った。何しろ、戸建ての新築住居の設計に際しても、施主も施工業者も、ためらわず「DK」を基本にしてその家を構想するのがその証しである。たとえば、先ず、総面積に応じたダイニングとリビングのスペースが用意され、別仕立てにせよあるいはダイニングに含めるにせよ、とにかくキッチンの所在とスペースが定められる。そして、それ以外の必需スペースとさされるのが、「子ども部屋」であり、「夫婦の寝室」ということとなのだ。予想を超える速度の高齢化の進行と、女性の社会進出も影響して、祖父母との同居を可能とする「三世代住宅」が叫ばれ始めるには、半世紀を超える歳月が必要だったのである。

「2DK」と呼ばれる団地内の建築物は、六〜八畳程度のダイニングキッチンと、他に二部屋という構成が主流という狭小住宅であったが、調理用のキッチンと食堂を一体化させたダイニングの構造と、外部に面したベランダ、そして、水洗設備の完備したトイレの設置など、戦後の住宅不足にあえいでいた庶民の心を捉えるに十分であった。そのゆえに、そうした住居構造が新しい理想型として人々の心にインプットされていったのも必然であろう。人々は、一つのスペースを食事や寝室に共用すること、襖や障子で仕切られた空間は、隣室との境界がなく、プライバシーの確保に問題があること、など、伝統的な住形態にそそがれる批判をそのままに受け入れ、新しい「2DK」住宅に素朴な肯定と憧れを寄せることになる。そして、この住まいの形が瞬く間に社宅などの共同住宅の典型となり、戦後のわが国の住宅の定番ともなった。経済力の向上に伴う住宅事情の好転は、「2DK」を「3DK」に、あるいは「3LDK」にと面積的に進歩させはしたが、基本形態はほぼ変わることなく今日まで続いているのである。

さらに、一九六〇年代には、「マンション」と命名された個人需要者向けの中高層分譲住宅が、民間企業によって提供されるようになり、マンション・ブームが到来した。公団住宅に比して、面積的にも設備的にも優れていて、しかも、分譲というかたちで個人の資産化を可能とするこの新商品は、大都市で暮らす人々の理想の住居として憧れの的となり、「住宅ローン」という資金計画にも助けられて、急速な普及を見せたことは言うまでもない（表15）。新しい都市型生活を象徴する

表 15　マンション供給状況（竣工ベース）

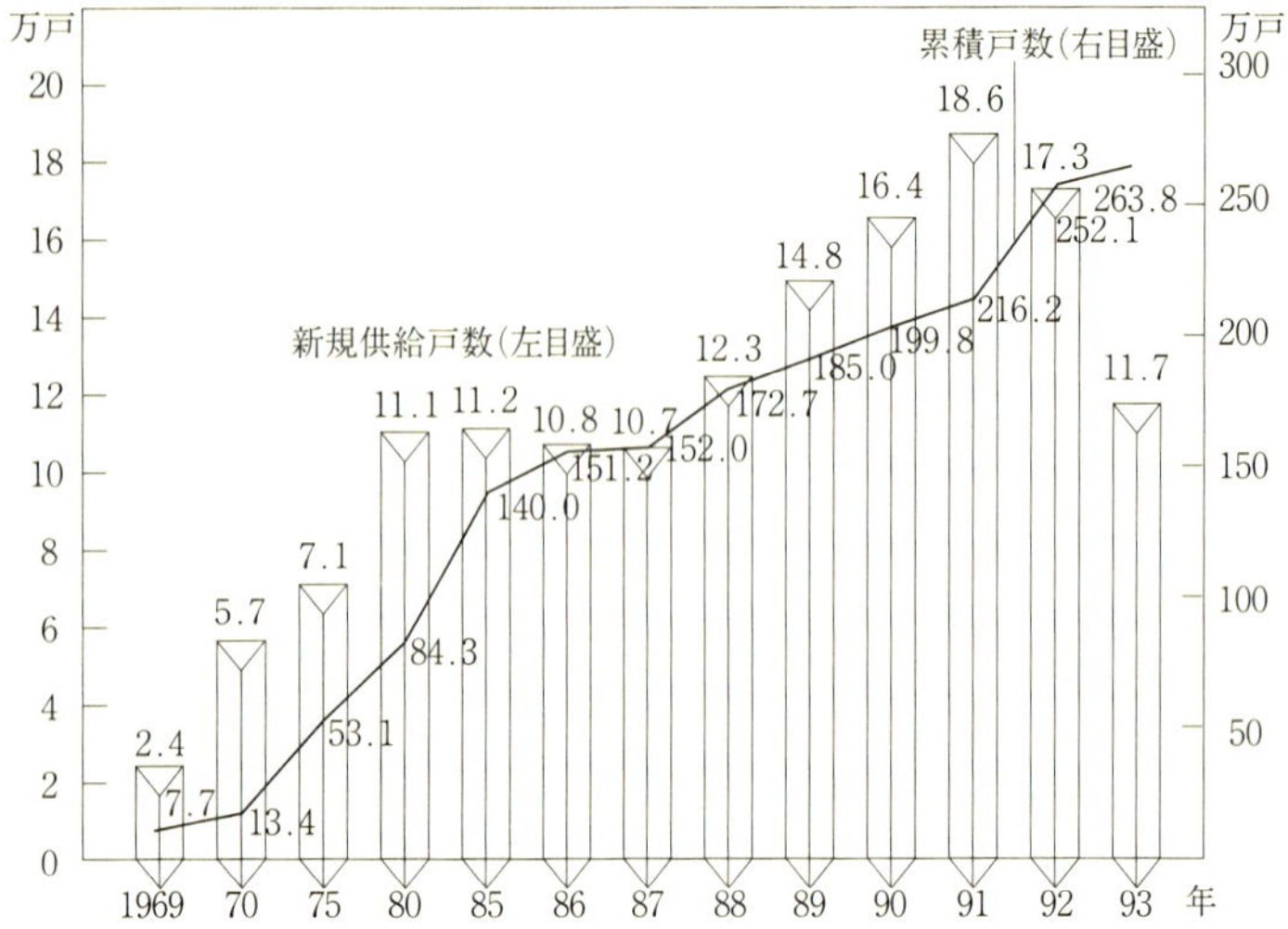


資料：建設省『建設白書』1993 年。

16　子ども（0 ～ 17 歳）を持つ世帯の居住室数（昭和 58 年）

| 区　　分 | 総　数 | 居　住　室　数 | | | | | | | 1 世帯当り居住室数 |
|---|---|---|---|---|---|---|---|---|---|
| | | 1　室 | 2 | 3 | 4 | 5 | 6 | 7 室以上 | |
| 人　世　帯 | | | | | | | | | |
| 婦と 6 歳未満の者 | 1,433,000 | 9,100 | 244.900 | 523,200 | 405,900 | 140,900 | 74,000 | 34,900 | 3.56 |
| 婦と 6～17 歳の者 | 1,291,100 | 6,700 | 138,000 | 272,800 | 336,000 | 256,000 | 164,100 | 117,500 | 4.35 |
| 人　世　帯 | | | | | | | | | |
| 婦と 6 歳未満の者 | 1,094,000 | 2,500 | 134,800 | 336,200 | 344,800 | 153,300 | 85,500 | 36,900 | 3.85 |
| 婦と 6～17 歳の者 | 4,317,200 | 7,200 | 312,500 | 785,800 | 1,187,200 | 949,800 | 664,700 | 409,900 | 4.54 |
| 人　世　帯 | | | | | | | | | |
| 婦と 6 歳未満の者 | 105,000 | 300 | 11.400 | 27.700 | 33.800 | 16,400 | 9,500 | 5,900 | 4.05 |
| 婦と 6～17 歳の者 | 1,358,200 | 1,700 | 84,300 | 221,700 | 341,700 | 292,500 | 223,500 | 192,900 | 4.78 |
| 通 世 帯 総 数 | 34,906,900 | 1,622,600 | 4,134,800 | 5,688,700 | 6,420,100 | 5,506,000 | 4,629,400 | 6,801,000 | 4.71 |

主）　総数は不詳を含む。
料：総理府『住宅統計調査報告』1983 年。

かに見えるマンションも、ご多分に漏れず、「DK」構造で設計されていた。とすれば、公団の賃貸住宅にせよ、あるいは分譲マンションにせよ、いずれも「DK」を基本とした住空間のなかで、子どもたちは、どのように扱われたのだろうか。先に述べたように、「大人と子どもの空間分離」は、戦後の新住宅構想を支えた基本的理念の一つである。子どもは、自分たちの部屋で、大人の干渉を受けずに自分たちの生活を営む。たとえば、予習復習など子どもなりの勉強の時間も、あるいは夜の就寝時間も、それぞれに大人と異なる独自の時間を与えられねばならず、そのためには、大人の暮らしとは隔絶した「子どもだけの空間」が用意されねばならない。「2DK」などいう小さな住空間にさえ、「子どもだけの空間」が確保されたとすれば、若いもしくは中年の、夫婦をターゲットとしたマンションが「子ども部屋」としての一室を用意しないはずはない。面積が拡充され設備も整って、住宅事情がいくぶん改善されたとはいえ、それが、あくまでも「夫婦と子ども」を単位とした空間構成であり、家族の範囲を拡充することに機能しなかったため、先述のように「核家族化」は、急速に進展し続けた。

皮肉なことに「子ども部屋」の認知度が高まると、「2DK」住宅の狭隘性が意識に上ってくる。さほど広いとは言えないダイニングキッチンと、夫婦と子どもの寝室が最低必要単位ということになれば、「子ども部屋」には一室を当てるのが精一杯、そこを仕切って使うとしても二人が限度である。子どもが成長してそれぞれ個室を要求し始めると、夫婦が寝室を失い、ダイニングルームの一隅に折り畳み式の簡易ベッドなどをしつらえて寝に就くなどいう悲喜劇も生じた。子どもを一人ないし二人以上は産めないという理由として、住宅問題が挙げられるのもこのことと無縁ではない。

昭和五八年（一九八三）に施行された総理府調査によれば、子どもを持つ世帯の居住室数は、子どもが一人の場合と二人になった場合では、明らかな違いを見せる。一世帯当たりの居住室数が、前者では三・五六、後者では四・五と変わるのである。つまり、一人の子どもの誕生は、一室の増加と連動するということになろう（表16）。「子どもを産む」ことは、少なくとも四室以上の家に住まうことと同義であったということも可能であり、逆からいえば、「四室以上」の新しい住宅を入手し得ない世帯は、子どもを増やすことを諦めざるを得なかったということでもあろう。

私どもは、少子化と住宅事情との関連を示すより深刻な実態を、さほど遠くない過去に思い出すことができる。公団住宅入居の機会に恵まれず、「私営賃貸アパート」に居住している人々に対して、住宅難に乗じた家主が子どもを持つことを禁じ、それを入退去の条件としたのである。現在の「少子化」の発端には、こうした理不尽な事情によって、「産み育てる」機会を阻まれた夫婦が位置づいていたと言うなら、付会と誇られるだろうか。

## 「子ども部屋」の功罪

「子ども部屋」は、先ず、大正期の新興階級、すなわち、山の手中産層の教育熱心な「専業主婦」を標的として推進された。「少なく産み、よく育てよ」をモットーとし、エネルギーをわが子だけに注ぎ始めた専業主婦の視界に、「子どもが一人で静かに勉強する空間」は、不可欠のものと映じたに相違ない。当時の彼女たちには、その部屋が、いつか、子どもを囲いこんで母親の監督下から解放し、彼ら自身の世界を作り出すことを可能とすると同時に、他方では、わが子を密室内の王者とさせて母の力を無化させるようになろうとは、予想だもされなかったことだろう。

山の手インテリ層という限られた階層に受け入れられた「子ども部屋」が、「DK」構想に後押しされつつ広く大衆のものとなるのが、第二次大戦後の昭和五〇年代であり、さらに、六〇年代のマンション・ブームがそれに拍車をかけた。マンション販売業者たちは、「子ども部屋」の配置のよさを誇り、室内に配備される電気設備や楽器を楽しむ子どもたちのために遠慮なく音が出せる防音装置などを、当該マンションの付加価値として宣伝に努めたのである。こうして、「子ども部屋」は、子どもを持つ家族にとって疑いの余地もない必須空間となった。否、より正確には、「必須である」と親に「思い込ませ」、親を「悩ませる空間」と化した。なぜなら、親にとっては、他のスペースを犠牲にしても用意することを義務づけられる「脅迫空間」となったからである。

戦後の住宅政策の目玉の一つ「母子分離の思想」と、その具体化としての「子ども部屋」は、確かに、母子を「相互癒着」から解放し「相互の分離独立」を推進した。子どもたちは、自分で作ったタイム・スケジュールに従い、自己コントロール力を行使してその空間を自在に行使し、結果として捻出された時間の使用に関しても、そのコントロール権を行使した。何しろ、予習復習や受験勉強はおろか、余暇に音楽を聞くこともゲームに興じることも、タイム・スケジュールはすべて自身の思いのままになり得るのだから。

子どもは成長の過程で、誰にも知られない「秘密の空間」を必要とする存在である。そこで何をするというわけではなく、ただ、自分一人の世界を一人で楽しむ。自由に空想すること、それを言葉や映像で表現してみること、架空の相手と会話すること、あるいは、メール友達と情報を交換することなど、両親にも兄弟にも知らせず、自分だけの周囲との関係作りは、彼らの成長にとって貴重な意味体験に他ならない。したがって、「子ども部屋」が公然と認められなかった時代にあっても、先述のように、彼らは、しばしば、屋根裏や物置の一隅に秘密の空間を用意し、そこで自分だけの時間を紡ごうとした。したがって、子どもたちに彼自身の空間を与えるこの試みは、彼らの成長支援の一つのあり方であったことは言うまでもない。

しかし、最近の相次ぐ少年事件は、子ども向け密室の「負の側面」を極めてストレートに指し示して、「子ども部屋の害悪」を主張している。事件の発生とともにその悲惨な情報に接した人々は、なぜ、ここまでの異常行為に、親は気づかなかったのかと訝しみ、時には、放任しておいた親の責任を追及しさえするだろう。そして、それらの異常行動が、しばしば「子ども部屋」という密室内の行為であることに気づかされるとき、その咎は、親から転じて「子ども部屋」という密室の責任へと転化されることになった。何しろ、事件の主役たちは、食事の時間などで家族と交わる時には、それなりに大人しく振る舞って「普通の子ども」であることを印象づけているのだから、同じ屋根の下に住まう両親といえども、異常に気づくことは難しい。もちろん、事件を未然に防ぐことなど、困難という他はないのである。親の無責任さが咎められると同時に、否、それにもまして、「子ども部屋」のマイナスの側面が強調され出したのはこの所以であったろう。

次に引くのは、この間の経緯を示す典型的な例である。すなわち、かつて、世を震撼させた「女子高校生コンクリート詰め殺人事件」の場合は、家族が日常を過ごすマンションとは別に、同じマンション内にもう一戸分の面積を購入し、それを子ども専用の空間に当てて彼らの自由な使用を認めていた。したがって、そこに集まった少年たちが、女子高校生を監禁・殺害して、コンクリート詰めにするという残虐非道な行為を実行しても、大人たちは、それを抑止する機会も咎める機会も持ち得なかったのである。

「酒鬼薔薇事件」の当事者、「酒鬼薔薇聖斗」と通称される少年の場合も、その子ども部屋が有効に活用されている。この事件は、検察側の取調べ経過がメディアにのって流通し、いわゆる「供述調書」が特定メディアを通じて公開されて話題を呼んだ。この調書がどのような経路で民間出版社に流れ、どのような審議を経て月刊誌上に発表されたかについては、諸種異論のあるところではあったが、いずれにしても、このメディアの抜け駆けにより、私たちは検事室における少年の「語り」、より正確には「語ったとされている内容」のおおよそを知らされている。

それによれば、少年は、殺人行為を犯し遺体を損傷した後に、その一部を自宅に持ち帰り、自室の屋根裏に隠したと述べている。彼の家は二階建てで階下には両親の寝室と居間その他、二階は少年と二人の弟が使用していた。したがって、少年があの残虐行為の後に自室に入り、自身のベッドの上で自身の行為を反芻したり、遺体の処理を考えたりしていても、もちろん、両親は何一つ気づくこともなく、また、持ち帰った遺体の首を屋根裏に隠したり再びそれを持ち出したりしても、彼は、その奇怪な行為を咎められることもなく、その凶行を自身の思いのままに遂行し終えたのであった。彼は語っていた、夜半に家を抜け出すとき、階段を上下すると階段がきしんで音を立てるので、自室の窓から屋根伝いに外に出たと……。仮に、少年の居室が個室ではなく兄弟で共有されていたら、あるいは、両親の寝室と同じフロアに位置していたら、事件の展開は違っていたかも知れないと想像することは容易である。

言うまでもなく、頻発する少年事件を、「子ども部屋」という空間の問題だけで処理しようとするなら、それは暴論の誹りを免れないだろう。恐らく、さまざまに個人的要因が絡まり合っているのだろうし、さらには、個々人の背景にある社会一般の環境的激変がより大きな原因として存在することも自明だろう。しかし、「子ども部屋」という密室を与えられたことで、家族内の他者との暮らしを共にする機会を拒むことができ、また、彼の異常行動を誰も気づかないことで、その行為をより過激に推移させたと見ることは至当であろう。

「子ども部屋」は、家族一般から子どもを分離し、未成熟な彼らの言動に注がれる監視する他者の視線を遮断した。「子ども部屋」は、確かに、子どもが自らの世界への他者の介入を排して、彼らに自立を模索させる企てであったが、同時に、大人が大人の構築した秩序世界から子どもを放逐する試みでもあった。秩序維持のために逸脱を抑止する大人の目と、また、子どもたちを危険から守るための大人の知恵が、「子ども部屋」によって完全にシャットアウトされたため、それらは伝達の機会を失い、大人世界と子ども世界の間には越えがたい溝が発生したのである。

## 四　高層化する住環境と子ども社会の消滅

### 大都市の人口集中と住宅革命

「子どもを産めない」ことの理由として、「住環境の不備」を上げる声があった。確かに、急激に膨張した大都市の住宅難は、一般庶民層が住まいを求めることを困難とし、「子どもお断り」という、家主の理不尽な要求を黙認した。浴室もない粗末な賃貸アパートでさえ、「二人目が産まれたら退去すること」などという家主の不当な条件がまかり通って、「産み育てる」営みに「住まいを失う」という現実的な枷がかけられたのである。平成二年（一九九〇）の国勢調査報告によれば、民営の借家に住む世帯の平均人数は、二・〇四という数字が示されている。その数は、持ち家の三・五一は言うまでもなく、公団住宅の二・八〇と比べても可なり低い数値である。二・〇四といえばおおよそ夫婦二人で子どものない世帯ということになり、この数字の背後からは、民営の借家住まいの間は子どもを産まない（産めない）という若い男女の姿が、透けて見えてくるのではないか。そして、これら住まいに困窮する人々の要求に応えるべく、土地の有効活用が志向され高層集合住宅が都市風景となる時代が訪れるのである。

高田光雄によれば、一九九八年の時点で、日本の総人口の三分の二が都市の人口集中地域に居住しているとされるが、そのころまでに、都市部住宅地のなかにそそり立って人々の目を惹いたコンクリートの建築物は、しばしば賃貸の公団住宅であり、また、マンションなどと呼ばれる私営の分譲住宅であったという。晴海高層アパートは、発足後間もない日本住宅公団が手がけた最初の一〇階建て高層住宅であり、一九五八年九月の竣工であった。官公庁の建物やデパートならいざ知らず、個人の住まいといえば、平屋かせいぜい二階建てであった当時において、高々と聳えるエレベーター付きの住宅は、人々の目を峙たせるのに十分であった。平屋建てとは異なって、十階を越える高層建築であってみればエレベーターは不可欠の生活用品である。また、従来の日本家屋のように開放的で風通しのよい住宅設計とは異なり、コンクリートの壁で囲まれた閉じられた空間であってみれば、屋内温度の調整のための冷暖房機は不可欠であったろう。しかし、それら合理的な意味合いを超えて、エレベーターや冷暖房機というテクノ社会を象徴する付帯設備は、ハイグレードな暮らしのシンボルとして人々の憧れ心を誘った。

公団住宅が高層化されることで、住まいに困窮する庶民層に広く入居の機会を提供することができる。このことは、当時の住宅政策としては、これぞ名案と喝采されるほどの当然の措置であったろう。そして、熾烈な競争を経て、入居の権利を得た人々は、訪れた幸運を喜びつつ、新生活を享受したことだろう。これで、「二人目が産めない」などいう不当な重圧から解放されると、のびやかに、家族計画を練り直した夫婦もあったことだろう。新しく開発された高層集合住宅、しかも低家賃の公共のそれは、当時の庶民にとって憧れの住宅と見え、そこに住まうことこそ理想の暮らしと思えたのであった。

### 高層化する都市住宅と子どもの受難

しかし、住宅の高層化は、予想外の歪みを住民の間に引き起こし、それが子どもへの影響となって現われる。その一つは、上の階の住民の暮らす日常の物音が、下の階の住民にとっては「騒音」と聞こえるという問題であった。荷物を移動させる音、掃除機をかける音など、いずれも日常の暮らしのなかで発生する当たり前の音である。しかし、それが、時として下の階に響くとき、安住を妨げる耐え難い騒音と捉えられ、紛争の種となったりする。そして、これらの「騒音」のなかに、

「幼い子どもの跳びはねる音」も交じっていた。トラブルを避けるために、居住者たちは暮らしの音に神経を尖らし、子どもたちの活発な動きをも抑制しようとする。部屋の中を走ったり、スキップしたり、ましてや高い所から飛び降りることなど、すべてが禁止事項とされるのである。

幼い子どもにとっては、室内をちょこちょこと走ったり、椅子の上から飛び降りたり、歓声を上げたり、つまり大人が「うるさい」と顔をしかめるような行為が、自然な成長の過程に起こる当たり前の出来事であることが多い。しかし、両親や兄弟など、家族内では許される行為とそれに伴って起こる音響が、下階に住む他人にとっては我慢のできない騒音であることもまた当然である。たまたま下の階の住人になった家族にも、静かな環境で快適に暮らしたいと望む権利は与えられているのである。

そこで、可能な解決法として浮上してくるのが、双方がほどほどに我慢して妥協点を見いだすという方法であろう。そして、幼い子どもたちに対して、育児に当たる家族たちは、「走らない」「跳びはねない」「叫ばない」という禁止事項をやかましく口にして、自由に身体を動かそうとする子どもの欲求を抑圧することになる。高層住宅の暮らしは、しばしば子どもから自由を奪い、成長に伴う野性的な運動衝動を抑圧する。もちろん、犠牲者は子どもだけだと言うつもりはない。しかし、幼い子どもほど自身の心身の必要性を犠牲にされた者は他になかったと言えそうである。

子どもたちが言葉によるコミュニケーションを習得し、身体の移動機能を自在に操れるようになると、かつての彼らは、下校後、近所の子どもたちと空き地その他近隣の遊び場で群れて遊ぶのが常であった。調査の結果によれば、遊び場を失った現代においても、小学生たちは、依然、自宅に

表17　ある日の行動圏（歩行）

| 行　動　圏 | 団　　地 | 周辺農村 | 大阪市内 |
|---|---|---|---|
| （男　子） | | | |
| 30分以上の行動圏をもつもの | 2.2% | 9.8% | 12.4% |
| 最大の行動圏 | 60分 | 120分 | 90分 |
| （女　子） | | | |
| 15分以上の行動圏をもつもの | 3.6% | 15.7% | 16.6% |
| 最大の行動圏 | 20分 | 60分 | 40分 |

資料：藤本浩之輔『子どもの遊び空間』。

友人を呼んだり友人の家を訪ねたりして、友人との遊びを欲しているらしい。しかし、高層住宅は子どもたちのこうした欲求に歯止めをかける。団地や高層住宅に住む子どもたちの行動圏は狭く、友人宅を訪ねたり、逆に自宅に友人を招いたりすることが、以前にまして困難と感じられるらしいのである（表17）。

もちろん、エレベーターを自在に駆使しさえするなら、友人との行き来など何ほどのこともないだろう。しかし、学校から上層階の自宅に帰り着いた子どもは、かつてのようにランドセルを放り出して遊びに出かけるという気持になりにくいとでも言うのだろうか、何となく自室に籠もってしまうことが多いらしいのだ。調査が示すのは、上層階に住む子どもほど遊びに出掛ける回数が少ないという結果であった。また、保護者の側も、子どもが一人でエレベーターを昇り降りすることに何となく不安を感じ、無意識のうちに自由な外出を制止してしまう傾向があるようである。上層階の住人たちのなかには、大人であっても、「遙かな地上に」降りて行くことにいささかならず抵抗を感じるという者が少なくない。

ならば、高層住宅の入居希望者のなかの子育て中の世帯には、特例で低層を提供するという措置を講じることは不可能なのだろうか。しかし、子どもの成長にとって、高層に住まいすることの不利益が囁かれながらも、それへの対策が講じられぬままに時間が流れた。このことは、効率化を急いだわが国の現代が、久しい間、子どもを大切になどと標榜しつつも、実際にはこの小さい人たちの存在を無視し続けたことの証しと言えないだろうか。もちろん、それは、無自覚裏の営為であり、社会全体が意図的に子どもを排除したなどと言うなら、牽強付会の謗りを免れ得ないかも知れない。

しかし、「産み育てる」ことが、徐々に徐々に忌避されるようになったこの社会的動向の背後からは、「子どもを無視、あるいは、忘却」した住宅政策の無能さが透けて見えてくるのではないか。なぜなら、子どもを忌避する民間賃貸アパートの家主が放置され、また、密やかに囁かれ始めていた高層住宅と子どもの問題も無視され続けて、住宅政策のなかに子どもが位置づけられることもなく、「産み育てる」営みに対して何ほどの対策も講じられることがなかったからである。

もっとも、公平を期すために付言するならば、子どもの成長を見据えて居住空間を構成しようとする企てが、皆無だったわけではない。大阪府が開発主体となり、昭和三六年(一九六一)から四五年(一九七〇)にかけて建設された「千里ニュータウン」がその例である。個別家族の住居と彼らが居住する街作りとの同時設計で、新しい住空間のモデルとされた団地作りであった。このニュータウンは、住民の日常生活空間たる「住区」と、住区の集合体である「地区」とから構成されたが、住区はさらに二つの「分区」に分割されていた。構想の当初において、「分区」を単位として小学校の低学年校が設置され、また、三つ設けられた地区には、中心に駅や地区センターが配置されて、子どもを含めた地区住民の暮らしの便が図られていたとのことだ。

しかし、実施の過程で、この企画は諸種のトラブルのために棄却されてしまったという。もし、これが実現されていて、さらに「低学年校分区」の空間計画や住宅建設に特別の配慮がなされていたとしたら、それこそは、「子どもを視野に入れた」団地作りとして刮目に値するものがあったろう。しかも、その後の団地建設のモデルともなり得たのではないか。しかし、結局は計画倒れに終わって、その後の子どもたちは、彼らの成長に適切とは言い難い高層団地暮らしを余儀なくされることになる。結果として、若い男女たちの「産み育てる」ことを忌避する傾向も、促進されることとなった。幼い者たちがのびやかに生活し得ない住環境のなかに、自分の子どもをほうり込もうと決断することは、これから親になろうとする人たちにとって必ずしも好ましいことではないだろう。

その結果、以後相次いで新設される高層住宅は、主として、子ども抜きで都市型の生活を享受しようとする人々、アメリカの流行語を借りれば、いわゆる「DINKS」と呼ばれる「オシャレな」人々に快適な暮らしを、提供する場として発展していくことになる。公営の団地ではなく、比較的高価格の民間マンションとなれば、この傾向はますます助長されよう。大都市のあちこちに、子どもの姿の見えない住空間が出現したのは、こうした経緯であった。

# 第四章　多様化するメディア・ツールと子ども－大人関係の変貌

生物の一員である人間が、地球上に巨大な文明を築き上げたのは、人間と外界とが、また、人間と人間とが接触しせめぎ合い、発信し受信して、相互に理解し理解される関係を築き上げた結果である。この文明を創出しそれを推進した動きを、時に協同し時に敵対し、時に破壊し時に創造しつつ、人類の全歴史を通じて展開されてきた「コミュニケーションの全作業」と言い換えることも可能かも知れない。樺山紘一の言を借りれば、人は、「イメージと情報を手にして」、この地球上の歴史に参加してきたのである。

長い進化の歴史のなかで、人は、無機的な自然や生物からのメッセージを受け止め、新たなメッセージを送り返してそれに答えつつ、相互の関係を新たにし再構築を繰り返してきた。たとえば、「冷たさ、堅さ、強固さ」という石の発信を受信して、それを小刀に加工することを思いついた太古の人々は、石という物質の「発信するメッセージ」に対して、それを固いものを切り裂くための「道具に加工する」という行為で答えたのである。外界と人間とが織り成すこの見事な相互作用、これが、石器文化の始まりであることは言うまでもないだろう。人は、「世界が送ってくる信号情報を解読する」だけでなく、それを「労働という運動信号情報に読みかえて」、世界の改造を試みたのであった。こうして、自然とのコミュニケーションのうちに人類文化が形を整えたとき、人類は真の誕生を経験したと言うべきかも知れない。

やがて、人類は、言葉を発達させ、技術を開発し、広く隔たった時空間の伝達のために映像や文字を発明した。さらに、道を踏み固めたり交通の手段を開発したりして、時間と空間を異にする人々の間で交流し合う技法を発展させた。言葉や文字が、人類の開発した極めて優れたコミュニケーションの手段であるとは広く喧伝されていることではあるが、道路や馬車や車も、遠く隔たった人と人の交流や共生を助けるコミュニケーション・ツールであった。こうした各種ツールの開発により、人間の群れは拡大し、構成員間の規律が制定されて、社会組織が整備された。群れて生活するのは霊長類の宿命かも知れないが、それを組織化し、さらに、より強固にすべく新たな組織を作り上げたのは、人間に許された固有の特質と言うべきなのである。

コミュニケーションの能力とそのための技法は、人を他の生き物から隔てて、社会的動物へと変化させた。しかも、人間は、より新たなコミュニケーションを求めて、自己集団に利すべく世界の拡大に力を尽くす。外へ、また、内へ……。未知の外界への旅立ちのために、馬や船やさらには自動車や飛行機が開発される。未知の外界は、未知の人やものとの遭遇を用意して旅人を待つから、それら新たな遭遇者との間で、新たなコミュニケーションの手法が必要とされるだろう。異質の他者を同心円の内に囲い込むために、信仰の中心化とそのための伝道という手段が発展するが、未開の地へ伝道者として分け入っていった宣教師たちも、新たなコミュニケーション・ツールの行使者であった。

新しい土地や住民との交流が希求される場合、それはしばしば植民地支配という形を取ったが、それに際して、一つの言語を他の言語に置き換える翻訳術が開発され、衣料や医薬品を提供する生活改良事業が進展する。そして、これらのすべてが、新しく遭遇した異質の他者との間で、新しく開発されたコミュニケーション手段なのである。十六世紀以降の海運力の発達と、それに伴う植民地の開発は、こうして新しいツールが次々と開発されたという意味で、人間のコミュニケーション能力を飛躍的に発展させた時代でもあった。

海路はるばると未開の土地へわたる試みを、外界への探求と見るなら、内界への旅立ちとは、心の世界への探求である。人の知力が心の扉を徐々に押し開け、哲学と科学がその道行きを助けたとは、夙《つと》に言い古された言説ではある。哲学者が身辺の事象に問いをなげかけるとき、あるいは、科学者が一つの事象のメカニズムを解くとき、人は、常から身辺的存在でありつつも、その存在を把握していなかった事物について、新たなまなざしを注ぐことになり、その結果、心の世界に新たな広がりを感じることになる。要するに、人が、歴史を通じて開拓し続けたのは外界だけではなく、それは同時に、内界を広げ深める営みでもあったということだ。人間は、身体あるいは言語を介して、外と内の両界で新たなものやことと遭遇し、それらとの対話を進めることで世界を拡大しつつその歴史を展開してきたのである。

したがって、歴史の発展は、コミュニケーション・ツールの発展でもある。そして、上述のように、ここ二、三〇〇年の間のコミュニケーション・ツールの発達は、目覚ましいなどという言い方はあまりにも月並みに過ぎ、適当な表現を探しあぐねているというのが実情ではないか。言語を主たるツールとするコミュニケーション手段だけを例にとっても、印刷技術の発達によって活字メディアが広く衆に普及したと見る間に、電信や電話のような電気メディアが瞬く間にそれを凌駕し、さらに、いまや新しい情報は、電子を媒介にして発信され受信されるのが当然という時代が到来しているのだから。

「マスメディア」と「マス・コミュニケーション」の問題が同列に論じられる例を見ても、いま私たちは、「メディア」と「コミュニケーション」を同義語として用いている。しかし、「メディア」とは、その単数形である「ミディアム」によって明らかなように「中間」の意であり、それは、何かと何かの中間に位置し中間的機能を果たすことを示すものである。そのゆえに、現在「メディア」という語が使用されるとき、それは、新聞やテレビのように送り手と受け手の中間に位置して他者のメッセージを送信するものを意味し、コミュニケーションとほぼ同義語として機能させられているのである。

先に述べたように、近代以降の社会において、人と人の中間にあって媒介機能を果たす諸ツールは飛躍的な発展を見せた。そして、多様化し著しく性能を向上させたコミュニケーション・ツールが、従来の伝統的な人間関係に亀裂を生じさせ、当然のことながら、子ども－大人関係にも少なからぬ影響を与え始めている。一般に、子どもとメディアの関係に焦点が当てられるとき、テレビ番組やゲームが子どもの人間形成にどのように影響するかが問われ、その功罪が論じられることが多いのだが、しかし、それらにまして、より根本的な影響は人と人の相互関係に割って入ってそれを変貌させるこの機能ではないか。この章は、それに焦点を当てて、発生する諸種の問題、とりわけ、子ども―大人間に生じた亀裂や新しいコミュニケーション事情を考えてみることとしよう。

## 一　王座に就いた「活字文化」と子ども―大人関係

### 活字メディアの進展と「子どもの発見」

「子ども」が近代社会の産物であるとは、既に言い古された言説に過ぎない。産業構造の転換とそれに伴う都市型労働者や給料生活者の発生、さらに、それらに付随する専業主婦の誕生などが、子どもを大人とは異なる「子ども期を生きるべき者」として発見させ、新たな意味を付与したというあの言説である。そして、新たに意味づけられた子どもは、家庭における「保護と愛育」、学校における「初等普通教育」の対象として、次代の市民を育成するという再生産メカニズムのなかに組み込まれたのである。

「子どもの発見」のこの時期、文字というツールがメディアの中心に位置づけられ、広く大衆層も文字を通して情報に接するようになる。グーテンベルクに代表される印刷技術の発達がそれを促進し、庶民層にまで「活字によるコミュニケーション」を浸透させた。また、社会構造の変化が、「文字の必要性」を庶民レベルにまで拡大したことも、「子どもの誕生」と連動する出来事であった。「子ども」は「子ども期」という特別の時期を生きる者と特定され、労働から解放されて文字や数を学ぶことになった。そのための公的施設が、各地域に設置されていく「初等学校」あるいは「それに準じる施設」である。文字を系統的に学習しようとするなら、一定レベルの教授者と学習のための一定の時間が必要となる。そして、いまだ「文字を知らない子ども」と、既に「文字を獲得してしまった大人」との間には、当然のこととして「教える－教えられる」という関係が成立するだろう。結果として、文字の獲得度が高く、読解に秀でた大人は、子どもより一段と高い位置に立つことになり、文字の熟達度を基軸としたヒエラルヒーが形成されるのは自明であったろう。

わが国の江戸後期、おおよそ十八世紀後半から、「寺子屋」と名付けられた学習塾が盛況を呈し、庶民の子どもがそこへ通わされて、「読み書き算盤」の初歩を身につけたとはよく知られた史実である。結果として、同時代の西欧諸国に比し、わが国の識字率は極めて高く庶民レベルにまで教育の必要性が認知されていたとされている。このことが物語るのは、「読み書きができること」が、訪れた文字優先のメディア状況のなかで、暮らしを有利にする必須課題と見なされ始めた動きであろう。

子どもたちには、「初等教育」を受けさせ、初歩的な読み書き能力を獲得させておくことがよいという意識が、広く大衆間に共有される。このとき、従来的な子どもと大人の関係は更新されざるを得ない。かつては、学校的な施設における初等教育は庶民と無縁であり、貴族や武士など支配階層の子弟のものであった。しかし、親たちは、わが子を、それぞれの階層に応じた学校的な施設に通わせることを当為と考え始める。さらには、余裕のある親たちは、そのための手間や財力をすら、厭わなくなったのであった。

近世教育史の研究者江森一郎は、江戸中期の変化を捉えて「勉強時代の幕開け」と呼んだ。もっとも、江森の論点は、江戸中期以降、「勉強」という語が、わが国の教育のなかで強調されていく経緯を明らかにする試みなのだが、「無理しつつ努力する」の意のこの語が、広く普及していくのは武士の基礎教養たる朱子学の普及と軌を一にする動きであろうとしている。そして、本来は人として「道」をまっとうするための精進と努力を指す語であった「勉強」が、人材育成の気運のなかで勝利に到達するための「手段」へと変質していく過程を追う。人材育成の背景となったのは、支配層たる武士群の志気能力の低下に対する危機意識であり、十八世紀の末期、各藩こぞって儒者を招き、いわゆる「藩黌」を設置して武家の子弟に学問を奨励したのがその証しであるという。

やがて、広く流通した「勉強」なる語は、武士階級と庶民層というそれぞれの階層において、異なった意味内容で活用されていくようになる。すなわち、庶民層の「勉強」はより実学的で功利的なものとして推進される。先に述べたように、文字が情報ツールとして優位に立ち始めた以上は、読み書きは実生活と直結する必要技術となるから、目に一丁字もなければ、世の中の動きもお上からの触れ事も正確に把握し得ず、日常の暮らしに不利益が生じ兼ねないという理由からであった。すなわち、これからの暮らしのためには、自分たちの子どもといえども、最低の読み書き算盤くらいは身につけさせておきたいということなのだ。「寺子屋」の隆盛を支えたのはこうした庶民感情だったであろうし、そのゆえに、庶民の子どもたちにとって、高度な学問はそもそもから無縁だったことだろう。

以下に、出生の階層と親たちの教育観に関して、極めて興味深いエピソードを引いてみたい。先ずはじめに、武士や学者の家に生まれた子どもへの、親の期待とハードな教育手法を示す例として儒者鈴木桃野の例を引こう。彼は、儒家の息子として後に甲府徽典館学頭となるのだが、幼い時を回想して大変な学問嫌いだったと述べている。何しろ、八歳から学習を強要された『論語』など、一字も理解せず、片時も坐って聴くことができないという劣等生ぶりで、父親は言うに及ばず、叔父や伯母までが口を揃えて「駄目息子」と謗る有り様……。そこで、儒者の息子として儒学を学ぶことが無理ならとばかり、町中の寺子屋に通わされる羽目になった。桃野少年は、町の子どもたちとの生活に俄に活気づいて寺子屋通いを楽しむのだが、『論語』などの古典の勉強では全く元の木阿弥で、依然として徹底した勉強嫌いの愚か息子の域を出ない。そこで、父親を始めとして親戚一同は愛想を尽かし、勝手にしろとばかりに彼のことは放念してしまったのだった。

見放された少年は、その後、成長期を草双紙に熱中し、式亭三馬や曲亭馬琴などの熱烈な読者となる。物語に惑溺するだけでなく、書物中に挿入された浮世絵風の挿絵を真似て役者絵に熱中するなど、固い学問はそっちのけで自らの好む日々を楽しく過ごしたということらしい。しかし、一六歳で漸く「儒家を継ぐ」という自身の身分を悟って、以後は、『論語』や『小学』などの学問に精出し、何とか一人前になることができたという次第であった。

他方、『耳袋』の「小児に異物ある事」と題された一文中で紹介されているのは、芝居小屋の息子に生まれながら、家業を見習うよりは学問を好む少年を扱いかねて、「異物」とまで罵る周囲の大人たちの困惑ぶりであった。話題の主たる一三歳の少年は、芝居小屋の近くに住みながら芝居を見ることを嫌って学問に熱中する。父母は身分に相応しくないと叱って、弁当運びなどの手伝いをさせるがそれも嫌がる。困り果てた親たちは、彼を他家に預けるのだが、他家の茶運びや食事の給仕などはまめまめしくこなす。というわけで、呆れ果てた彼の親は、以下のように愚痴をこぼすのであった。

右倅の儀はとても相続致し候に立つべき者にあらず。かかる不了簡の者は侍にでも致さずば相なるまじき。

（根岸鎮衛『耳袋』より）

商家の息子であるのに身のほど知らぬ学問好きを、親たちは、「侍にでもしなければ」と嘆く。幕藩体制も末期に至って、「士農工商」という身分制度は実質的な力を失い、庶民の軽侮の的にまでされている。しかし、それぞれの身分継承のために必要とされる学問には、依然として違いがあり、それに順応しなければ他家に養子にでも出すより他はない。しかも、諦めの果てに、身分的には上のはずの「侍」にでもしようかというあたり、苦笑させられる例文と言えよう。武家の子弟のための「藩黌」設置が目立つのが十八世紀末であり、また、「寺子屋」式の私塾が増設されるのもほぼ同時期である。右に引いたように、それぞれの身分階層に応じて学ぶべき内容に差はありながら、しかし、階層の如何を問わずわが国の子どもたちの前に、「学校式教育」が立ちはだかり、好むと好まざるとにかかわらず、「勉強すること」を強要される時代が訪れたのであった。

かつては、「大人になるための心得や作法」は、親子が暮らしをともにすることで自ずから身につくとされていた。しかし、それらが、武家の場合は「藩黌」、庶民の場合は「寺子屋」という、学校的教育機関を介して伝えられることになったのが近代であり、それは、子ども一大人関係に生じた大きな変化であった。子どもは、「子ども期」という特別の時期を生き、その時期は「学習の時期」として、学校型教育の対象とされる。わが国における近代型の「子どもの発見」を、江戸時代後期とする見方はこうした経緯をふまえてのことと言うべきであろう。そして、大人は「子どもを教育させる者」に、子どもは大人の監視下に置かれて、「階層に応じた教育機関で必要な学力を身につける者」にと、それぞれに役割を変えたのであった。

### 情報ツールとしての「文字」の普及

近代社会が発見した「子ども」は、大人とは異なる「子ども期」を生きる者とされ、子ども期は、それぞれの階層毎に内容の違いはあるが、ともに「初歩的な学習」に費やされねばならない時期とされた。この時期、特に都市庶民層において初等教育の必要性が自覚されるようになったのは、「文字」が有効な生活手段として流通し始めたことと無縁ではなかった。商いを有利に運ぶための情報伝達も、あるいは、お上からの触れごとも、文字を介して伝達されることが多くなったのであり、情報機能の中心が「音声言語」その他にまして「文字言語」というツールに委ねられたからである。

農山村、あるいは漁村などで「寺子屋」風の初等教育機関が発達せず、その地域の庶民層に文字学習への機運が起こらなかったのは、彼らの生業が限られた地域内の営みであって、広範囲に情報を交流させる必要がなかったからと考えられる。文字学習に注がれた熱意は、単なる知的関心ではなく、都市に興隆した新しい産業形態の招き寄せたものと言うべきだろう。ところで、グーテンベルクの恩恵を受けたヨーロッパと異なり、江戸期のわが国においては、活版印刷の技術はいまだ未発達であった。しかし、器用な日本人たちは、活版に代わる「木版印刷」の優れた技術を開発していた。したがって、木の板に彫られ紙に刷られた情報が、数百人、あるいは数千人の手に届けられるようになったのである。この間の経緯を捉えて、わが国におけるマスメディアの端緒はこの時代にあるとする言説は、強ち《あなが》不当でも付会でもないだろう。

印刷文字の普及によるマスメディアの発達が、社会の近代化を促進したのか、あるいは、社会の近代化が一層早い情報の伝達を必要として印刷文字の普及を促したのでもあろうか。この問いに対して、いずれが先でいずれが後と答えを出すことは難しいが、近代化とマスメディアの発達とが不可分の関係にあることは確かであろう。なぜなら、情報が一部の特権者に所有されるのでなく広く大衆のものとされることで、新しい企業が勃興して産業構造に変化が生じ、それまでの体制が更改を余儀なくされるからである。

わが国の場合も、徐々にではあるが近代化に向けて動き出した社会は、マスメディアの必要性に注目し、内外の情報の広く素早い伝達を当然と考え始める。新聞に関していえば、その端緒は慶応元年（一八六五）ジョセフ・ヒコの発刊になる『海外新聞』、同四年（一八六九）の柳河春三《しゅんさん》による『中外新聞』とされているが、明治三年（一八七〇）には、『横浜毎日新聞』という日刊誌も創刊されている。さらに、明治五年（一八七二）には『東京日々新聞』、七年（一八七四）には『朝野新聞』など、政論新聞の発刊が盛んとなって、福地桜痴、成島柳北らの硬派のジャーナリストが論陣を張るようになった。これに対して、明治七年に『読売新聞』、八年には『平仮名絵入新聞』のような雑報記事や読み物を中心とした庶民向けの新聞も発行され、世の中の最新の動きは、政治記事、文明論などの硬派的情報からゴシップなどの風俗記事や日常雑事まで、活字を介して読者に伝えられる形が出来上がっている。

政論新聞は概して幅広の紙を用いたが、庶民向けの新聞は幅の小さい紙を使用したため、「小《こ》新聞」と呼ばれて庶民間に人気を博し、やがて、部数の上では「大《おお》新聞」と呼ばれた政論新聞をしのぐまでに成長する。しかし、やがてこの両者は相互接近を遂げ、『読売新聞』のように小新聞からスタートして大衆的報道新聞として急成長を遂げるものも現われている。こうして、ニュースも小説もスポーツも、一種類の新聞を介して一般庶民の手に届けられるというメディア状況が整えられた。

雑誌もまた、明治初年に創刊が続いた。主なものを挙げれば、明治七年（一八七四）に福沢諭吉が『民間雑誌』を刊行し、また、同年に明六社から『明六雑誌』が発刊されて、世の関心を集めた。さらに、風刺を主とした『団団珍聞《まるまるちんぶん》』なども刊行され、明治一〇年（一八七七）ごろには二〇〇種以上を数える盛況となったと言われる。このことが物語るのは、この時期、庶民が新聞以上に詳細な知識情報を得ようとするなら、総合的情報源として雑誌に依存する確率が高くなり始めたということであろう。

その後、「民友社」や「春陽堂」、中央公論社の前身の「反省会」、さらに、教養書中心の「河出書房」など有力出版社が出揃い、明治二〇年（一八八七）には明治を代表する出版社「博文館」が出現して、雑誌や叢書の出版などにそれぞれ腕を振るった。こうして活字文化は、わが国の出版文化をリードしただけでなく、庶民の言論や彼らの一般的な意見をリードする役割を果たすようになっていく。

マスメディアのコミュニケーション世界における影響力が強まるにつれて、「活字文化」への対応力が人の優位性を保証するようになり、知識人のなかには数種類の新聞雑誌に目を通すことを常態とする者も現われ始める。となれば、活字を操作する力に優れた者が情報の主管者として権限を持つことになり、女よりも男、子どもよりも大人という「活字文化」を中心とした権力の構図が出来上がるのは自明であろう。何しろ、新聞や雑誌を読む機会を多く持った成人男性は、いち早く世の動きを熟知し得る者であり、女性や子どもなどその機会に疎い周辺の者たちに情報分配者としての役割を果たすことができるのだから。とりわけ、文字学習の初期過程にある子どもたちは、既に文字学習の終了した者たちとの間に生じた情報格差を、年長者に対する敬意とともに受け入れ、彼ら成人男子から、新しい社会情勢の一片を分け与えられる機会を待ったのであった。成人男子による情報の主管者とは、一家のレベルでいえばその家の主がそれに当たり、学校の場合は、まず校長・教頭などの管理者、次いで教師一般である。そして、子どもたちは、彼ら主管者たる大人の選択眼を通して、必要と判断されたものだけを受け取らされたのであった。

こうして、情報の受容に関しては子どもと大人が截然と隔てられ、情報量の多寡という点で両者の世界が明確に区別されるという事態が生じた。結果として、この時代の子どもたちは、大人の判断に基づいて「子どもらしくない」情報から隔絶され、「子どもらしい」情報だけを与えられた。とすれば、訪れた活字優先時代は、子どもに「子どもらしさ」を保持させるべく、極めてふさわしいものであったと言えるかも知れない。

## 教科書による「文字（活字）文化」の徹底

子どもの世界のマスメディアは言うまでもなく、学校教育の聖典とされた「教科書群」である。明治五年（一八七二）、明治新政府によって学制が公布され、「邑に不学の戸なく、戸に不学の人なからんことを期す」とばかり、日本国民のすべてに初等教育を施すべきこと、それが近代国家への転換を遂げるための不可避の課題であると宣言された。初等教育の義務化は、明治も末年の四〇年（一九〇七）であるが、それに至るまでのおおよそ三十数年を、文教当局は就学率の向上に向けて、鋭意努力を続けていく。すなわち、子どもを小学校に通わせることは国民の守るべき義務であると説いて、日本中の子どもたちを、一定年齢に到達するや否や本人や親の意思にかかわらず、「生徒」という身分を与えて学校教育のなかに絡め取ったのである。

そのゆえに、子どもたちが学校で使用する教科書は、すべての子どもに共通の知識情報を伝達するものとして、極めて大規模で徹底した媒体機能を発揮した。もちろん、学校教育のスタート当初は、いまだ準備不足もあって、英米など先進諸国の教科書を直訳して用いたから、子どもたちは、彼ら自身の日常とは縁遠い異国の宗教や習慣を伝達され、それらの内容を丸暗記させられた。次に引くのは、初期教科書中の一文である。

凡世界に住居する人に五種あり○亜細亜人種○欧羅巴人種○メレー人種○亜米利加人種○亜

弗利加人種なり〇日本人は亜細亜人種なり

（明治七年版文部省編集・師範学校彫刻『小学読本』より）

小学校入学時の満六歳程度の子ども、恐らく「いろは」も満足に読み書きし得ない彼らにとって、こうした文章が適切であるか否かは論外であろう。にもかかわらず、これら教科書文は、いかにも珍しい「子どもたちの近代」として広く巷間に迎えられたのである。意味も分からず、口移しに丸暗記させられた子どもたちは、「子曰く」というかつての『論語』の一節のようにこの文句を口にし、長谷川如是閑の自伝によれば「酒屋や魚屋の小僧までがそれを囀《さえず》った」ということである。

明治元年（一八六七）生まれの内田魯庵は、草創期の小学校に入学してまず福沢諭吉の『世界国尽』を学び、次いでウキルソン・リーダーの翻訳教科書を与えられたという。彼はそのことを、次のように回想している。

家庭で大学や唐詩選の素読を教えられていたわたくしには『世界国尽』は馬鹿々々しかったが、口調が面白いので飴屋の唄と一緒に暗誦した。『世界国尽』がウヰルソン・リーダーの翻訳の読本と変わったのは夫から一年ばかり後だった。其頃の小学校教科書は大抵西洋の教科書の翻訳だったから今のと違って世界的で、歴史や理化学の階梯は読本で教へられた。其頃の西洋の教科書には聖書の記事が多かったので、其の翻訳読本を課せられた私達は早くからモセスやアブラハムやヒロモンやサムソンの名や伝説を吹込まれた。随って今の小学生よりは其頃の方が世界的興味を多量に持ってゐた。

（瀬田貞二『落穂ひろい』より）

これらのエピソードが物語るのは、子どものメディア世界における「教科書」の位置どりであろう。つまり、近代教科書が子ども世界の王座に就き、成長期の彼らの心性にその内容と表現を刻印して、強い影響力を与えていく姿である。明治三七年（一九〇四）に国定教科書が使用されるようになると、当然のことながらその影響力は倍加される。全国の子どもが、一斉に同一内容の情報を同一の表現で受け止め、しかもそれが繰り返し暗誦させられることで、無意識裏にその心に刷り込まれていくという事態が出来するのである。「暗誦」は、江戸期も常用された伝統型教育の方法であったが、それが新体制下にも適用されて威力を発揮し、子どもの心に鮮明な跡をしるしづけていったものと思われる。

初等教育が義務化された当初は、二八・一％という低普及率で当局を悩ませた就学率も徐々に向上の一途をたどり、それに追討ちをかけるように国定教科書の使用が徹底すると、子どもの言葉の世界は、国の方針一色にきれいに染め替えられていく。明治期の国民国家と富国強兵への方向づけも、あるいは、第二次世界大戦に向けての皇国主義教育も、その絶大な効果はおおよそこの路線上に出現したと言うことができよう。たとえば、以下に引くのは、戦争で命を落とした勇敢な兵士「木口小平」の挿話である。

キグチコヘイ　ハ　イサマシク　イクサ　ニ　デマシタ

テキ　ノ　タマ　ニ　アタリマシタガ　シンデモ　ラッパ　ヲ　クチカラ　ハナシマセンデシタ

（昭和八年版国定教科書『尋常小学修身』巻一）

日清、日露の両役で勇敢に戦った兵士は、名誉の戦士として教科書上に登用され、短く簡潔な表記ではあったが、子どもたちの心に深く刻印されて、彼らの愛国心の醸成に一役も二役も買わされている。右に引いた木口小平も、同じく教科書上で英雄となった広瀬武雄中佐とともに日本兵士の忠誠と勇敢の象徴とされ、「死んでもラッパ」とは、志を変えない一徹者の評として子どもたちがしばしば口にする言葉ともなった。忠義の勇士は、ひとり木口小平に限られない。他にも多くの偉人たちとそのエピソードが、教科書を通して子どもの世界に浸透していった。彼らは概して、楠正成や乃木希典など、武をもって天皇に仕えあるいは国に奉仕した人々であったから、子どもたちの心に「国家の干城」として働く武人の姿を、称賛に値する価値として焼き付けていくのに十分であった。

また、かつては口伝であったがゆえに、地域毎に多様な伝承形態を取っていた「昔語り」が、「教科書的内容」と「教科書的語り口」に一元化され、画一的なものとして全国に伝搬されていった。たとえば、江戸期に流通していた「昔噺桃太郎」には、二通りの語りがあり、主人公が桃から生まれる「異常誕生型」と、拾ってきた桃を食べた婆が若返って子どもを産むという「果実の霊験型」とがあった。

しかし、大正七年（一九一八）以降の国定教科書は「異常誕生型」を採用したため、そこで物語と出会った子どもたちにとって、桃太郎は桃から産まれる者以外の何ものでもなく、若返った婆の姿など想像だにされずに消え去っていったのである。また、成長後の桃太郎が、犬・猿・雉を引き連れて鬼退治に出掛ける件《くだり》では、犬は「お腰のものは何ですか」と問い、桃太郎は「日本一のきびだんご」と答える。後に続くのは、「一つください　お供をします」「それならやるから　ついてこい」という問答のやりとり……。こうして、日本全国の子どもたちは、このように定型化された「桃太郎」と出会うことになった。「昔、あったとさ……」と語り出される炉端の昔語りのなかで、桃太郎がどのような存在であり、どのように振る舞ったかなど、知る由もなく……。

物語や語り口の優劣を、ここで問題とするのではない。ただ、子ども向け情報が、同一の内容、同一の表現で、大量に送り出されるとき、彼らの内面にいかに作用し、いかに同一のイメージを形成させるかという、そのことの例として振り返ってみたに過ぎない。当時、同じ国定教科書で学んだ人たちは、今でも恐らく、同じ内容の「桃太郎」を同じ語り口で思い出すことだろう。それは、一年次の国語教科書巻一に掲載されていて、以下のような文章で物語られていた。

ムカシ　ムカシ　オヂイサン　ト　オバアサン　ガ　アリマシタ
オヂイサン　ハ　ヤマニシバカリニ　オバアサン　ハ　カハニセンタクニ　イキマシタ
オバアサン　ガ　センタク　ヲ　シテ　ヰマスト　オホキナ　モモガ　ナガレテ　キマシタ
オバアサン　ガ　モモヲ　キラウ　ト　シマス　ト　モモ　ガ　二ツニ　ワレテ
ナカカラ　オホキナ　ヲトコノコ　ガ　ウマレマシタ

（第三期国定教科書『国語』巻一より）

テレビの弊害の一つとして、しばしば言及されるのが、子どもの想像力の画一化であろう。しかし、画一化は、テレビの出現を待つまでもなく、「活字」という強力なツールによって、既に出現していた現象なのである。そして、この活字機能を国定という手段によって徹底的に活用した教科書は、見事に、多量の画一的な少年・少女を作り出すことに成功したのだった。

明治政府の教育方針の真髄とされる「教育勅語」も、修身教科書を活用し、あるいは、額入りで教室の正面に掲げられることで、学校型マスメディアとしての効力を遺憾なく発揮している。すなわち、子どもたちは、好むと好まざるとにかかわらず、また、自覚的か否かを問わず、教育勅語の文言を心の中に刻印されて成長していったのであった。「父母に孝に、兄弟に友に、夫婦あい和し、朋友あい信じ……」とばかりに……。

## 活字機能の応用版とされた「音楽教育」

コミュニケーション・ツールとして、「音楽」の位置づけが増大する社会を、「音楽化社会」と命名したのは、社会学者の小川博司であった。現代のわが国は、まさしく彼の命名通りの「音楽化した社会」であり、その住人たる私どもは、好むと好まざるとにかかわりなく、音楽の充満する社会に生きて、日々多様な楽音に曝されている。しかも、これら隆盛を極める「音楽」というコミュニケーション・ツールに、最もよく反応し自我関与しつつ濃密な関係を取り結んでいるのは、他ならぬ子どもであり若者であろう。ここでは、「音楽」というツールの美的性格や癒しの機能性をとりあえず等閑に付して、ただコミュニケーション機能だけに焦点を合わせ、子どもや若者との間に取り結ばれた関係について考えてみたい。

コミュニケーションのツールとして「音楽」を位置づけた場合、メッセージの流れ方に関して二つの回路を考えることができる。すなわち、その一は、上から下へという垂直の方向性、いま一つは横に流れる水平の方向性である。前者の典型例は、明治以降の「学校音楽（唱歌と呼ばれた）」に見ることができる。国家の文教政策は、子どもに歌わせる唱歌の歌詞を標的とし、彼らのエネルギーを、国民国家の形成や戦意高揚に向けて水路づけることに成功している。そして、後者の例として上げられるのは、デモやストライキの参加者たちの歌唱であろう。メーデーの日やストライキ決行時に、腕を組んで「起て　万国の労働者」などと声高に歌われる革命歌は、彼らの戦う意志を高揚させ、仲間同士の団結心をいよいよ強くすることに貢献しただろうからである。それらはいずれも、リズムやメロディとともに、歌われる「歌詞」が大きな意味を持った。とりわけ、上から下へ、あるいは水平に、特定のメッセージが流されようとするとき、何よりも重視されたのはその「歌詞」だったのである。私どもは、ここで、コミュニケーション世界の王座に就いた「活字文化」を取り上げ、その権力性に焦点を当てようとしている。ここで特に唱歌の歌詞を取り上げ、強力に機能したそのメッセージ性について考えてみようとするのは、この所以に他ならない。

わが国の伝統的教育観においては、中心は「読み書き」、すなわち、文字言語の学習に置かれ、時に算法が加えられる程度であった。琴や三味線、あるいは笛や尺八という伝統楽器の習得は「芸事」として別扱いされていたから、「寺子屋」や「藩黌」などの学校型教育に組み込まれることもなく、おおよそ無縁に経過してきた。しかし、欧米に倣って初等教育の完成を志向した当局は、音楽や美術をも教科の一つとして組み込むことを構想する。そのために、ピアノやオルガンなどの洋楽器や記譜法を欧米先進国に学ぶべく、伊沢修二らが留学生として派遣され、彼ら留学帰りの肩に洋楽の普及が委ねられることとなった。その結果、音楽は「唱歌」と命名されて教科内に位置づけられ、明治一四年（一八八一）には『小学唱歌集』も発刊されて、「歌うこと」が、漸く校門を潜ったのであった。

しかし、当時の子どもたちにとって、「唱歌」は、「音楽」すなわち「音を楽しむ」という本来の目標からはほど遠く、難行苦行の時間だったと言われている。何しろ、音楽の時間に奏でられるのが、子どもたちの耳や声になじみのない外来の音やリズムであってみれば、彼らがそれを強制されることに不信感を抱いたのは無理からぬことであった。盆踊りや童歌《わらべうた》なら楽しみもしよう。しかし、ピアノやオルガンに合わせて「ドレミ」とか「ミファソ」とか発声させられ、奇妙なリズムで「蝶々 蝶々」などと歌わされるのでは、逃げ出したくもなろうというものだ。とりわけ、男子生徒にとって、それは、理不尽な無理強い以外の何ものでもなかったことだろう。

やがて、新旧の折衷に卓抜した才能を発揮した明治文化人たちは、楽音の構成に関しても類い希な和洋の融合を試みる。すなわち、伝統的な民謡音階を採用しつつ、西洋音楽の音階構成に従うというかたちの、いわゆる「ヨナ抜き音階」と呼ばれた独特の音階が工夫されたのである。後に「演歌」を特色づける音階とされたが、これは、先ず学校唱歌の音階となり、それを通して一般人の耳と口に親しいものとなっていったのであった。

ところで、明治中期から昭和中期までの半世紀にわたる「唱歌教育」において、より有効なメッセージ性を発揮したのは、音階やリズムにましてその「歌詞」であった。『小学唱歌』と題された教科書をひもとくなら、私たちはそこに、「忠孝、信義、友愛、克己、勤勉」など、国家が子どもたちに期待した徳目のすべてが、教訓的歌詞として、あるいは、東西の偉人伝のかたちで、隙間もなくぎっしりと詰め込まれていることに気づかされよう。人間の育成に直接的に機能する教科として、「修身」と「歴史」があった。そして、それら教訓的歌詞の発明によって、「唱歌」もその列に並べられることになる。次に、望ましいとされる徳目が、極めて直截に歌われている歌詞の一部を引いておこう。

世を流れての　末ついに　海となるべき　山水も
しばし　木の葉の下くぐるなり　見よ　しのぶなり　山水も

（小学唱歌「忍耐」より）

明治期の唱歌教科書に日清・日露の両戦争の英雄たちが歌われて以来、おおよそ半世紀にわたって、子どもたちは、唱歌の歌詞を通して戦争と出会い、勇敢な兵士たちを賛美し、高潔な英雄に憧れた。たとえば、旅順港で戦死した広瀬武雄という海軍軍人の歌を通して、あるいは、旅順攻撃終結後の乃木将軍と敗将ステッセルとの降伏会見を歌った「水師営の会見」という歌詞を通じて……。

これらの歌詞は、当時の日本軍人の勇敢さを称え、武士道的態度を賛美しつつ、それを幾分感傷的で煽情的な旋律に乗せて子どもたちの心に送り届けた。したがって、子どもたちにとって、戦争とは、ヒロイックで切なく美しく、憧れ心をかき立てるものとして受け止められた。学校唱歌を超えて広く歌い継がれ、人口に膾炙した「水師営の会見」の一部を以下に引いておこう。

昨日の敵は　今日の友　語る言葉も　打ちとけて
彼は称へつ　吾が武勇　吾は称へつ　彼の防備

かたち正して　言ひいでぬ　この方面の　戦闘に
二児を失ひ　給ひたる　閣下の心　いかにぞと

二人のわが子　それぞれに　死処を得たるを　喜べり
これぞ武門の　面目と　大将答へ　力あり

（唱歌「水師営の会見」四・五・六節）

荒涼たる北の大地を血に染めた惨憺たる旅順戦争、そのすべてが、この二将軍のヒューマンな会見風景と、伝統的な七五調の韻律に溶かし込まれ、一種の快感として歌い手の心を揺さぶる。子どもたちは、時に高揚し、時に陶酔しつつ、これらの歌を口にしたことだろう。このとき、歌詞の送り出すメッセージは、上から下へ、すなわち、教育を司る権力の側から、被教育者たる子どもの側へ、この上なく巧みに発信され、半世紀を通じて受け手のナイーヴな心に受信され続けることとなった。

かつて、民謡や童歌も言葉を媒介として伝承されてきている。しかし、口から耳へと語り継がれるその言葉は、時に応じあるいは土地柄にふさわしく、様々な変容を遂げながら時間の波をくぐって歌い継がれていく。したがって、当初は同一の種子から生まれたかも知れないそれら歌謡は、歌う子どもたちによって更改され、彼らに親しい言葉に改められて、歌う子どもの暮らしから生まれ、彼らの暮らしのなかに溶け込んだものとして、歌われ遊ばれてきたのである。そして、それらは、同世代、同郷という限定付きながら、水平に仲間同士を結ぶものとして機能し続けていたのだった。

しかし、歌われる言葉が活字によって固定され、学校教育に取り込まれて広範囲の伝達区域を与えられたとき、それは、全国に広がる「同一世代」という繋がりを強化しはしたが、先に述べたように、上から下に流れるメッセージ媒体として機能している。それらは、子どもたちの元気な声で歌われはしても、かつての童歌のように暮らしをともにする者同士の共有ではない。コミュニケーション世界の王座に就いた「活字文化」は、こうして、歌の世界にまで垂直的な権力関係を作り出したのであった。

## 二　二十世紀、映像の跳梁

## 宣伝広告の登場と標的とされる子ども――余剰に場所が与えられるとき

急速な発展を遂げた印刷文化は、文字世界だけにその威力を発揮したのではなかった。活字文化が制覇したマスメディアの世界が、政論誌中心から大衆誌へとその翼を広げ、社会的事件や読み物が記事として相応の地位を占めるようになると、大衆の理解を深めることと、同時により煽情的な効果をも狙って、視覚的な媒体が使用されるようになる。挿絵がその代表であり、また広告もその一翼を担った。

挿絵も広告も、開化の明治を待つまでもなく、江戸の中期ころからメディア界に登場している。「引き札」と呼ばれる広告文がそれで、商いの活性化のために大仰な言辞を連ねて衆の耳目を惹きつけていた。たとえば、天和の大火の後、越後屋呉服店は新店舗を駿河町に移転させたが、そのときの「引き札」に「現銀掛け値なし」のキャッチフレーズを掲げて江戸市民を湧かせている。また、発明家の平賀源内も、商店に依頼されて新製品のコピーを作成しているが、彼のコピーは、江戸っ子の粋な心を捉えて、なかなかに好評だったと言われている。引き札のなかには、文章が刺激的で煽情的なだけでなく、人目を惹きそうな挿絵を挿入したものもあるから、現代コマーシャルの端緒をここに見ることもできよう。

そして、明治新時代の印刷技術は、より巧みに文と絵とを一体化させて広告効果に磨きをかけたから、広告はその企業の成功を左右するほどの力を発揮するようになった。明治二三年（一八九〇）には浅草の「凌雲閣」が観覧料の紹介も含めたイラスト入りの広告を掲げ、さらに、三四年（一九〇一）の「毒掃丸」の広告には「東京はやり唄」が紹介されたりして、宣伝広告は、文章や挿絵だけに止まらず、歌や地図、あるいは写真など、多方面にその広がりが模索され始める。たとえば、大正初期に注目された三越百貨店の広報戦略、それは「今日は帝劇、明日は三越」の名コピーによる誘導作戦や、包装紙に刷り込まれた東京名所双六などで顧客の関心を放さず、常に斬新なアイデアの起用を推察させる興味深さであった。

ところで、この宣伝戦線に「子ども」が登場する。広告の文と絵に「子ども」が活用され始めるのだ。それは、子どもに新しい「消費者的価値」が発見されて、彼らが市場のターゲットとされていく動きと連動していた。子どもが市場社会の標的となり、「子ども向け商品」の開発とそれを扱う業者が出現した経緯については前章で触れた。しかし、新商品の紹介に際して、子どもを使った宣伝広告が新聞や雑誌の一隅を賑わすようになって、それが売行きを支えたことは、市場社会のなかで「子ども」が、今一つ新たな役割を担い始めることの先触れではないか。すなわち、単なる「商品アイデアの提供者」でも、単なる「消費者」でもなく、「広報マン」としての役割……。

そして、このことが従来にはなかった新しい問題を発生させ、関係者たちはそれへの対処に頭を悩ますことになる。それは、商品が「子ども」と絡んだことによって発生した問題であった。なぜなら、子どもは、その商品と等価の資力を持たず、購入代金の提供者は親たちである。したがって、「子ども」が宣伝マンとしてメッセージを発信したとして、その受信者は、彼らと同類であり商品の使用者である「子ども」なのか、あるいは商品を是としてそれを購入する「父母その他の大人」なのかという、照準の当て方に関する問題であった。「子ども」自身が興味を持つことが購買力に繋がるのか、あるいは、その逆であろうか。ここで主導権を与えられたのは、子ども向けには「文にまして絵」というコンセプトであり、大人向けには商品の「教育性」と「有用性」を伝達するという広告のテクニックであった。

その典型的な例を子どもと洋菓子の結び付きに見よう。「子ども」を宣伝に使いつつ、子どもの親をターゲットとしてその購買欲をそそるという手法で、洋菓子は、その後、紆余曲折を繰り返しつつも常に子どもとその親との結託を忘れず、遂には「子ども向け」の一大市場の形成に成功するのである。以下に引くのはその一例であるが、明治一〇年（一八七七）、『読売新聞』紙上に、以下のような広告文が掲載された。

西洋模造御菓子数品、夫れ洋菓の製たるや専ら牛乳と卵を以つてするを良味とす。這回《このたび》弊舗に於て、精製販賣する所のケークは、洋上の良工を雇い、精製せしめ、その種類百を以つて数ふべし

広告主は米津風月堂、老舗の「風月堂」から暖簾分けして、同年の内国勧業博覧会にビスケットを出品し、最高賞を獲得した新進気鋭の菓子店であった。主人の米津松造は、新店舗としての戦略を洋菓子の生産と販売に向ける。そこで、彼は、洋菓子のターゲットを購買者たる「子どもの親」にしぼり、そのための販売戦略として「子どもの健康」に役立つことを謳い文句に「洋菓子神話」を流布させたのである。すなわち、自身の病後の子どもが洋菓子によって回復したというエピソードの流布である。宣伝文には、和菓子が「病勢を進行させた」としてその弊害を指摘し、滋養に富

んだ洋菓子が子どもを「病魔より救った」として、ビスケットの効用を称えたのである。確かに、牛乳・卵・バターなどを多用する洋菓子は、餡と餅米主体の和菓子より、栄養的には優れているかも知れない。しかし、果たしてそれは、病気の進行を左右するほどの効力を発揮し得るか、否か。現代なら、和菓子店から名誉毀損の訴えでも起こされかねない表現……。しかし、とにかく、子どもを挿絵に用い、「子どもの健康」をキーワードに使った広報戦略は相応の成果を上げた。以後、米津風月堂は、チョコレートやマシュマロなどの製造販売を開始し、洋菓子の製造販売業者としては他の追随を許さぬ第一人者にのし上がっていくことになる。

洋菓子業界は、その後、ビスケットやキャラメルが軍隊の携行食に採用されたこともあって、日清・日露の両役や第一次大戦という戦争を転機に飛躍的な発展を遂げていき、子どもを標的としそれを宣伝に使うことから出発したこの業界が、軍需産業との結託でさらなる繁栄を約束されることになった。洋菓子界の辿ったこの道筋は、いかにも発展期の資本主義の道程と見えて嘆息させられるばかりであるが、しかし、業界の視線は、その後も、当初の標的たる子どもから逸らされることはなかったようである。

一つの例を引いて見たい。明治四〇年（一九〇七）に『報知新聞』紙上に掲載された森永西洋菓子製造所（現在の森永製菓）の広告には、歳暮・クリスマス・年始用の進物最適品として、「森永バナナ　フレンチメキスト　森永マシマロー　スター　森永チョコレートクリーム」と商品名が列挙され、「実用に適し　携帯に便なり　佳味口に慣い　体裁美なり」という宣伝文句が付けられているのだが、この広告の絵柄には「子ども」が使われていた。水兵服の男の子と和服姿の二人の女の子が、商品名の列挙された字面を見上げているのである。宣伝文中の「実用に適し」とは、少量ながらカロリー価が高いということ、「携帯に便」とは、ポケットに忍ばせて持ち歩くのが容易であるということで、これらはいずれも、洋菓子に軍隊食としての躍進を可能にした条件であった。しかし、これら軍隊食的性状を宣伝文句として謳いつつも、その絵柄には子どもを採択する。森永製菓は、創業者の森永太一郎が、箱車の行商から起こした企業であるが、彼は、洋菓子界を、手作業による家内工業から工場生産による機械工業へと転換させた立役者である。企業家としての彼の視力は、行商人として町々を巡る生活のなかで、今後の展開の方向に「子ども」を据え、「子ども」と「洋菓子」の不可避の結託を、原点に戻って再確認していたとでも言うことらしい。

その後、大正中期以降の洋菓子界において、「子ども」は、不可欠の顧客の位置を与えられた。言うまでもなく、「子ども」が顧客になり得たのは、この業界が、子どもの親を巻き込むことに成功したからでもあった。それは、洋菓子に、新しく階層的価値を付加することによって発生した動きであった。すなわち、洋菓子を「おやつ」に選ぶほどの家庭は、「子ども」の養育に関心の深い「知識人の家庭」であるという……。なぜなら、庶民の子どもは、依然として町角の「駄菓子屋」の店先に群れていたから、洋菓子は、子どもの健康や衛生状態に関心の高い山の手中産階級の父母と結び付くことを戦略として選んだのだ。

販売のターゲットは、「子どもそのもの」にもまして、育児問題に関心の深い親たちに向けられた。このとき、キャラメルやビスケットは、山の手中産階級の親たちに「育児熱心」という価値を付与する記号と化し、商品そのものが宣伝広告の役目を担うことにもなった。マクルーハンに倣って、すべてのものをメディアと見なす「汎メディア主義」に依拠するなら、このとき、キャラメルやビスケットという商品そのものが、洋菓子業界の「基盤確立」と「中産意識」の形成に寄与する極めて有効な宣伝メディアだったと言い得よう。

その後、子どもを標的とする宣伝合戦は、企業の企画力の結集されたおまけや付録の知恵比べとなり、今も宣伝史上に名前を残す「江崎グリコ」の小物玩具にたどり着く。加えて、グリコ・ブームを支えたのは、箱を開けたときに現われる小物の魅力だけでなく、ランニング・スタイルの陸上選手が両手を広げたゴールマークと、「グリコ一粒三百メートル」というキャッチコピーであった。真っ赤なパッケージの表側にも装丁され、店頭にも看板として飾られたこのランニング選手の映像は、この飴を一粒口に含めば勝利の栄光が手に入ることを夢想させて、子どもたちをワクワクさせたに相違ない。そして、この宣伝コピーと映像のビジュアル効果が、味覚そのものにもましてグリコの売上げに貢献したのだった。

子どもと宣伝広告との結び付きは、後のテレビ時代に入るとよりその結束を固くし、テレビ・コマーシャルの成否を問うのは、しばしば子どもの反応であると言われるようになった。「やめられない　止まらない」というコピーとマンガチックな映像とで大ヒットを飛ばし、スーパーマーケットの人気商品に躍り出た「かっぱえびせん」や、愛らしい子役の口元に次々と粒状のチョコレートをほうり込んで子どもの心を摑んだ「マーブルチョコレート」のCMなど、子ども世界を征服することで市場戦をも征服した典型例と言えよう。

自由に商品を手に取り、用意された籠にほうり込むことのできるスーパーマーケットやコンビニエンス・ストアーの出現は、商品宣伝のターゲットを大人から子どもへと転換させた。販売戦略が「子ども心をいかに捉えるか」に集約され、ターゲットは「子ども」か「親」かと、二者択一に悩んだかつての日々を遠く過去のものとした。それは、一世を風靡した活字文化の王座がゆらぎ、映像文化がその地位を脅かし始めるとともに迫り出してきた傾向であって、活字にまして映像が優位に立つとき、映像と密約を結ぶのは大人にまして子どもであるという事実を証している。そして、これら広告用の映像が証明したのは、映像の介入は従来の子ども—大人関係を逆転させ、さらに両者間の溝を深くさせつつあるという、時代の趨勢でもあった。

そもそも、宣伝広告の営みとは、「ものそのもの」を作り出すことではなく、巧みな文言や絵柄でその「もの」に付加価値を付与する企てである。使用される文言や映像も、口に入る食物や身に纏う衣服などの実物を紹介するのではなく、それら実物をよりよく見せより多く売るために奉仕させられている。したがって、それらの文も絵も、実にまして虚に捧げられる言葉であり絵であって、現代風に言うならバーチャルな次元の営み……。そのゆえに、それに費やされるのは、「余剰のために捧げられるエネルギー」と言うことも可能かも知れない。とすれば、広告が印刷物の上で相応の位置を獲得し得たとは、「余剰」にそれだけの場所が与えられたことでもあった。そして、宣伝広告が、しばしばターゲットとして「子ども」に着目するのは、もしかしたら、加速化する市場主義の展開のなかで「子ども」が、一種の「余剰」と見え始めたことの徴ではないか。なぜなら、市場主義が利潤を目的とし、そのゆえの成果主義と不可分であるとすれば、利潤や成果と無縁の「いま子どもである人々」は、市場社会の余剰と見なされても仕方ない存在だからである。

## 「写真」という新技術の参入——ビジュアル・コミュニケーションと家族の焦点化

フランスのダゲールによって、最初の実用的写真術が開発されたのは、一八三九年のこととされる。創始者の名にちなんで、ダゲレオタイプと呼ばれた銀板写真が日本にもたらされたのは、いまだ鎖国状態にあった嘉永元年（一八四八）のことであり、薩摩・長州・水戸などの諸藩で研究が進んだが、しかし、それは、「蘭学」の新種として関係者の興味を惹いたからであるとのことだ。写真が実用に供されるようになるのは、安政年間（一八五四〜六〇）であったが、それは、新しく発明されたコロディオン・プロセス（湿板写真）の導入以降であり、長崎在住の上野彦馬や横浜在住の下岡蓮杖など、後世に名を残す写真家が出現して「写真師」という新しい職業が開発されていった。

明治以降、写真師の活躍はめざましく、特に東京など大都市には多くの写真師が集まって写真館を開業した。明治政府が、写真の持つ忠実な記録性に着目したため、各省庁はそれぞれの事業の記録と報告に写真を多用し始めた。北海道開拓や西南戦争時の記録が、写真として保存されているのは、政府がこの新技術に大きな期待を託したからである。その後、乾板写真の普及に伴い、写真技術の中心は技術的に容易な乾板写真に移り、明治中期以降は乾板写真が一般的となって、アマチュア写真家の登場を促すこととなった。そして、このころから、写真は、庶民にも親しいものとなっていったのである。

印刷技術の発達は、写真にも伝達媒体としての地位を与え、以後、写真は新聞や雑誌の一面を飾るために活用されるようになる。政治家や文人・芸術家など、著名な人々の写真がその業績紹介に添えられて、告げられる情報をより印象的にするのに一役買わされている。たとえば、学者や芸術家は、語られる業績にもまして添付された一葉の写真によって、一般庶民にも親しい人物となり得るだろう。また、遠隔の地に起こった災害は、直ちに撮影された現場写真の忠実な記録性によって、起こったことの悲惨さをより深く読者に伝えることができるようになる。こうして、とりあえずは先ず試験的にと採用された写真術が、その忠実な再現性によって情報の信憑性を証する資料とされ、マスコミ界の寵児にのし上がって行くのだが、それとともに報道写真家たちは互いにその腕を競い合うこととなった。

新聞が、進んで写真技術に登用の場を与えたのは、ビジュアル・コミュニケーション時代の到来を告げる先触れでもあった。もっとも、ビジュアル・コミュニケーションの先例を「絵巻物」や「絵本」に見ようとする説もあり、遙かな過去にその淵源を探ることもできるが、しかし、それら先駆者たちと報道写真の違いは、美的価値や娯楽性にも勝る忠実な記録性こそが評価ポイントであり、写真はその卓越した記録性のゆえに事件報道の主役となり得たという点にある。そして、掲載された写真の写実性のゆえに、文字情報を仔細に読むことをしない者たち、たとえば子どもや当時の女性たちに対しても、「新聞」は、「事実を誤りなく伝えるもの」と受け取らせることに成功したのであった。新聞が、単なる伝聞や噂とは異なり、格段に公共性の高いものとして受け止められたのもこの所以であろう。子どもたちが、現在も、「新聞記事の正当性」を高く評価し、「記載されていることはすべて正しい」と信頼するのは、文章記事に添付された記録写真の功績にも一因があろう。そして、この「公共性」と「正確性」に対する信頼は、後に出現するテレビジョンにも受け継がれていくことになる。

ところで、当初、写真技術は、先述のような公的記録の作成以外には、日本紹介のために名所風景をカメラに収めることと、また、有名人の写真肖像をつくることなどに用いられていた。しかし、次第に、庶民一般の生活記録という役割を担わされ、個人や家族の記念写真として活用されるようになる。写真技術と庶民との出会いがこうした一族のメモリアル・ノートであったことに対して、写真家仲間ではそれを通俗と批判し合うこともあったらしいが、しかし、写真技術が時々の「家族の記録の保存」に貢献したことの意味は予想外に大きい。なぜなら、肖像画を作成し家屋内に飾ることがステータス・シンボルであった西欧諸国とは異なり、従来のわが国の文化伝統のなかには、個人や家族の肖像画を作成して保存する習慣はなかった。したがって、写真技術が導入されたことで、個人や家族の映像が歴史的記念物として有意味であるという、新しい「観念」が発生し定着することになった。しかも、写真は、絵師に描かせる肖像画の場合に比し、遙かに短時間で容易に、そのゆえに安価でより正確に、個人や家族のその時々の映像を確保することができる。その結果、写真は、一般庶民にも自身や家族のライフヒストリーを注視させ、「自分自身とその一家」を自覚するという新しい心性を発現させることになった。こう考えるなら、開化期の日本に導入された諸種の新技術は、随所にこのような予期せざる効果を発揮し、人々の心性に従来とは異なる変化を生じさせているのだが、「写真」もまたその一つであることに気づかされよう。

フィリップ・アリエスは、十六世紀フランス社会における家族と子どもの変貌をテーマとして大部の論著を著わした。そのなかで、歴史資料の一つとして肖像画を取り上げ、家族の肖像のなかで子どもの位置する場所に注目し、そこに投影される「子ども観」について言及している。それに倣って、わが国の家族写真に目を向ければ、明治から昭和にかけて撮影された家族写真の多くは子どもを中心に位置させていた。しかし、この図柄を捉えて、アリエス流に「子どもの発見」と連動させることができるだろうか。それにもまして、ここで考えられるのは、「写真」によって覚醒させられた「家族意識」であり、「子どもの中心化」は、技術の未熟さが齎した怪我の功名ではないかと思わされる。そのゆえに、子どもが中心にいるというこの光景を「子ども観」と連動させることは、わが国の場合は速断に過ぎると言えるのではないか。なぜなら、当時の写真技術は、恐らく、ポーズ設定後のシャッター・チャンスまでに相当の時間を要した。そのため、長時間の辛抱に耐えられない小さい子どもたちは、中心に坐った父母あるいは長老たちの膝に抱かれてシャッターのおりる瞬間までを辛抱させられたのではなかったろうか。

ところで、写真家とは、「見られるもの」として眼前に立った被写体に対して、絶対的な「見る視線」と化し、「すべてを見て、見ることに喜びを見いだす」存在であると言われる。「見ること」により、それを撮影という技術に託すことによって、時には「見えないもの」までをも明るみに出してしまう存在とも言えるかも知れない。ならば、こうして撮影された家族の記録が、家屋内の一隅に掲げられたり、あるいは古いアルバムの一ページを飾ったりして、新年や法事など一族の集まりの折に家族の目に触れるとき、それは、見る人々に向けて撮影時点では語られなかったもの、つまり「見えないもの」をも語り告げてしまうことも有り得るのではないか。たとえば、わが一族の輪郭と範囲を自覚すること、そして、そのアイデンティティを堅くすることなど、撮影時の写真家が、さりげなく一葉の写真にしのばせた意味が、その背後から迫り出してきてそこに集う人たちを捉えるのである。たとえば、そのとき、子どもや新婚の妻女などは、その写真を見上げることで「わが一族」を確認し、同一の根から派生した血縁の連環に心を捉えられ呪縛されさえもする。そして、そのなかに自分も含まれていることを確認して、「一族のなかのわたし」という自覚を堅くさせられるのである。このとき写真術は、その技術力のゆえに、巧まずして各個人と家族のなかに入り込み、「家族意識」の強化に貢献してしまうことになる。人々は、こうして、各人の内部に種蒔かれていた「家族主義的心性」を惑いもなく受け入れ、子どもたちもまた、「家族の一部としての自分」を受け止めていったのではなかったか。子どもが中央に抱かれたこれら写真に、「子ども観」にまして「家族観」の変貌が見られるとするのは、この所以に他ならない。

とすれば、それは、図らずも、明治国家が国民国家の創設のために、「個人」にまして「家」と「家族」を中心化しその強化を願った国策と一致することになる。そのゆえに、家族写真の盛況を捉えて、それは、各家庭に入り込んだ「近代」の象徴であると見なし、その背後に、個別家族のなかに割って入った「国家の意志」を透かして見ることも可能である。このとき、私どもは、気づかされよう、現在まで連綿と続く「家族写真」の流れと、そこに託された深層に潜む「家族国家」への意志を……。すなわち、年々変わることなく新春の新聞紙上を飾る「天皇一家の写真」がそれである。「竹の園生の御栄え」と題され、さながら直視を憚られるほどの高貴な像として表現された第二次大戦までのそれと、「天皇ご一家」と題され、中老の夫婦を囲む子どもと孫の一家団欒風景として発表される現在のそれとは、命名にもカメラワークにも体制変革の名残が濃厚であるが、しかし、意味されるものは変わらぬ「家族主義」であり、「家族を基盤とする国民国家」への憧憬なのである。

ところで、ものごとは常に両義的である。同じ写真技術が、子どもに対して、彼ら自身の周縁性を自覚させるきっかけとなることがあるのだ。端的な例が、学校の集合写真であろう。新学期などに撮影される集合写真で、中央に坐るのは常に校長でありあるいは担任の教師であった。子どもたちは、その周囲に身長順に並べられて新学年の学級風景の演出者となる。家庭内では大切そうに中心に位置させられた子どもたちは、一歩外へ出るなら、結局、社会は大人中心、子どもなど所詮周縁に位置させられる取るに足りない存在であると意識させられることになる。社会の近代化に由来する「近代家族」が、夫婦と子どもを単位とし、さながら、「子ども」抜きには成立不能の感をもって迎えられたのを受けて、新たに導入された写真技術は、撮影という手法でそれを見事に表現して見せた。しかし、一方では、その記録性のゆえに学校教育と出会うのだが、その際は学校教育は教師を中心とする場に他ならず、「子ども」などは到底その中心ではあり得ないことを率直に告げて見せているではないか。写真の記録性が子ども世界と遭遇したとき、はからずも露呈してしまったのは、「子ども」なるものに寄せられるこの両義的な二筋のまなざしであった。

### 「漫画」という新興ツール

漫画の盛衰について、仮にその端緒を十二世紀の絵巻物『鳥獣戯画』にまで遡るとすれば、それなりに長い歩みの跡を辿ることが必要とされよう。しかし、ここでは、二十世紀の子ども世界を席捲した「マンガ」、片仮名書きによって差異化を宣言しているそれら膨大な出版物の群れに焦点を当て、そのコミュニケーション上における位置と意味について考えることを試みたい。なぜなら、マンガは、他のいずれの印刷物にもまして、子ども―大人関係を考える上の優れて有効な指標となるからである。

二十世紀後半に出現したマンガは、扱われるテーマの意外性とそれを支える特有の表現によって、「子どもと若者」だけに、「真実の読み手」という特権を付与した。そして、彼らと、読解困難を嘆く大人たちとの間に、明瞭な一線を引くことを試みている。すなわち、新登場でありながら見る間に増殖したこの媒体は、両者を、「マンガの読める子ども・若者」と「マンガの分からない大人」という二つの群れに分断したのである。結果として、大人―子ども間のコミュニケーションは断絶の色をより深め、両者の溝はいよいよ深まることになる。

現代マンガの祖として、岡本一平を、そして子どもマンガの場合は、田河水泡という、この両名の名を挙げることは極めて正統的な選択と言い得る。岡本は、新聞ジャーナリズムと結託するというその近代性において、一方の田河は、少年読者たちの熱愛によって掲載誌『少年倶楽部』の売上げを伸ばしたというコマーシャリズムにおいて、ともにマンガ界に一大エポックを築き上げた作家としてその功績を称えられるからである。

しかし、第二次大戦後のマンガ界は、手塚治虫という比類なき思索者・表現者を与えられている。彼の出現によってマンガは、子どもや若者の世界で従来とは異なる特別の地位を与えられ、あたかも彼らの「聖典」であるかのように畏敬と愛情を以て扱われるようになった。また、彼に憧れてマンガ家を志す若者たちの輩出は、マンガが、人生を賭けるに値する真摯な営みとして多くの若い人たちの視界に浮上してきたことを物語るだろう。マンガは、従来の軽い娯楽読物としての扱いから逃れて、新興の文化的ジャンルとしてその地位を確保してしまったのである。

かつて、子どもたちが田河水泡の『のらくろ』シリーズに熱中したとき、大人たちは、作品に流れる没思想的でシンプルな主張のゆえに、さながら水の泡のように丸く愛らしい画像のゆえに、とりたてて咎め立てすることなくおおらかに推移を見守ることができた。「所詮はマンガ、その熱中は一時的なものに過ぎない」と、高をくくって見ていたということも可能だろうか。そして、手塚マンガが登場し、子どもたちが、『ジャングル大帝』や『鉄腕アトム』に異常なまでの熱愛を捧げたときも、大人たちは、そこに流れる「正義」や「人間性」という崇高な価値観をよりどころとしつつ、子どもの好むマンガではあるが、悪とのみは断定し難い「珍種の良貨」として寛容に対したのだった。

何しろ「アトム」と名付けられたその主人公は、昭和二七年（一九五二）に手塚治虫が、雑誌『少年』のページを借りて世に送り出したヒーローであった。彼は、交通事故死した愛児を忘れられぬ科学者の父親によって、等身大のロボットとして造られていた。「最愛の忘れ形見」の創出、それだけで、世の親たちの心の琴線に触れる誕生の仕方である。それに加えて、丸みを帯びた愛らしい線で囲まれた手塚流の肢体の輪郭と、地球救済のために献身するパセティックなストーリーは、親たちの涙腺をも刺激して、アトム愛好家はマンガ好きの子どもの群れを超えてより広範な世代へと拡散していった。

したがって、マンガへの批判は、先ず、誌上に跳梁しブラウン管に写し出されたマンガそのものではなく、それによって惹起された波及現象に対して起こった。先にも触れたが、それは、マンガ人気を商品の付加価値に利用した販売戦略と、それに即応して付和雷同する子どもへの苦言である。たとえば、『キン肉マン』人気に便乗した「キン肉マン消しゴム」の大量消費、「アトムシール」がほしいための明治チョコレートの見境のない購入など、付加されたキャラクター人気のゆえに、不要な商品を購入し時には捨ててしまったりもする子どもたちへの不信感であり、それを利用する販売戦略への批判であった。

しかし、ほどなく、大人たちは、マンガ文化そのものに対して、違和感と不審の念を突き付けることになる。何しろそれは、瞬時を置かずして子ども世界を制覇し、圧倒的な支配力を行使し始めたのだから。団塊の世代と呼ばれたベビー・ブーマーたちの成長とともに、「大学生がマンガを読む」時代が訪れ、「マンガ」とは、所詮本格的な読書が始まる前の一過性の文化財と見くびっていた親たちを愕然とさせたのである。

大学紛争時にバリケード内に立てこもった学生闘士が、マンガ週刊誌を手放さなかったというエピソードは、大人たちを呆れさせ、理解不能に陥らせた。曲がりなりにもマルクスを読むほどの知性の持主が、同時にマンガ・ジャーナルの愛読者であるとは……。青春の読書とは、人生を思索し世界観を構築するための教養書でなければならぬ、とそう思い定めていた親世代にとって、いつまでもマンガにうつつを抜かす大学生の姿など、理解の域を超えていてただ呆れ果てるばかり……。

「右手にジャーナル（『朝日ジャーナル』のこと）、左手にマガジン（『週刊少年マガジン』のこと）」などと、紛争中の大学生を評するフレーズが流行語のように巷に流れた。学問の世界の旧い体質に異を唱え、大学解体と教授陣の自己批判を迫る生意気な彼らが、その実、「マンガ愛好者」であったとは……。そこには、新奇な事態への戸惑いと驚きと、同時に、従来、低級と見なされていた「マンガ」を愛読する若者へのさげすみが含まれていたことだろう。とすれば、若者たちのマンガ愛好と、彼らの世界でマンガに託された新しい価値観が、子ども・若者と親世代の両者の相互不信とコミュニケーション断絶の始まる第一波だったと言えるかも知れない。

両者間に生じたこの断絶に、拍車をかけたのは続いて起こったマンガの質的変化である。マンガの主流が、一般少年誌に掲載される作品群から、貸本屋や新興マンガ週刊誌の目玉作品となった「劇画」に座を譲ったとき、さらに、一方で少女マンガ・ブームが起こったことで、大人世代との交信不能は決定的となった。「マンガに抵抗の思想を持ち込んだ」と言われた特異なテーマと、さながら映画のコマ割りのように一つのシーンを微細に映像化する劇画の手法とは、大人世代のマンガ観を覆してあまりあるものであった。また、「マンガで詩を紡ぐ」と言われた少女マンガは、その絵と言葉の精妙な組合わせにおいて、とかく筋を追い散文的に理解しようとする大人たちの読解の外におかれた。若い世代への接近を求めて、それら人気マンガを手にするとき、容易に読み進むことのできない自分たちへの苛立ちと、この奇態なものにのめりこんでいる彼らへの不信感で、大人たちは絶望させられたことだろう。マンガの読解に関してなら、若い世代は、軽々と先行世代を凌駕していたのである。

新しいコミュニケーション・ツールとしてのマンガは、子どもや若者の同世代間と親や教師という異世代間で、「連帯」と「分断」という相反する機能を発揮した。そして、マンガとテレビとの結託が深まり、マンガのキャラクターが、あるいはストーリーが、ブラウン管を駆け抜けて茶の間に躍り出たとき、その機能はますます強化された。アニメ化されたマンガ作品に、大人の視聴者から囂々《ごうごう》の非難が寄せられた例も枚挙に暇がない。いわく、下品な言葉を子どもたちが模倣する、いわく、残酷な戦闘シーンは子どもの攻撃性を増幅する、いわく、性的に誇張された映像肢体は、子どものエロチシズムを刺激する、などなど……。さらに、マンガを原作とするドラマが、テレビドラマの主流と化している今日、子どもと大人、というよりマンガ的世界観を受け入れ可能な人々と、それを不可能とする人々との断絶というべきだろうか、その裂け目は、繕われようもなくますます深まり続けていると言い得るように思われる。

いま、題材をマンガに求めたテレビドラマが、ブラウン管を通じて茶の間に浸透し、子どもたちの共感を得て視聴率を獲得している。現在は、テレビドラマ専門の放送作家が育ちにくいとされていて、才能ある若手は、どうやら発表の場をマンガ誌上に求めるらしい。したがって、人気マンガに材を求める動きが加速化ということになるのだが、それは、テレビ界にとって何を意味するのだろうか。視聴率に一喜一憂し、あまりにも近視眼的に動く業界の方針が作家を育て得ず、他分野のヒット作品を活用することで難を凌ぐということであれば、テレビ界の先行きは明るくない。そして同時に、マンガが、若者向け大衆文化のバロメーターとして不動の位置を占めてしまったことに時代の意志を読まねばなるまい。

## 三　宙を飛ぶメディア・ツール

### 創設期の電話と子どもの世界

アレクサンダー・グラハム・ベルによる電話の開発は、周知のように一八七六年のことであった。その以前に、新しい情報ツールとしては、「電信」が登場していた。電信は、人間の言葉を文章体の言語に置き換え、それを一定の約束に従った符号で送信することで、遠隔地域相互の瞬時のコミュニケーションを可能にした。交信に費やされる時間は通常の郵便による送信とは比較にならないほど短縮され、郵便なら一両日を要するであろう情報内容を、つかの間に相手に送り届ける手段であったから、それは、暮らしのなかの距離と、距離に比例する時間とのいずれをも短縮して、時間と空間の観念を更改させることに貢献しさえしたのだった。

にもかかわらず、電話は、それらとも、截然と一線を画した。何しろ、それまでに開発された情報ツールのように、伝えるべき内容を文字や図像などの記号に変換して、それを相手に送り届けるのではなく、電話機の前に人間の身体を向かい合わせ、両者の肉声を電波に乗せることで、隔たった両者間の即時的な情報交換を可能としたのであった。その結果、両者の間には、いま情報を送りつつあるAと、いまそれを受けつつあるBという形で、抜き差しならない相互関係が生まれる。電話機に媒介されて、時々刻々成立し続ける相互連携を、時々刻々促し続けるものとしての電話……。より極端な言い方をするなら、それは、向かい合う両者がそれぞれ自身の肉体の部分を切り取って電波に乗せ、先方に送り届けるとでもいうような新しい交信関係の出現であった。電話は、先行メディアたる電信にもまして、時間と空間をより即時的に飛び越えたのである。

しかも、初期の電話は、電話線の両端に位置する発信者と受信者二人の交信のように見えながら、その実、近隣一帯の集団に共有され得る交信であった。個人のプライバシーなどは、一顧だもされていないコミュニケーションの手法だったと言うこともできよう。なぜなら、それは、交換システムが未開発だったため、同一回線に複数の加入者が繋がるパーティ形式であって、誰か二人が会話しているとき他の誰かが受話器を取るなら、二人の会話がすべて聞こえてしまう方式だったからである。吉見俊哉の言を借りれば、それは「地域に散在する個人や集団を一つの多岐的なコミュニケーション空間のなかに接続し、混在させてしまう井戸端会議的なメディアだった」ということになろうか。

わが国の場合、電話は先ず軍隊や警察、官公庁や鉄道関係など、公共性の高い機関に設置された。新技術を駆使したコミュニケーション手段を、いち早くわがものにしようと意気込む国家意志が明瞭である。というのは、いまだ基盤の不確かな明治新政府の求心力を高めるべく、電信電話によって全地域を支配することを意図した戦略的装置と見ることが可能だからである。したがって、電話の普及が急激に増加する大正期以降も、一般家庭の利用率は低く、電話加入数が八〇万を超えた昭和九年（一九三四）に至っても、その大半は業務用であって個別家庭のためのコミュニケーション・ツールではなかった。

それに、一般家庭に設置される場合も、たとえば、国家的必要度の高いと見られる職業に従事する人の自宅や、職場で管理職などに昇進した人の自宅など、いずれも、緊急の用件に対処しなければならない機会に備えてのものであった。アメリカ合衆国の場合は、一九二〇年ころまでに中産階級の大半が家庭に電話を所有している。それに比して、わが国の場合は、電話線一本で即時通話可能なこの文明の利器も、久しい間、一般庶民とは無縁であり、その家庭に設置されることはなかった。

ところで、この時間と空間を短縮させるような文明の利器に対して、子どもたちは、それとどのようなかかわりを持ったのだろうか。役所や事業所などとは縁のない子どもたちが、電話と接触するのはどんな機会だったのだろう。先ず、子どもたちの耳目に入るのは、見えない相手と電話で交信する大人たちの姿だったろう。受話器を手にそこにいない相手と会話したり笑い合ったり、時にはお辞儀を繰り返したりする。大人たちのそんな姿は、いかにも斬新でただし不可思議、そのゆえに畏敬すべきものとすら見えたことだろう。また、先に触れたように個人宅に電話を引く家は、それなりに社会的経済的に相応のステータスの持主であったから、身近に見る身近な大人たちのその情景は、珍しさと同時に畏敬に値するものでもあった。「家には電話がある。父親は帰宅後も役所からの電話を受けて用事を果たす」など、恐らく、子ども仲間に自慢したくなるような光景であったろう。

また、子どもは、自宅には電話がなくとも、近隣の家にそれが引かれるという一大事件に遭遇することがある。近所の住民たちは、この文明の利器、新しく出現した驚異のコミュニケーション・ツールの恩恵に浴したいと、電話の持主に取次ぎを依頼したりした。遠くに住む人とのコミュニケーションが、時空を超えて声を伝えるこのメディア機器によって実行可能なのだということなら、自分たちも時間のかかる手紙ではなく、電話によるコミュニケーションに参加したいと願うわけである。電話普及以前に、電話機を自宅に設置した家の主は、しばしば、近隣者の依頼に応えて、「電話の取次ぎ」を引き受けることが多かった。そして、こんなとき、受信を伝える格好の伝令として、子どもが選ばれることがあった。そこで、選ばれた可憐な使者たちは、一刻も早くと小走りに急ぎ、「〇〇さん、電話でーす」と大声をあげて取次ぎの役目を果たすことになる。

恐らく、使者役を引き受けた子どもたちは、「電話」という先端技術のために幼いながら一役買っているという誇りに支えられ、他の用件に勝る独特の喜びに駆られつつ、忠実に胸を張りさえしてその役割を果たすのが常であった。途中で遊びほうけて、取次ぎを怠ったなどという例を聞くことがないのも、彼らに抱かれていたこの誇りと使命感のゆえではないか。一方、取り次いでもらった大人たちは、息せききった子どもの使者を前にして、「ご苦労さま」とその労をねぎらったであろうし、時には、飴玉の一つも手に握らせたかも知れない。

このとき、電話機器を中心に結ばれた近隣社会は、近代化とともに薄れかけていた地縁を復活させることに成功している。そして、地域共同体の崩壊と学校化社会への組み込みにあって、急激に地域との縁を失いかけていた子どもたちが、電話の取次ぎをさせられることによってはからずも地縁を復活させるのに一役買うことになった。そして、「いつも使いにくる礼儀正しい小学生は、誰某の孫だそうな」「このごろ、見かけなくなったあの子は、そういえば中学生になったから、帰りが遅いのだろう」などと地域の人々の噂のなかに子どもが登場してくる。電話の縁で結ばれたこの新しい共同体のなかに、こうして子どもが蘇り、改めて人々の関心を惹く存在になることができたのであった。

第二次大戦後、庶民層にまで電話が普及する。とりわけ、昭和四五年（一九七〇）以降の伸びは著しく、一九七三年には二世帯に一台の割合で設置が進み、その目覚ましい普及の仕方には目を峙《そばだ》たせるものがあった（表18）。ところで、こうして、個人電話が普及したことで、電話が創設の初期に担っていた「取次ぎ」の機能は不要となり、電話機器を中心に結ばれていた近隣共同体はあっけなく解体の憂き目に遭う。当然のことながら、取次ぎの使者としての子どもの役目も終わったのであった。

### 電話の居場所──玄関から居間へ、そして個室へ

各戸に電話が普及したことにより、電話連絡によって形成された近隣共同体は解体し、その代わりのように、電話機器を媒介とした家庭構成員と外部との情報網が成立して、同時に、一見相反するかに見えるが家族内の情報も共有されることになった。しかし、それは、家屋内の電話機器の置き場所が変わるにつれて変化を遂げ、形成されはしたがほどなく消える運命のネットワークであり、情報の共有のされ方であった。

家庭内に電話が導入された当初、それは、しばしば、玄関におかれた。このことに関して、玄関が家屋の内外を隔てると同時にそれを繋ぐ場所でもあることを考えるなら、そこは、まさしく「電話」の置き場所としてふさわしかったと言えるのではないか。なぜなら、「電話」は、家の内に住

表 18　電話加入数（1993 年）

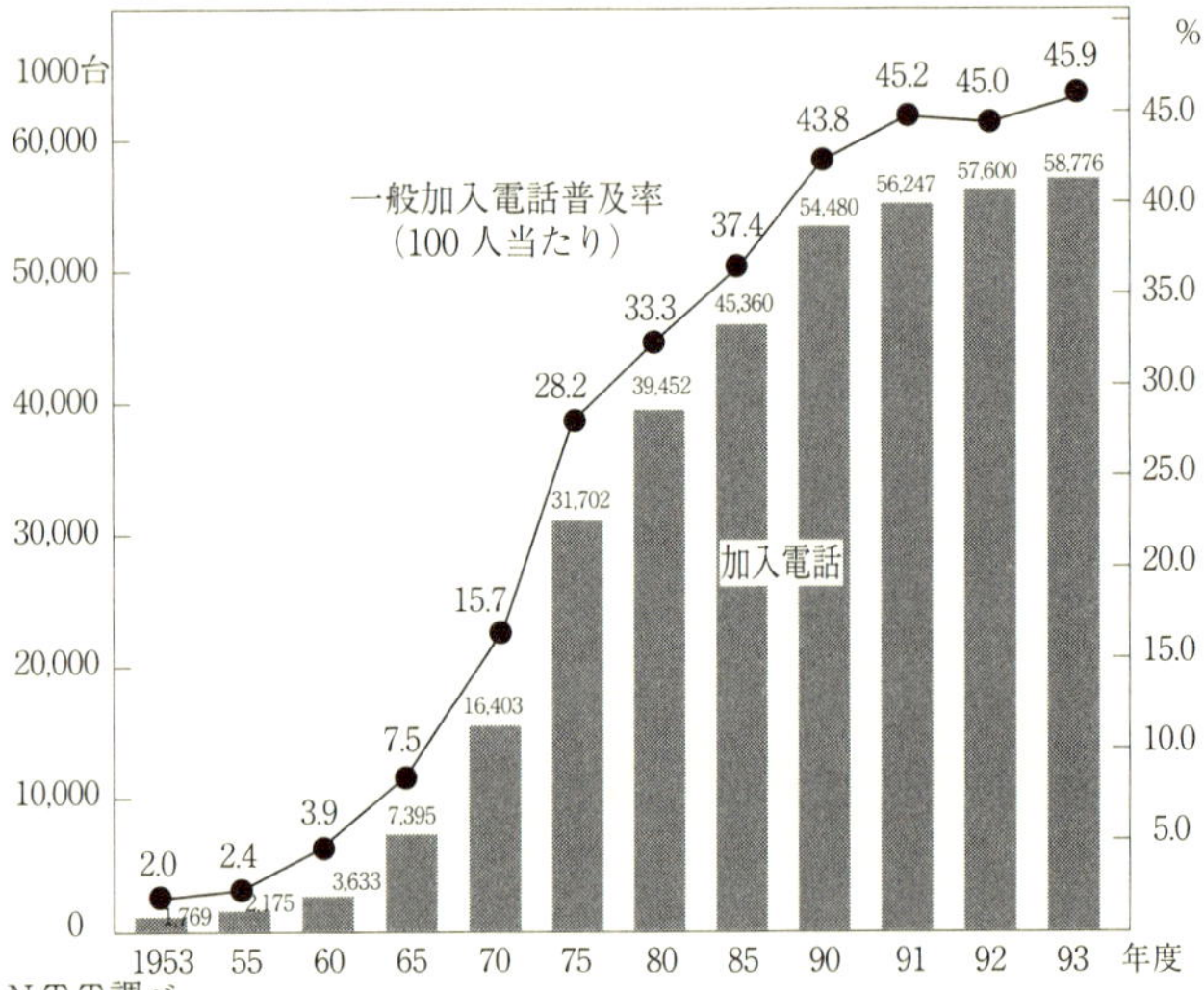


ＮＴＴ調べ

表 19　電話機台数と設置場所

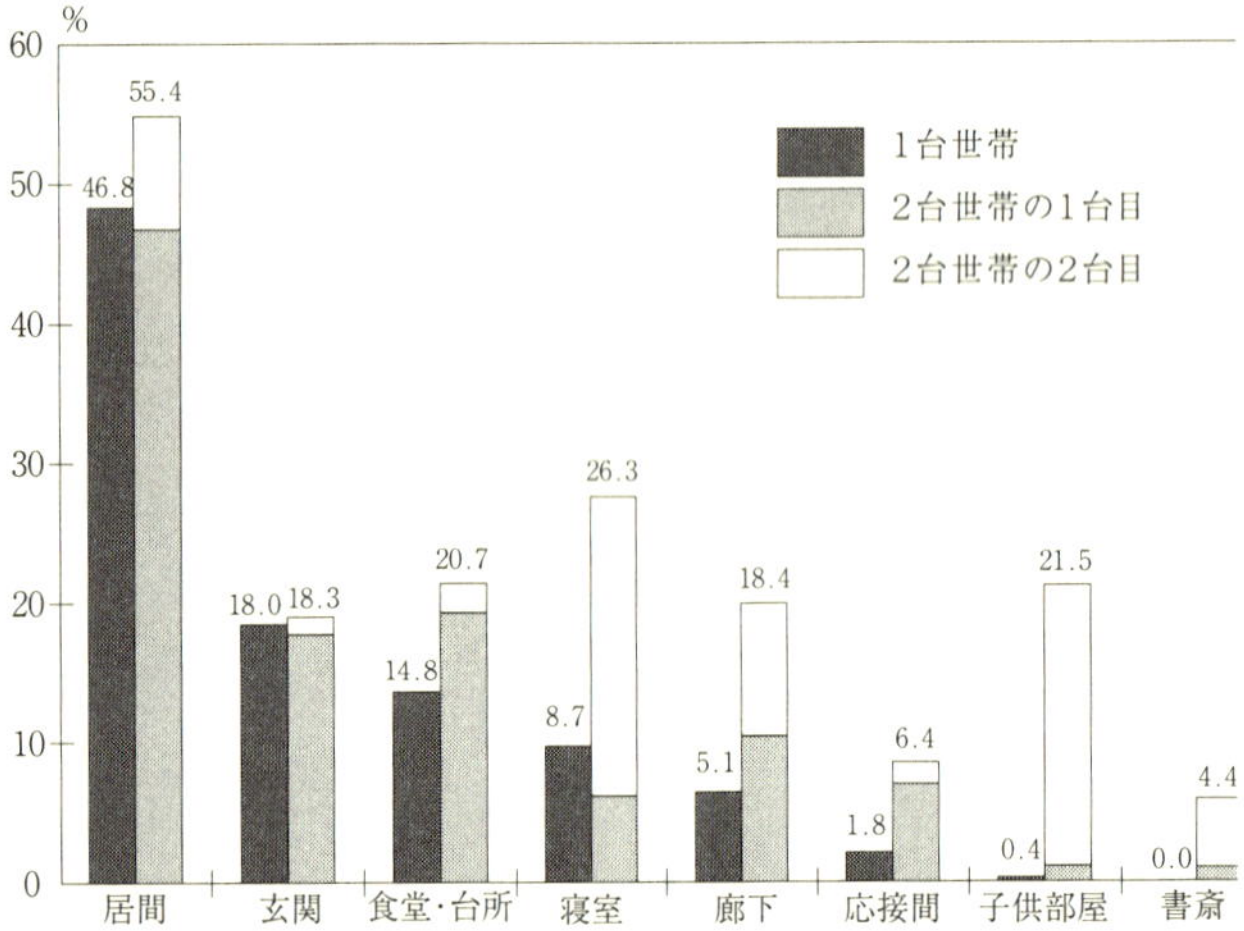


資料：『図説　日本人のテレコム生活 1991』ＮＴＴ出版、1991 年より吉見俊哉作成。

む人々と家の外の世界を繋ぐメディアであり、内部の人々を外部へと誘い出す「窓口」でもあったからである。確かに、コールサインに応じて受話器を取ったその人は、そこにはいない外部の誰かと交信を始めるのであり、その相手に関しては他の家族は概して知ることができない。つまり、交信の相手は、家庭内の他の人々の関与を拒んで、受話器に向かう彼だけが関係を結び得る外部の他者なのであり、家族の一人が受話器の彼方に向かって、「もしもし、僕○○ですけど」と語り始めるとき、その彼は、身近にいながら家族の一員であるにまして、見も知らぬあちら側の仲間と情報を共有している。あえて言うなら、彼は、純粋の内部人ではなく、半内部で半外部の混血児として受話器を手にしているのである。そのゆえに、玄関に置かれた電話機とは、交信する人たちを内部から外部へとおびき出し、彼を内でも外でもない「境界」の住人へと変化させ、彼自身の所属を曖昧化する奇妙なしかけであった。

しかし、それでいて、玄関に置かれた電話機は、そこが居間から隔たった場所であることで、家族相互の連携を促すという奇妙な役目をも果たしている。たとえば、電話のベルが鳴ると、家族の誰かが立ち上がって取次ぎの役目を担わなければならないが、その役目は、概して主婦が担うものであった。したがって、ベルが鳴ると反射的に立ち上がって、電話機の置かれた場所まで出ていくのは主婦である場合が多い。そこで、彼女は、受話機ごしに受信者名を確かめ、「あなた、会社からお電話です」、あるいは「○○ちゃん、お友達からですよ」などと家族の誰かを呼び出すことになる。

結果として、取次ぎに出た彼女は、伝えられる情報の内容は把握し得ないながら、いま、家族内の誰某に電話をかけてきたのは誰某なのか、あるいは、その電話に誰が機嫌よく応じているかなど、情報の周辺にまつわる片々たる細部に関してはよく察知することができた。そして、時には、家庭の主管者に特有の「勘」を駆使して、いま家人の職場で何が起こっているのか、あるいは、わが子の親友は誰であるのか、など、おおまかにその周辺事情を把握することもでき得たのである。こうした状況の持つ意義について、当事者であった人たちは、恐らく、何ほどの自覚も持っていなかったかも知れないが、しかし、後に子機が開発され、さらには携帯の時代に入って、家族間の無意図的な情報共有路線が破壊されたとき、その意義が改めて意識化され、その喪失が惜しまれることになったのであった。

さて、「電話の居場所」に話題を戻せば、当初、玄関に置かれた電話機が、やがてリビングルームと呼ばれる居間や、ダイニングキッチンと呼ばれた食事室兼台所の周辺に置かれるようになり、以前にまして長いコードが付けられるようになった。受信者が居間に置かれた受話器を手に取り、居間の快適な住環境のなかで、たとえばソファに腰掛けたまま相手との応対を続けることが容易となったため、長々と気ままに会話し続けることも可能となり、同時に、会話はすべてそばにいる家族の者たちに共有されることになった。電話が用件を伝えるだけのものではなく、「おしゃべり」の道具となっていくのも、また、「長電話」をめぐって親子の間に葛藤が起こったりするのも、このころからであろう（表19）。

吉見俊哉は、電話が居間へと移動させられた経緯を取り上げ、それが「新たな家族間の摩擦」を生み出す過程について次のように考察している。「電話は、家族成員を直接、外部と接触させていくメディアであり、その際、電話をしている者と回線の向こう側にいる相手との間には、ある種の共同体が成立している」、そして、この光景こそが、「食堂や居間で本来〈成立しているべき〉ものとして自明化された家族の共同性を不安にさらすのである」と……。

長く長く延長していくコードは、電話応対をめぐって別の対応も可能とした。すなわち、受信者は、機器を抱えて自室に移動することができるようになったのである。自室に籠った彼らが、そこでどんなに長い会話を交わそうと、傍らにいる者たちに「長電話」を咎められることもなくなったし、他の家族たちに内容を聞かれることもない。電話機が家族の集いの象徴である「居間」に移動したことで、家族間の情報の共有を可能とし、同時に、延長コードが開発されたことで家族間の情報共有回路が破壊されたのである。

その結果、かつては、子どもの友人関係などを漠然とながら推測し得た母親も、わが子と交信相手との間を繋ぐ情報に関しては、いっさい、察知することができなくなっていく。そして、それに追い討ちをかけるように、子機が開発され携帯電話が普及して、この傾向はますます助長されていった。すなわち、電話機は、家族の所有物ではなく、所有者個々人のものとなっていったのであり、情報交換もまた、対話する個々人間のものとなって、コミュニケーションの主座は、パーソナル・コミュニケーションへと明け渡されることになる。

この動きを捉えて、「外部による内部の攪乱」であると見ることも可能であろう。当初、外部との出入り口である「玄関」に置かれて、外部情報との境界的役割を果たしていた電話が、「居間」に移し換えられて家族内部に入りこんだとき、「家族内摩擦」が発生し、また、「家族間の情報共有の遮断」という逆説的な事態も発生したからである。そして、改良に改良を重ねた電話機は、現在では、家族の共同性を破壊し、成員個々人を裸身で外部に引きずり出している。それは、従来的な意味での「家族」にとって、避けがたく恐るべき致命傷を与え始めたということができよう。

## パーソナル・コミュニケーションの時代

電話の発明からおおよそ一世紀の余を経た今世紀に、その主役の座が、屋内に設置された固定電話から、個々人が持ち運ぶ「携帯電話」へと移行している。携帯電話の台数は、「屋内の固定電話」を上回り、若い人たちなどは、「電話」と言えば「ケイタイ」のことを指すのだと感じるほどである。固定型の電話が「発信者優位の原則」に支えられ、そのゆえに「受信者の即時対応」を要求するものであったのに比し、携帯電話には、受信者に有利な諸機能が付加されていて、発信者と受信者の関係には、従来とは異なる変化が生じ始めている。

発信者は移動先あるいは移動中でも発信が可能であるし、一方の受信者は発信者の番号を確認したり、電源を切ることで直接対話を避け、メッセージだけはキープしておくという新手の対応も許されているから、従来の家屋内固定電話とは大きく異なり、受信者にも自己利益を守るための便宜が供されているということになろう。これまでの受信者は、ベルが鳴りさえすれば否応なしにメッセージの受け手とされてしまっていたのであり、一方の発信者は相手の都合も構わず、「いつでもどこでも」発信することが可能だったのだから。

この意味で、携帯電話は、それを持ち歩く発信者と受信者のいずれか一方に加担するのでなく、両者に寄り添って、双方のコミュニケーションを操作する。たとえば、発信者や受信者が移動を続ける場合はともに移動し、彼らの心が相手を受け入れたり拒んだりする場合はそれにも寄り添う。したがって、携帯電話は、さながら持ち歩く人の皮膚の一部と化したという比喩も、それなりに頷けると言えそうである。そして、こうした機能のゆえに、携帯電話の普及率は飛躍的に上昇し、平成七年（一九九五）には加入数が一〇〇〇万を突破した。以降、年間一〇〇〇万ずつ増加して、平成一二年（二〇〇〇）九月には人口比にして加入率が四八・六％に達している。恐らく、日本人の半数以上が携帯電話を所有していて、現在は、それがコミュニケーションの主要手段となりつつあると言うことができよう。

中村功は、携帯電話の普及状況を、三期に分け、その加入者の特色を考察している。「業務期」と命名された第一期（一九七五〜九五年）には、利用者は会社幹部や職人であり、自家用車などにそれが取り付けられるのは、一種のステータスシンボルであった。第二期（一九九五〜九九年）は「パーソナル期」と名付けられ、小型化した携帯電話機は若者層に大幅な浸透を見せる。そして、その後に訪れる「高度利用期」には、老いも若きも老人も子どももそれを持ち歩き、電話やEメールとして頻繁にそれを活用している。ちなみに、二〇〇六年の中学生対象のインタビューでは、「テレビよりも携帯が大切」と答える者の多さが、テレビ関係者を狼狽させたりした。この例が示すように、携帯電話は若者や子どもにとって不可欠の情報交換手段であり、そればかりか新知識や情報を収集する手段、さらには、携帯の機器を使って娯楽に興じることすらも可能な手段として、彼らの日常に不可欠の位置を占め、その暮らしを支えているのである。

表20　携帯電話・PHS使用者の意識・行動

（%）

| | | n | いつでもどこでも連絡できるという安心感がある | もち忘れると不安になる | 話したくないときは、電源を切ったり、留守番電話はマナーモードにしたくなる | もっているのに電話に出ないと気まずい、と思うことがある | 人と会っているときに、相手の知らない友だちからかかってくると相手に悪いと思う | 留守番電話やメールが来ていないか、よくチェックしてしまう | 相手にすぐ連絡がつかないとイライラする | 特にない | わからない | 複数回答計 |
|---|---|---|---|---|---|---|---|---|---|---|---|---|
| 年齢 | 12～14歳 | 106 | 69.8 | 23.6 | 15.1 | 12.3 | 12.3 | 41.5 | 14.2 | 11.3 | 2.8 | 202.8 |
| | 15～17歳 | 379 | 74.1 | 45.1 | 20.8 | 19.8 | 21.4 | 40.9 | 18.2 | 6.3 | 1.6 | 248.3 |
| | 18～22歳 | 768 | 79.6 | 50.5 | 22.9 | 20.3 | 24.1 | 39.2 | 21.9 | 5.2 | 0.4 | 264.1 |
| | 23～30歳 | 1,426 | 79.7 | 41.2 | 21.4 | 13.9 | 21.2 | 29.2 | 19.0 | 6.7 | 0.4 | 232.7 |
| 性・年齢 | 男性（計） | 1,185 | 75.4 | 39.7 | 19.2 | 17.9 | 17.5 | 30.0 | 19.4 | 8.4 | 0.8 | 228.4 |
| | 12～14歳 | 38 | 68.4 | 21.1 | 13.2 | 15.8 | 10.5 | 28.9 | 7.9 | 13.2 | 7.9 | 186.8 |
| | 15～17歳 | 161 | 72.0 | 36.6 | 19.3 | 19.3 | 15.5 | 40.4 | 11.8 | 7.5 | 1.9 | 224.2 |
| | 18～22歳 | 364 | 76.4 | 46.2 | 19.8 | 18.7 | 19.2 | 36.8 | 22.5 | 7.7 | 0.5 | 247.8 |
| | 23～30歳 | 622 | 76.0 | 37.9 | 19.3 | 17.2 | 17.4 | 23.3 | 20.3 | 8.8 | 0.3 | 220.6 |
| | 女性（計） | 1,494 | 80.9 | 46.9 | 23.3 | 15.4 | 25.1 | 37.6 | 19.6 | 4.8 | 0.5 | 254.1 |
| | 12～14歳 | 68 | 70.6 | 25.0 | 16.2 | 10.3 | 13.2 | 48.5 | 17.6 | 10.3 | — | 211.8 |
| | 15～17歳 | 218 | 75.7 | 51.4 | 22.0 | 20.2 | 25.7 | 41.3 | 22.9 | 5.5 | 1.4 | 266.1 |
| | 18～22歳 | 404 | 82.4 | 54.5 | 25.7 | 21.8 | 28.5 | 41.3 | 21.3 | 3.0 | 0.2 | 278.7 |
| | 23～30歳 | 804 | 82.5 | 43.8 | 23.0 | 11.3 | 24.3 | 33.8 | 18.0 | 3.0 | 0.4 | 242.0 |

（複数回答）

注）「次のようなことについては、あなたはどうでしょうか。あると思うものをいくつでもあげてください。」という問いに対する回答。
資料：内閣府「第4回情報化社会と青少年に関する調査」平成14年。

携帯電話の普及が、特にそれを促した若者世代のコミュニケーション状況と人間関係を、大幅に変化させたとは既に周知の言説である。たとえば、携帯の普及によって、コミュニケーション状況の「ポータブル化」と「パーソナル化」が生じたとは川浦康至の指摘であった。かつて、電話連絡は、「電話のある場所」に身をおくことでのみ、可能となる方法であった。電話のある場所から距離を置いてしまえば、その人は、所在不明・連絡不能と化すから、あえて「身を隠す」

表21　携帯電話・ＰＨＳ利用の選択性

（%）

| | | n | 受信するときは相手を選んで通話する | 相手のわからない電話（発信者表示で相手のわからない電話）には、出ない | 話したくないときは、電波が悪いと言い訳して電話を切る | 居る場所を隠したり、うそをついたりすることがある | なるべく通話ではなくてメールなどの文字通信を使ってやりとりする | この中にはない | 複数回答計 |
|---|---|---|---|---|---|---|---|---|---|
| 年齢 | 12～14歳 | 106 | 27.4 | 38.7 | 12.3 | 5.7 | 58.5 | 17.9 | 160.4 |
| | 15～17歳 | 379 | 20.8 | 43.5 | 9.2 | 9.5 | 52.2 | 16.9 | 152.2 |
| | 18～22歳 | 768 | 32.7 | 46.7 | 10.3 | 12.5 | 32.7 | 20.8 | 155.7 |
| | 23～30歳 | 1,426 | 33.7 | 50.4 | 8.4 | 7.4 | 20.3 | 25.6 | 145.8 |
| 性・年齢 | 男性（計） | 1.185 | 28.9 | 40.6 | 8.9 | 10.4 | 23.6 | 29.2 | 141.6 |
| | 12～14歳 | 38 | 18.4 | 26.3 | 10.5 | 5.3 | 47.4 | 36.8 | 144.7 |
| | 15～17歳 | 161 | 19.3 | 39.1 | 9.9 | 8.1 | 52.2 | 18.0 | 146.6 |
| | 18～22歳 | 364 | 31.0 | 39.6 | 10.2 | 14.3 | 31.6 | 25.3 | 151.9 |
| | 23～30歳 | 622 | 30.7 | 42.4 | 7.9 | 9.0 | 10.1 | 33.9 | 134.1 |
| | 女性（計） | 1,494 | 33.3 | 53.7 | 9.4 | 8.0 | 34.9 | 17.5 | 156.9 |
| | 12～14歳 | 68 | 32.4 | 45.6 | 13.2 | 5.9 | 64.7 | 7.4 | 169.1 |
| | 15～17歳 | 218 | 22.0 | 46.8 | 8.7 | 10.6 | 52.3 | 16.1 | 156.4 |
| | 18～22歳 | 404 | 34.2 | 53.2 | 10.4 | 10.9 | 33.7 | 16.8 | 159.2 |
| | 23～30歳 | 804 | 35.9 | 56.6 | 8.8 | 6.1 | 28.2 | 19.2 | 154.9 |

（複数回答）

注）「携帯電話やＰＨＳを使っていて、あなたは次のようなことをしていますか。あてはまるものをすべてあげてください。」という問いに対する回答。

資料：内閣府「第４回情報化社会と青少年に関する調査」平成14年。

必要がなければ、「今日はどこそこに行く」と自身の居場所を明らかにしておくのが常識的な身の処し方であった。しかし、携帯は所有者の身体に密着していてともに移動する機器であるため、連絡が容易であるという「安心感」を生じさせ、かつてのように行き先を告げて外出するという行為は、必ずしも必要ではなくなっている。しかし、他方では、連絡の簡便さもあって、些細な用件でも伝達してしまうという傾向も現われてくる（表20）。ただし、先述のように、携帯の所有者が

「番号を秘す」「電源を切る」などの方法によって、それら些細で雑多なメッセージを拒否することができるから、他者との交信を恣意的に操作することも容易となったのである。要するに、携帯電話は、「どこかにいる」「既知あるいは未知の誰とでも」簡単に人間関係を結ぶことができる代わりに、「いつでも」「誰とでも」関係を終わらせることも容易となったのである。これらの現象を捉えて、携帯は、コミュニケーションの閾値を下げ、それと同時に、人間関係の閾値をも下げつつあるという指摘も行なわれている（表21）。

さらには、言葉が「軽くなり」人間関係も「厚みを失った」と、言葉と人間関係の両者の軽量化を憂える声も聞かれる。なぜなら、携帯によるコミュニケーションの手軽さと個人性は、従来ならコミュニケーションの次元には乗り得ず、他者の耳に届ける必要もないことがらをも、簡単に相手の許に送り込んでしまう傾向を示すのだから。たとえば、「いま、何してる」「今夜は何を食べよう」など、取るに足りないことがらまで、軽い指先の操作に委ねてしまうことも珍しくないだろう。「閾値の低下」あるいは、コミュニケーションの「軽量化」とは、こうした事態に向けられた指摘なのである。

携帯電話が日常の「家族生活」に与える影響として、次のように相反する二つの面が指摘されている。すなわち、一抹の不安とともに語られるのが「家族の個別化」であり、他方、新しい利点として強調されるのは「家族の結束」である。一見、相反するかに見えるこの両説は、実証的なデータは別として、双方とも一応の説得力を持った指摘ではある。なぜなら、携帯電話によるコミュニケーションが極めて個人的であるゆえをもって、家族の構成員それぞれがお互いの交友関係を知ることができないということ、すなわち、同じ家に住み同じ空気を呼吸しながらも、家族内の誰が外部の誰と交際しているのかを他の家族成員が関知し得ないという状況が生じるのである。また、一方では、「いつでも」「どこでも」という便利さが活用されて家族相互の連絡交信が密になり、「いまどこにいて」「誰と何をしているか」を確かめ合うことが可能となるため、携帯による連絡を介して「家族の結束」が強化されると見ることもできよう。こうして、「個別化」と「結束」という、一見矛盾しているかに見える現象が、家族内に同時に起こり得る可能性があるということになる。

幼い子どもにも、携帯を持たせる親が増加している。これは、携帯の持つ「結束の強化」という後者の性格の応用態であり、「家族間の連絡が容易」となり、お互いの「安全を確かめ合える」という機能がフルに活用されている形と言い得よう。しかし、このことは、同時に、大人が機器の助けを借りて、子どもの言動を常に「監視下に置く」ことにもなり、また、子どもとのかかわりが「直接的・身体的」なレベルから、機器を介した「間接的・道具媒介的」な方向へと、徐々に徐々に移行していく変化を示すものでもある。

しかも、携帯を通じてなされる大人から子どもへのコミュニケーションは、とかく一方的な指示・命令に終始するという傾向が生まれやすい。なぜなら、携帯電話によって親子の間でメールが交換されるとき、それは、子ども同士あるいは大人の友人同士で交わされる無駄な「おしゃべり」とは異なり、言葉や文章が簡潔にまとめられて用件だけが伝えられるという傾向があるからである。「じゃあ、これから三〇分で帰っていらっしゃい」「ママは出掛けるから、管理人さんに鍵を開けてもらいなさい」などのように……。親子のコミュニケーションの多くが、一方向に流れる命令や指示であるという、このことは、現代の親子関係の変化を考えるにあたって、忘れてはならない新しい視点の一つであると思われる。

携帯から聞こえてくる家人の声が、一方的な命令や指示に終始する。そのとき、受信者たる下校途中の子どもは、いま帰ろうとしているわが家が、無前提に自分を迎え入れてくれる場所ではなく、予め通達された幾つかのことがらを守るべき場所であることを確認させられてしまうかも知れない。子どもと大人の関係が、向き合って目を見交わすものではなく、また、互いの息遣いを身近に感じながら肉声と肉声を交わし合うものでもなくなって、機器を媒介にした命令し指示する者とそれを受け取る者とに変わったとき、近未来の子ども－大人関係はどのような様相を呈するのだろうか。そして、その変化に対して、私たちにはどのような展望が可能なのだろうか。

## チャンネル権の占有と子ども－大人間の懸隔

テレビの出現が、子どもの世界に大規模な転換をもたらしたとは、既に周知の言説である。この転換とそれに伴う変化に関しては、現象面で把握し得る限りのことがらが既に様々に報告されている。たとえば、彼らが実体験を通して獲得する知識情報にましてバーチャルな体験とそれによる情報量が過剰となり、結果として、子どもが世界と遭遇するときの全身的な感動が失われがちであること、あるいは、主たる娯楽源がテレビに求められる結果、戸外の遊びや読書の時間が減少したことなど、その弊害を指摘する声が様々に上げられているのである。さらには、子どもの犯す非行的言動をテレビ内容に帰す見解もあり、また、彼らの短絡的な凶行の原因までテレビに求めようとする立場もある。たとえば、子どもの異常な言動がメディアを賑わす度に、放映中のアニメやテレビドラマが批判の的となり、あるいは、ニュース報道の仕方にも非難の矛先が向けられるというように……。

しかし、それら巷に喧伝されるテレビの功罪に関しては、肯定に値する見解と根拠に乏しい通説の限界が、これまで試みられた調査研究によって既に指摘されてもいるので、ここではそれを繰り返すことはしない。ただ、一考に値する一、二の見解を引きつつ、現代におけるテレビ世代の問題を考えて見たいと思う。

テレビというメディアは、リアルに見える映像の放映によって、見る者に現実を写し出したものという感覚を持たせる。しかも、無藤隆が指摘するように、経過する時間をそのままになぞるのではなく「短縮」という技法を駆使することで、「現実にまして現実的」に情報を視聴者に受け取らせることに成功している。現実に起こったことのエッセンスを抽出し、それに基づいて映像が組み立てられているからと言うべきだろうか。たとえば、仮に火災現場に遭遇したとして、その場の実体験のおおよそは、人垣の彼方に遠巻きに燃え上がる炎を見続けるということであろう。しかし、テレビ画面を通して、炎上する家屋、消防士の活躍、救急車で運ばれる負傷者、さらに、火災終了後の焼け焦げた家の残骸を見せられるとき、視聴者の火災体験は、実体験にましてより生々しくリアルなものとなる。

テレビの前に坐る子どもたちは、「伝えられていること」は現実であると実感し、それでいて、同時に、「今ここで見ているのは映像である」ということも把握している。仮に視聴者が幼い子どもであっても、かなり早い時期にこの二重体験が可能となり、映像化された現実がバーチャルであると意識することができる。なぜなら、彼らは火災報道に脅えることはあっても、火を恐れてその場から逃げ出そうとはしないのだから。したがって、子どもと言えども、バーチャル体験とリアル体験の区別なしに両者を同一視するなどという俗説は、その非現実性を咎められてしかるべきであろう。

ただ、短縮された時間や可逆的な時間、あるいは、スローモーションの手法で引き伸ばされた時間など、人為的に操作される時間を体験しつつ成長することで、テレビ時代の子どもたちの時間感覚が変化していくであろうことは予測可能である。とすれば、日常生活のなかで実体験に必要な「経過する時間」の体験が欠如することは不可避なのだが、そのことを人間観や生命観の変化をもたらすものと見るとき、それは危惧に値すると言えるのではないか。

なぜなら、「生き物」としての人の生活には、とりわけその「成長」には、ゆっくりと「経過する時間」が必要であり、「産み育てる」とは、たっぷりと「経過する時間」を不可避の要件とする営みである。「経過する時間」の感覚を持たぬままに親となった人たちにとって、「子ども」とは、成人するまでに膨大な時間を必要とする厄介な存在であり、そのゆえに、「産み育てる」営みが不毛と見え徒労に思えたとしても無理からぬことと言うべきではないか。とすれば、テレビ世代のなかから、「産み育てる」ことを忌避する心性が胚胎し始めたと見るべきかも知れず、テレビとともに成長したことの功罪はこうしたところにも現われ始めていると言うべきかも知れない。

そこで、ここでは、子どものテレビ視聴にまつわる諸影響にもまして、テレビの出現によって生じた情報伝達の仕組みの変化に焦点を合わせ、それに起因する「子ども–大人関係」の変貌について考えてみよう。先述のように、活字文化が情報流通の主座に着いたことで、文字を習得し読解力に長けた年長者、家庭では一般に父親であるが、彼らが情報の主管者として子どもの前に立ち、知識情報の分配者としての役割を果たすようになった。目の前で、細かな活字で埋められた新聞や、挿絵のない難解そうな書物を読んで見せる大人は、過去に起こったこともいま起こりつつあることも、すべてに関して子どもよりも多量の情報を、子どもよりも早く入手することのできる人として位置づけられる。このことは、大人、とくに父親を、自分たちにとって不可欠の人、そして、尊敬に値する人として子どもたちの「見上げる高み」に押し上げることに役立ったのであった。

身分制度の崩壊に伴い、地位身分や家産の維持と譲渡に依拠して成り立っていた家父長の権威は崩壊せざるを得ない。とすれば、「家制度」の解体に伴う家父長の権威は、何によって維持されてきたのだろうか。家父長的存在者が辛うじてその権威を保持し得たのは、恐らく、次の二つの原因に負うものと考えられる。すなわち、その一因は、彼が生計を維持するための収入の取得者であったことであり、加えて、今一つの要因は、活字を通じて伝達される情報の主管・分配者の役割を占有し、妻子とは異なる地位にあったことではないか。

近代社会に固有とされる性別分業化は、男女の役割を、外で働いて収入を得る夫と家事に従事する専業の主婦とに分化させたとされるが、子どもにとって、父親とは、外で働いて家族の生計を維持すると同時に、情報を入手して家族に分配するという、かけがえのない人として暮らしの中心に位置していたのである。常に家にいて身辺の世話をしてくれる母親ほど身近で親しい存在ではないが、なくてはならぬ一家の守り手として子どもたちの尊崇の的だったはずであり、父親は、子どもたちの目に、実情以上に社会的に有能な働き手であり、また、知識を蓄え物の理に精通した年長者として尊敬に値する存在と映じたことだろう。とすれば、テレビの普及による情報収集形態の変化を、父権失墜の一因と見なすことも不当ではない。

そして、茶の間へのテレビの侵入が、チャンネル権を獲得した「子ども」を、知識情報の先取者として強者の地位に押し上げることに成功している。彼らは、以前とは比較にならない「物知り」となり、大人たちを当惑させ顰蹙させるのである。従来は、子どもには知らせたくない事件や、聞かせることが憚られる情報などは、大人の良識というフィルターを通して選別され、そこを通過したものだけが子どもの手元まで送り届けられていた。しかし、テレビ時代の子どもたちは、チャンネルを回しさえすれば、自身の好む世界を呼び出して思いのままにそれを堪能することができる。一例を挙げれば、新しいメディアは、常に「性」を組み込むことで活気を保ってきたと言われるが、テレビというメディアも例外ではなく、番組の活性化のために「性」を多様に位置づけ、視聴者の興味を惹きつけるべく工夫し、時には猟奇的な好奇心を煽り立てることさえためらおうとしない。結果として、テレビの前に坐る子どもたちの視野には、「性」を表現する諸映像が従来にまして生々しく飛び込んできて、彼らの視線を釘付けすることになる。あまりにも露出的で、従来的なモラル感覚に反する性表現に驚き、それらへの禁止や規制を訴える大人の声が後を断たないのも、このゆえに無理からぬことと言うべきだろうか。

画面に頻出する「性」の表現は、子どもと大人の間の亀裂を広げる一因としても機能する。たとえば、ある民放局が、女子中学生の妊娠をテーマとしたドラマを作成した。すると、放映開始以前から、当該テレビ局に続々と寄せられたのは、予告を見て危機感を抱いた大人たちからの批判的見解であった。「子どもに悪影響を与える」「寝た子を起こすな」などという理由で、「放映中止」を求める声すら跡を断たなかったほどである。

ところで、放映が始まると興味深い現象が生じた。ドラマの主人公と同年齢の中学生たちの多くが、このドラマを肯定し熱心に視聴して熱い共感を寄せたのである。「もし、こんな事態に立ち至ったら、自分ならどうするか」「子どもが生まれるとは、こんなにも重大なことだとしたら、性の問題は軽々しく考えるべきではない」などと、ドラマの重いテーマと深刻な展開に対して、自身に引きつけつつ極めて真摯に向き合ったのである。テレビは、「性モラル」の閾値を下げ続けてきたと言われる。しかし、テレビとともに成長してきた子どもたちは、テレビの提供する「性」のテーマに自分たちなりに対応し、大人たちの心配を杞憂と化す賢さを身につけてしまっていると言うことらしい。

しかも、テレビは、視聴者に対して、同じ番組を共有させ、そのことによって、地域を越えたバーチャルな「共同体」を形成させてしまう。子どもたちは、子どもの熱中する番組を共有することで、多くの場合、大人たちの入り込みにくい共同体の構成員となり、水平に広がる「テレビ共同体」の一員としてその連帯を強化しつつ、大人とは隔てられた自分たちの世界を享受することになる。「大人の知らないこと」「大人が面白がらないこと」を、ともに享受し得る仲間たち、それを全国各地域に持つことで、子ども同士の靭帯が強化されるのである。それに比して、他方、子ども―

大人間の懸隔はますますの広がりを見せることになる。テレビは情報の収集と蓄積に関して、かつて存在した垂直の関係、すなわち、「年長者から子どもへ」という関係を解体し、「仲間から仲間へ」という水平の関係を強化しているのである。

## コンピュータの進出と拡散する子ども世界

コンピュータの進出は、子ども－大人間に生じたこの懸隔をより広く深いものとし、「子どもが理解できない」という大人の嘆きは、ますますの増幅を見せつつ現在に至っている。現象的に捉えるなら、紙に記された文字こそをコミュニケーションの主流として生きてきた世代に対して、紙上の文字もパソコンや携帯の画面に現われては消えるコンピュータ文字も、あるいは、メッセージを発信し続ける映像も、時には自動車や家屋などの「ものそのもの」も、すべてメディアとしてコミュニケーションの手段たり得ると見なす世代との間に、仮初《かりそめ》ならぬ懸隔が生じることは当然であろう。一方に、コンピュータの伝える情報に関しても、プリントアウト後に始めて受信を納得する世代が存在し、他方には、スピーディにディスプレー上ですべてを処理することのできる世代が存在する。紙上に固定された文字に依存する人々と、現われては消えるディスプレー上の記号によって情報キャッチが可能な人たちとの違い、この違いは決して小さくはない。

コンピュータをテクノロジーによる「人間の拡張」と捉えたのは、今や電子情報時代の古典とされているかに見えるが、予言者的情報学者のマクルーハンであった。たとえば、コンピュータは、地球と人工衛星との通信を可能にして人間を宇宙空間にまで拡張させたし、今後とも、身体移動では容易に到達不能な世界との交信を可能としつつ、コミュニケーション域を飛躍的に拡張させていくに相違ない。彼の「拡張原理」は、こうした比較的分かり易い説明とともに紹介され、一時、情報を語る人たちの世界には、「マクルーハン旋風」が吹き荒れて全域が席捲されたかの感があった。

しかし、巷に喧伝された「人間拡張の原理」にもまして、マクルーハンによる「社会変容の理論」、すなわち、メディアを通して社会の変容を予見し、地球世界の辿る近未来のあり方を予見した理論にこそ、彼の真骨頂があるとするのは情報人類学者の奥野卓司であった。彼は、「電気メディアによって、人類は部族社会になる」というマクルーハンの主張を取り上げ、この視点からバーチャル時代の到来と社会の変容を予測しようと試みる。要するに、近未来においては、実在空間であるこの「社会」が電子ネットワーク上に構築された「バーチャルな社会」に変容していくとされる。そして、このバーチャルな社会こそがマクルーハンの指摘する「部族社会」に匹敵するとするのである。

工業社会を特色づけるものの一つに、「産業界と家庭の分離」が挙げられるが、やがてその「家庭の機能」も外在化が進み、家庭に固有の位置づけは喪失の一途をたどっている。たとえば、外食産業が勃興し、クリーニング業や既製服業が盛況を極め、さらには、託児業者が生まれ、介護や医療も外部に頼るなど、いずれも、かつて近代社会が家庭に仮託した生活機能のあれこれが、プロの業者の発生に伴って外注の方向へと推し進められることは想像に難くない。

さらに、コンピュータ時代が到来すると、「家庭」は従来の「家庭」の趣きを失って、さながら電子メディアの充満したオフィスのように変わり、職業に従事する人々も、必ずしも家庭外の仕事場に出掛けて行く必要性がなくなる。在宅業務などと呼ばれるものが盛んになると、「家庭」の「会社化」が起こるのである。そして、この変化のなかで、通称サラリーマンと呼ばれる「会社人」は、会社のデスクにもまして携帯機器を使用して「街中」あるいは「家庭」で仕事をするようになるから、「家庭」と「産業社会」、あるいは「私的空間」と「公共空間」という、二項定立的要素はその対立価値を喪失し、両者の境界は急速に曖昧化していくことになろう。

その結果、両者が相互熔融を繰り返した空間に、これまで見られなかった新しい領域が発生することもあって、数多くの情報端末があちらこちらに進出して、場所を与えられるようになるのもこの所以と言えよう。こうしてコンピュータ時代が招き寄せた諸種の変化は、その結果として「家庭」の溶解度をさらに促進する。すなわち、個々人は、身体のレベルでは自室の外に一歩たりとも移動することなく、マルチメディア装置を駆使して外部社会と双方向的な通信を繰り返すことが可能となるため、個人にとっての「社会」は、ネットワーク上に出没するバーチャルなものと一体化されることになるのである。そして、「社会」を構成する基礎的な単位とされていた「家庭」にも、同様の変化が生じる。

近代化社会の構成原理としては、個人は「家族」に属して「家庭」を構成し、「家族」が単位となって「社会」を構成するという見解が一般であった。しかし、「個人」が「家族」と無縁に、ネット上で遭遇した他者との間でバーチャル集団を構成し、その交流のなかで欲求の充足を図り癒しの機会を持つとしたら、従来的な意味での「家族」も「家庭」も、それと対をなす「社会」も、すべて解体の憂き目を免れ得ないだろう。家族構成員の一人一人が、家族内の成員と交流するにまして、家族外の他者、しかも、顔も年齢も性別さえも定かではなく、実在の人物か虚構の人物かさえ確かではない「誰か」と親密な関係を結ぶ。そして、そこに両親も兄弟も介入不能の「ネット共同体」が出来上がり、日常の瑣末事から生涯の重要事まで、家族と共有し得ない話題がその仲間とのみ共有される。となれば、その個人の身体は家族の身近にあっても、内面を分かち合う仲間はネット上のバーチャルな他者ということになろう。この仲間を、電子メディア時代に出現した新種の「部族」と考えるなら、「人類は、部族社会になる」というマクルーハンの予言は、見事な的中を見せたと言わねばなるまい。

ところで、ネット社会とこの共同体の功罪を云々することは、ここでの主題ではないから、こうした新しい共同体の出現によって、従来的な「家族」と「家庭」の意味と機能が衰退し、子ども－大人間の懸隔がより広がっていくことだけを指摘しておくに止める。いずれにせよ、バーチャルな「ネット共同体」の出現が、家族機能を崩壊させるだけでなく、子どもを「理解不能の他者」と化したかに見せて、「産み育てる」ことへの不安をより増幅させているのである。かつて子どもとは、食を与え衣類を着せて、疾病から守ってやるなら、何とか無事に成長して「一人前の大人」になり得る存在であった。しかし、そんな牧歌的な時代は、遙かな過去へと遠ざかっていきつつあるのだろうか。

これまで、子どもの成長を助けるために折々に援助の手を差し伸べる年長者は、両親や兄弟など家族内に存在し、また、地域単位で布置された学校の教師や近隣の年寄りなどであった。彼らは、常に子どもの身近に存在してその必要に応えてくれた。しかし、ネット上のバーチャルな仲間は、子どもたちの遭遇する克服困難な障害に対して、果たして適切な支援の手を差し延べてくれるだろうか。援助者であるはずの年長者たちと、生身の温かな触れ合いを持つ機会もなく、どこの誰か、実在者か否かすら定かではないバーチャルな先輩に依存する。そんな相手が、ネット上に書き込んだつかまえどころのない言葉に頼らざるを得ないのが、ネット共同体を生きる彼らの現状だとしたら……。一方では、身近にいる年長者は、身近にいながら正体のつかめない子どもたちに対して、不安と不信感に悩まされつつ、「子育ての労」を忌避する心性を増幅させ始めている。

新しく開発された情報ツールが、一つの社会のコミュニケーション状況を席捲するとき、子どもと大人の関係に、かつてなかったような大幅な変化が生じる。これは、既に過去の歴史の証明するところであろう。しかも、いま、主流化されつつある電子メディアは、新進の機器の出現とともに、素早くそこに形成される「ネット部族」によって、単にコミュニケーションの形態だけでなく、家族や人間関係のあり方をも変化させずにはおかないらしい。そして、身近な子ども―大人関係を解体し、全く新しい子ども―子ども関係や、あるいは子ども―大人関係を出現させていくだろう。より正確には、従来的な意味での「子ども」と「大人」の関係、すなわち、年齢や身体の成熟度を基準としたカテゴリーが無意味化され、通年齢、通地域、あるいは通文化的な、ネット共同体が出現して、それらとの相互交流の重みだけが増し続けていると言うべきかも知れない。「子ども」が、保護養育の責を担うべき年長者にとって理解不能で厄介な存在とされ、「産み育てる」ことが当たり前の営みではなく生涯の難事業とされ始めた一因は、こういったメディア状況の大幅な変動によるところ大であると見るのはこの所以に他ならない。

ところで、放送と通信の連携が不可避となりつつあるいま、テレビはインターネットの攻勢により退潮を余儀なくされ、いずれ、消滅の運命にあるのではなどと気早な声も聞こえてくる昨今である。確かに、先の中学生たちの発言にも、テレビと携帯のどちらかを選べと言われたら携帯を選ぶという意見が多かったことから見ても、インターネットの持つ多様な情報発信力と自由な受信形態は、「子どもたち」にとって、日々の暮らしを織り成す横糸として不可欠の位置を占めてしまっているというべきであろう。ならば、縦の糸はどこに求められるのだろうか。

かつて、「子ども」にとって、父母や教師など身近にいる大人たちは、自身の成長を方向づけてくれるモデルとして機能していた。実生活のなかで相応しいモデルが見いだし得なくなってからは、ドキュメントやドラマの形によってテレビが代替的にモデルを提供してきた。しかし、いま、そのテレビが力を失うとすれば、実生活のなかでの垂直の関係の稀薄化しつつある彼らにとって、バーチャルな人間関係においてすら人生の先輩としてのモデルが見いだしにくくなっているとしたら……。ネット上に現われては消えるあまりにも多様な情報と、そのゆえに拡散する人間模様のなかでは、大勢の「大人らしき人々」は明瞭な輪郭を持ち得ない。したがって、子どもたちがその足跡を追おうとしても、その像は散乱して摑まえ難いのではないか。いまの「子どもたち」にとって、「大人になる」とは、どのようなものとして理解されているのだろう。

# 第五章　「恐ろしい子ども」との遭遇

子どもの可愛らしさを語ることはやさしい。「子どもは?」という問いに対して、しばしば「可愛い」という答えが返ってくるのは、そのことの何よりの証しと言えよう。また、時には「うるさい」という答えが返ってくることもあるし、「憎らしい」という答えもないわけではない。しかし、「恐ろしい」という答えは、「かつては」おおよそ見られないものであった。ここで、「かつては」と括弧つきの条件を付したのは、「いまでは」ほとんど珍しさを欠いて頻出する表現に変わっているからである。

いま、人々の目に子どもは「恐ろしい」ものと映じる。「子ども」と「恐ろしい」という形容詞が結びつくのは、おおよそ、次の二通りの場合である。一つは、昨今のマスコミを震撼させる子どもを主役とする悲惨な事件の数々が、彼らを従来の子ども観では理解不能の存在と認知させ、そのことによって大人たちに不安感をいだかせる場合が多くなるということである。今一つは、育児・教育の困難度が増大している現状から、「親」となることへの不安感とともに「子どもにはかかわりたくない」という意味での忌避感から、「恐ろしい」という語が呼び寄せられるのである。

以下に引く一文は、前にも引用したある新聞社のホームページ上の意見であるが、子どもを「産み育てる営み」を忌避する根拠として、子育ての労苦が「殺人者の親」になるという形で報われるかも知れない不安と厭わしさが語られた上で、そのゆえに、自身の人生設計から子どもを外そうという思いが綴られていて興味深い。


妊娠してから子どもが成人するまでの二十年間、精神的・身体的・経済的に大変な苦労をすることが目に見えている。

それらの投資をしたからといって、子どもが真っ当に育つという保証は何もない。苦労をした揚げ句、待っているのは「殺人者の親」という役割かもしれない。

そんな危険な賭けはしたくない。

（神奈川、法人職員、女性、三三歳）


かつて、「産み育てること」は、現実の位置づけは別として、理念的には利害打算の入り込む余地のない「聖なる営み」とされ、とりわけ、女性が携わらねばならない聖行としてその生涯に大きな位置を占めていた。結婚し子どもが出来、それを無事に育て上げて一人前、漸く女性の役目の大半が終了する、とは、女性の生き方に徴づけられた伝統的な価値のありようであった。最も、女性の社会参加が要請され始めた後は、社会活動が付加されて仕事と育児のよいバランスが課題とされ始める。しかし、そのような時代の変化のなかで、「産み育てること」がそれに支払われる対価と結果としての成果、つまり費用対効果の視点から計られたとき、上記の見解では、「殺人者の親」

という悲惨な効果が予測されるとして、「産み育てる営み」が忌避されているのである。

親になることを厭う理由として、子育ての不安を語る者は多い。子育てほど成果の見えない営みは、他に類を見ないからである。最近のメディアを賑わす子ども関連事件の数々は、極く普通に育てられた極く普通の子どもの突然変異のような殺傷事件を報じて、現代における子育ての困難さと恐ろしさをさらに増幅させている。したがって、成果主義の現代にあって成果の見えない努力を強要されることへ、女性たちが異議を唱え始めたのは当然とも言い得よう。

考えてみれば、子育てが必ずしも報われるものではなく、親の努力は子どもに通じないものだとは、古くから流通していた常識的言説であった。「親の心、子知らず」とか、逆に「孝行をしたい時分に親はなし」などという諺の流布は、それを物語る一例というべきだろうか。そのような現実を踏まえつつもなお、子どものために費やされる時間や心身の労力に対しては報酬としての果実を期待すべきではなく、むしろ、求められるべきは無償の愛であり報われぬ努力であると思い定めて疑わぬことこそが当為とされていたのだった。何しろ、子どもとは「家の宝」であり、汚れなく無邪気な愛すべき存在であって、それを慈しむことこそ人の道であるとする「規範」が、人々の前に厳然と示されていたのだから。

しかし、これまで、「汚れなく愛すべき存在」として有徴化されていた子どもは、いま、果たしてそのような存在であり得るだろうか。さらに、「よりよい未来の担い手」として、あたかも希望の独占者であったかに見えた彼らは、いま、希望どころか将来の不安の種へと変化してしまったのではないか。しかも、「不安」の表現が「殺人者の親」という極端な表現で表わされたりもする。

現代の子どもは、未来を担う希望の星であることを止め、恐るべき破壊者・殺傷者へと変質を遂げたとでも言うのだろうか。

ここでは、この点に視点を合わせて、「子ども」とは、果たして常に「愛すべき存在」であり、すべての大人たちの「愛の対象」であり得たのか否かを考えてみたい。もしかしたら、子どもが常に「愛すべき者」であり「愛の対象」であるとは、近代の作り出したフィクションに過ぎないかも知れず、「子ども」は、厄介で「恐ろしい」ものでもあったかも知れない。なぜなら、私どもは、それを証しするかに見える事例のあれこれを、古今の多くの素材のなかから拾い出すことができそうだからである。

## 一　子ども犯罪者の系譜

### 子どもが裁かれるとき

未成年者が、その手に凶器を握って他者を殺傷する。そして、それが何らかの形でメディアに掬い取られ、人々の注視を受けて世に流通し、暮らしをともにすることに適さない者と指弾されて、一般社会から追放される。「死刑」「流刑」「鞭打ち刑」「所払い」などの前近代社会の刑罰、あるいは、「保護監察」「収監」などの近代法に基づく刑罰など、様々な現われを見せるそれらを、ここではとりあえず「追放」と一括しておこう。その最右翼に位置するのが、「死刑」と称される極刑であり、当事者は、この生命世界から永遠の追放処分を受けるのである。

未成年者が、刑罰の対象となった記録は、溯って江戸時代に見いだすことができる。明治日本は、それら先行する伝統をも視野に入れつつ諸外国の近代法的処置に倣って、「少年法」を作り上げた。以後、未成年者たちは「少年法」によって罪を問われることになったのである。そこで、まず、前近代の未成年者の事件を取り上げ、次いで、「少年法」成立の経緯も踏まえつつ、歴史を貫いて大人一般を震撼させた犯罪少年たちの足跡を辿ってみたい。

刑事責任能力を一六歳以上とするのは、律令制以来の一つの伝統であったという。しかし、戦国期の分国法のなかには、年少者たちが、「磔《はりつけ》」「串刺し」「火あぶり」などで悲惨な死を迎えることもまれではなく、また、近世に入ってからも、この分国法が雛形とされ、罪を犯した者の近親者の一人として幼年者も極刑に処されたりした。佐倉惣五郎一家の処刑は、その典型例である。未成年者の刑事責任を、その成熟度を勘案して一定年齢以下を特別に扱うこととする「幼年者御仕置」が近世的合理思想に支えられて公法化されたのは、寛保二年（一七四二）制定の『公事方御定書』であると言われている。それによれば、一五歳未満の幼年者に関しては、殺人・放火などの重罪であっても死一等が減じられ、「遠島」ですますという寛刑が用意されていた。しかし、天和年間に一三歳の少年が放火犯として火あぶりの刑に処されていたりして、この新刑罰思想がさほど簡単には浸透しえなかったことが忍ばれよう。

ところで、江戸を代表する美女としてしばしば話題を賑わす「八百屋お七」の話は、未成年者の刑罰に関するこの間の経緯を物語るものとして興味深く思われる。後に井原西鶴の『好色五人女』の一人に選ばれて本好きの人々を酔わせ、また、『八百屋お七戀江戸染』など数々の戯作によって歌舞伎舞台のヒロインとなった江戸娘は、犯行当時の年齢は一六とも一七とも語られて、真偽のほどは定かでないが、舞台上の演出は、取調べに当たる尋問者と答弁するお七とのやりとりを通じて、ある年齢が「死と生」を隔てる絶対の壁であったことを物語って見せる。

## 情報化社会の到来と子ども犯罪

お七は、天和二年（一六八二）十二月の江戸大火の犯人とされ、恋人に会おうがために放火の大罪を犯したとされた。しかし、「お七火事」と呼ばれて彼女の恋と不可分に結び付けられたこの大火は、どうやら、彼女の放火によるものではなく、お七自身がその罪を問われたのは、放火による小さな火事であったらしい。しかも、天和三年三月のこのお七による付け火は、さほどの被害もないいわゆる「ボヤ」に過ぎなかったのだが……。ということは、ふとした出来心でボヤを起こした若い娘が、江戸市中引回しの上で火あぶりの極刑に処され、人々の噂の種となったということになろう。現在の私たちから見れば、想像を絶する悲惨な事件の主人公ということになろうか。

さて、彼女は、上記のような悲劇のヒロインだったこともあり、色白の若い娘だったこともあって、江戸の町雀たちに格好の話題を提供した。事件好きの当時のもの書きたちの筆によって、もっとも先の西鶴のはフィクションなのだが、「実録」と銘打った市井の随筆家たちの筆も、彼女に関してさまざまなエピソードを書き残してくれた。それらによれば、彼女の事件は、採録されたそれぞれの時点で既に諸説紛々定説を欠き、いずれが真実かは到底定め難いのが現状である。たとえば、ヒロイン「お七」の名前だけは不動であるが、その生まれも、ある記事は本郷森川宿、あるものは丸山本妙寺前などと記していずれとも定め難い。しかも、その容色に関しても、その美女ぶりを口を極めて絶賛するものがある一方、「ふとり気味で顔には疱瘡の跡があった」などという記述もあって、彼女が果たしてどんな容貌姿態の持主であったかは判然としないのである。

にもかかわらず、西鶴が筆にしたときのお七は、絶世の美少女に昇格させられていた。

年も十六、花は上野の盛、月は隅田川のかげもきよく、かかる美女のあるべきものか、都鳥其業平に時代ちがひにて見せぬ事の口惜

というわけで、かの平安の色好みの業平ですら、恐らく舌を巻いて賛嘆するであろう美少女という描写である。事件からおおよそ三十年を経て、人々の噂を通じて上方にまで辿り着いたとき、お七像の顔には「疱瘡の跡」もなく、ふとり気味の姿態はいつかほっそりと様変わりしていたのであった。もちろん、こう語り上げられた「お七」は、彼女自身のバーチャル像の変貌なのか、あるいは、西鶴という人心掌握に長けた物書きの才筆のゆえかは定かではない。しかし、衆の目に、いまや「お七」は、西鶴の描く通りの美少女と映じた。それに、当の江戸においても、処刑の日が近づくにつれてその若さを惜しむ人々は、ためらうことなく真実への接近などかなぐり捨て、彼女を類い稀なたおやかな美女に変身させた。たとえば、『天和笑委集』の記述は、処刑の日のお七を次のように描き出している。

たけなる黒かみ島田とかやにゆひあげ、銀ふくりんに蒔絵書たるたいまいの櫛にて前髪を押へ、紅粉を以ておもてを色どり、さしもあでやかに出立ちける

書き手の筆は、いま非情にも折り散らされようとしているこの花を、この上なくあでやかと見て、そのすべてに憧憬と賛嘆のまなざしを注ぎ、美しさの極みと書き立てたのであろうし、それを読む人々は、想像するまなざしにいま散ろうとする花の姿を思い描き、まなかいに映るその姿に恍惚となったことだろう。僅か一六か一七で、その命を火刑台上に散らそうとする娘は、その散り際を惜しまれるためにも、極め付きの美少女であることを要求されたのだし、書き手の筆はそれに応え、読む人々の思いはそれを受けてたっぷりと満たされたに相違ない。

衆のまなかいに像を結ぶのは、ほどなく紅蓮の炎に包まれて苦悶するであろう若い娘の姿態であろうし、人々が期待するのは、そのときに全身を支配する甘美な興奮である。多少太り気味であったとか、顔に疱瘡の跡があったなどという彼女の実像は、その想像の前に色を失う。稀代の放火犯「八百屋お七」、そして、恋のゆえにわが身を滅ぼした絶世の美少女お七像のこの変遷は、メディアによって増幅され変貌もさせせられる「事件」なるものを指し示して絶妙であった。

一三歳の少年が、放火の罪を問われて火刑台上に消えるのは、「お七事件」のゆえである。というのは、この少年の事件が記録に止められ現在の私どもの目に止まるのは、その処刑日が「お七」と同日であったからに他ならない。恋しい人に会いたいとそれだけの理由で江戸の街一帯を業火に包み、自らの生家までも焼き滅ぼしたとかいう稀代の悪女、しかし、悪女と責め立てるにはあまり

にも美しい美少女の姿に、奇を好み話題を求める江戸の人々の視線が集中する。そして、手から手へと渡される瓦版・読み本あるいは随筆類の記事を通して、その悪少女には、一躍人気スターの座が与えられてしまう。そのゆえの処刑日に集まる衆の関心とその経緯を知ろうとする好奇心とが、火刑台の運命を偶然ともにすることになった今一人の少年をも、記録にとどめさせることになった。すなわち、一三歳の放火少年喜三郎。このこともまた、メディアに喧伝される事件の性質と、記事として採択されるための条件を物語っていて極めて興味深い。

雑な言い方をすれば、未成年者の犯罪行為はいつの時代にもあり得たことだろう。意図的かあるいは過失かの違いはあっても、未成年者が人に対するときの未熟さのゆえに、他者を死に至らしめる行為はあり得て当然だからである。しかし、それが、「罪」と位置づけられ「事件」として記録されるのは、文字社会の到来と広い意味でのメディアの発達と無縁ではない。メディアが掬い取ることでそれは「事件」となるのだし、文字メディアによって流布されることで、文字を読む人々の知るところとなり、「嫌悪」もしくは「同情」の対象となり得るのだから。そして、「嫌悪」の対象となった彼らは、「世の良識に反する悪行の持主」と徴づけられ、許すべからざる魔性の少年少女として世の指弾を受けることになったのである。

## 二　近代社会と子どもの犯罪

明治元年（一八六八）、長岡藩の足軽吉田光太郎が政府軍に捕らえられ、斬首の刑に処せられたことが記録されている。彼は、当年とって一五歳。『公事方御定書』によれば、年少のゆえに死一等を減じられるはずの年齢であった。ところで、戊辰戦役下のこの時点では、捕らえられての斬首刑にもまして、少年たちの自害が目だっている。たとえば、一四歳の彰義隊士の戦死、同じく一四歳の金沢藩士の戦死、一二歳から一四歳までの少年七名が戦死した二本松城下の戦い、そして、極めつきは、会津藩の白虎隊士の悲惨なドラマであろう。一六歳、一七歳の少年藩士から成る白虎隊は、官軍との戦いに敗れて多くの犠牲者を出したが、なかでも、敗走途中の飯盛山で若松城下の火炎を落城と誤解し、一斉に自害した一九名の少年の壮絶な生涯は人口に膾炙して感涙を誘った。また、死者のなかには一四歳の少年の名前があり、他方、城下の武家屋敷における自害者のなかには、一一歳の少年も記録されているところから、会津の戦いは数多くの幼い命を奪ったものと思われる。さらに、記録を繰れば、討ち死にあるいは自ら命を断った者たちのなかには、一三歳、一四歳の少女たちも混じっていた。捕らえられて命を断たれる者もあれば、自ら命を断つ者もある。体制の入れ替わる維新の激動期は、泰平の時代なら保護の対象とされたであろう未成年者を、容赦なく死者の列に位置させたのであった。

さて、明治新体制が緒につき、明治五年（一八七二）には「学制」が公布されて四民平等に学を修めることが奨励され、未成年者の教育が国家的施策として強調され始めると、他方では、法を犯した未成年者たちの処遇も、近代的児童観に則って、改めて検討され始める。明治五年十一月の「懲治監《ちょうちかん》」の設置は、それを物語る一つの例と言えよう。「懲治監」とは、犯罪者として刑に服した者たちのうち、刑期を終えた未成年者のための施設であり、彼らに、社会適応のための教育を施すことを目的としていた。同じ犯罪者と言えども、未成年者は成人と異なり、ふさわしい教育を受けさせることで厚生を助けようとする発想であった。当時「学校教育」は、「学制」がその典型例であるが、すべての人をよき国民へと向上させる万能の装置であるかに見なされている。犯罪者と言えども、未成年の場合は、「教育」によって真人間に立ち戻り、国家有用の人材へと成長させることが可能と考えられたのであろう。

さらに明治政府は、犯罪者対策として刑罰に勝る犯罪予防を重視しようとした。さまざまな窮民対策のなかでも、幼年者保護に力が注がれたのはその証しである。よい環境を与え、ふさわしい教育を施すことが、いずれにも勝る防犯であると考えたのである。明治五年に東京府養育院が開設されているが、それは、貧困家庭の子どもたちが養育環境の貧しさゆえに「スリ」や「万引き」などの犯罪行為に走ることを防止しようとする企てであった。しかし、為政者の努力をよそ目に、未成年犯罪は増加し続け、明治一五年（一八八二）に九〇〇〇人程度だったそれが、二七年（一八九四）には二万七六〇〇余人と三倍に及んだ。急速な近代化とともに多方面に広がった市場社会と新奇な商品は、未成年者たちの欲望を余すところなく刺激したが、彼らは、それに対して自身の欲望をコントールするすべを持たず、結果として「スリ」や「万引き」などの反社会的行為が多発したということらしい。

犯罪者が増加するこの動きに対して、明治一八年（一八八五）には東京予備感化院が開設され、生育環境に恵まれない未成年者を、教育と訓育によって社会に適応させようとする施策が講じられる。ただし、東京府のこの対策は他の道府県に抜きん出た新しい試みであったにもかかわらず、明治二〇年末の東京市内で大小の火災が続出し、それが一〇歳の少年の放火が原因とされて人々を驚愕させた。「一人の浮浪少年を収容保護しなかった為に一夜に千数百戸、財産百数十万円を亡失した」とは、己れの無力さに切歯する関係者たちの嘆きであった。

私たちはここで、天和年間に、放火の罪で死罪となった一三歳の少年、記録によれば喜三郎とされているが、彼のことを想い出すことができる。七年に一度は街が消滅すると言われた火災都市江戸で、「放火」は殺人と並ぶ大罪ではあったから、「幼年者御仕置」に記された一六歳未満は死一等を減じるという定めにもかかわらず、江戸の人々は、ためらいもなく彼を火刑台上に送り込んだ。それらと比すとき、刑罰よりも感化教育による厚生を志向した明治の司法制度は、それ以前とは異なる新しい子ども観に支えられていたと言うことができよう。すなわち、「子どもは、可塑性に富むがゆえに厚生の余地があり、教育は彼らの人格の変容を助けて望ましい人物に作り変えることができるのだ」という……。

そして、また、この動きの背景に、欧米諸国の監獄制度や少年矯正施設の存在が色濃く影を落としていることも自明である。「監獄の良否は一国の文明の程度を象徴する」として、関係者たち、主として内務官僚であったが、彼らは監獄改良に強い関心を抱き、未成年者の犯罪抑止の企てにも、並々ならぬ熱意を示したのであった。

## 少年犯罪者への法的整備

明治五年（一八七二）に「懲治監」として発足し、未成年者に対する懲治的処遇の必要性を主張したこの制度は、実は何ほどの有効性も発揮することができなかったため、効果のあがりにくいこの制度を改善しようとして、懲治場を「監獄規則から削除して特別法を制定する」という改革論が浮上してきた。その結実が、明治三三年（一九〇〇）の「感化法」の制定である。近代国家日本は、未成年の犯罪予防のために、新たな「法」を制定して、それを推進しようとしたのであった。

「感化法」は、それ以前の「公事方御定書」や「新律綱領」とは異なり、罪を犯した未成年者と成人との違いを刑罰の軽重に求めるのではなく、むしろ犯罪抑止策に重点をおき、犯罪傾向のある子どもたちのために教育的環境を提供して犯罪防止を企てようと試みた。その結果、社会的に逸脱の恐れのある子どもが、「感化法」の対象として「感化院」に送り込まれることになる。何しろ、感化教育が行き届くなら、子どもは犯罪行為に走ることなく健全に成長し、国家有用の人材として成長し得るとされたからである。その現われでもあろうか、当時、感化院に収容される子どもは、教育環境の劣悪なはずの貧困層の子女だけに限られず、中流もしくは上流階級の子弟も少なからぬ数を占めていた模様である。「感化法」に依拠して望ましい環境を用意し、逸脱傾向のある少年たちに感化教育を施して、犯罪を未然に防ごうとするこの制度が、いかに信頼されたかを物語る例であろう。

さて、「懲治監」の設置に始まり、「感化法」に支えられつつ整備されていった法制度は、未成年者の犯罪行為をその環境と教育の不適格性に帰し、それらの改善によって予防も厚生も可能であるとする理念の下に展開されている。それは、言うまでもなく、子どものなかに限りない可能性を見いだし、その未来に期待しようとする近代的子ども観の法的表現である。したがって、明治から大正にかけてのこの時代に、「罪を犯す子ども」は、人々の視界に刑罰の対象とされる「忌むべきもの・恐るべきもの」ではなく、境遇が災いして罪を犯してしまった不運な子どもと映じ、社会が支援の手を差し延べるべき対象と見られ始めていたのであろう。

## 三　近代史のなかの子どもの事件簿

### 感化法と少年法

「感化法」は、教育による未成年者犯罪の抑止機能を意図し、それを受けて「感化院」には逸脱傾向の目立つ良家の子弟なども収容されていた。これは、その出発が「懲治監」にあったことから考えるなら、つまり、「刑余者」、すなわち既に受刑し刑期を終えた者の社会復帰のために設置され、罪に問われ刑に服した者の教育機関だったことから見るなら、「感化院」を発生させたこの発想は、いささか不審にも思えよう。なぜなら、「懲治監」が「監獄則」のなかに位置していたことからしても、収容されるべき対象は、既に罪を犯し刑を受けた者たちであったからである。先進諸国に倣って早々と発足した「懲治監」は、現代風にいえば、児童福祉法の定める「児童自立支援施設（旧教護院）」機能と少年法に属する「少年院」機能との、二つの機能を合わせ持つものとして構想されていたと言えるかも知れない。

「少年法」は「感化法」におくれて制定を見る。感化法とは異なり、犯罪や非行を犯した未成年者の矯正・保護処分のための法的整備は、一九〇七年にアメリカ合衆国の例の紹介や、一九一三年の「少年法案」の立案など前哨戦的な動きを経て、正式の制定は大正一一年（一九二二）であった。「少年法」の成立によって、犯罪少年たちは、成人一般の犯罪者たちとは別の「保護処分」の対象とされ、そのための「少年審判所」が設置された。犯罪行為を犯した、あるいは犯す恐れがある、と見られる未成年者たちが、ただちに刑罰の対象とされるのではなく、性格の矯正と環境の調整を目的とする個別審査に委ねられることになったのである。ということは、「少年法」が成立するまで、犯罪者と見なされた未成年者たちは、裁判制度に関しては特別の特典を持たなかったということになる。ただし、量刑の判定に関しては、成人と全く同じではなかったけれども……。

興味深い一つの例がある。明治七年（一八七四）の二月、自宅前で凧揚げしていた五歳の子どもが、凧を電線にかけた罪を問われて裁判にかけられた。先にも触れたように、結果は、「七歳以下は罪とせず」という条項によって釈放された。しかし、ともかく、彼は犯罪者であり彼を裁くべく裁判が開かれたのである。もし、その子どもが七歳であったなら、凧が電線にひっかかったという行為は、しかも完全に未必の行為は、一体、どのような罪を言い渡されたのであろうか。また、明治一一年（一八七八）五月、参議内務卿の大久保利通刺殺犯が逮捕され、一味のなかに一八歳の少年が交じっていたが、七月に刑が確定し斬首された。明治新治世下でも、重罪と見なされた犯罪行為に関しては、成年者と同様の極刑が施行されたということらしい。

明治一八年（一八八五）七月、既存の「新律綱領」が廃止されて新しい「刑法」が制定されたが、それによれば満一六歳未満の犯罪者は不論罪とし「懲治場」に留置することとされている。先に設置された懲治場が、刑余者の教育機関としてだけでなく、犯罪少年たちの収容場所、現行の「少年院」的性格で位置づけられたと言えそうである。以後、明治大正の司法史は、成人とは別仕立ての収容所のなかのさまざまな未成年犯罪者たちを記録することになった。

刑法改正により、刑事責任年齢が一四歳に引きあげられるのは、明治四〇年(一九〇七)である。ここで漸く、従来は罪に問われていた七歳から一三歳までの年少者たちが、刑法上の罪に問われることがなくなったのであった。先に触れた凧揚げの例のように、それ以前は、一〇歳に満たない子どもでも逮捕拘引され、起訴されて裁判に付されることが珍しくなかったらしい。たとえば、明治一四年(一八八一)、京都市内で開かれた政治演説会に参加していた九歳の少年が拘引され起訴されている。結果は無罪であったが、警察側は、判決を不服として上告している。現在の感覚からいえば、「未成年者」という呼び方さえ似つかわしくないほどの年少者であっても、容赦なく裁判に付され有罪が期待されたのである。検挙し上告までした警察側は、九歳の政治犯にどのような刑罰を望んでいたのだろうか。

上記の経緯を見ると、未成年者の刑罰に関してその適応年齢が特定されたのは、ようやく二十世紀に入ってからだったと言うことができそうである。そして、この間、養育費目当ての里親による「子殺し」や、人身売買、あるいは幼年者労働、さらには虐待が頻発したらしく、それを物語る記録なども頻出するから、どうやら、子どもたちにとっては受難の時代だった感がある。次に引く京都の「先走り少年」は、この子ども受難時代を代表する典型的な例と言い得よう。「先走り少年」

とは、新しい交通網として京都市内を走り始めた市電の運行を助けるべく、一三、四歳の少年を運転台の傍らに同乗させ、人通りの多いカーブにくると飛び降りて車の前を走りながら通行人に危険を知らせるという役目である。「電車が来まっせ」と連呼しつつ市電の前を走った少年たちのなかには、大怪我を負う者があったり、なかには不幸にして命まで奪われる者もあったという。危険極まりないそんな仕事を低賃金のゆえに少年に負わせる。四民平等を明言し、国民皆学を奨励した新政府下でも、しかし、旧態依然たる法制度は子どもたちを守ろうとしなかった。逆に、しばしば不当な扱いで彼らを翻弄し、前近代的な暗黒のなかに封じ込めていたのであった。

さて、こうして、未成年者に関する法体制が辛うじて整備されたと言い得る二十世紀の事件記録は、法網が掬い取ろうとした子どもたちの姿をどのように伝えてくれているのだろうか。たとえば、大正七年五月に、広島県警が新たに「万引き」の取締りに着手することにしたと伝えて、その理由を次のように語っている。すなわち「これまでは、将来のある身だから大目に見てきたが、あまりにも多発して目に余るものがある」として方針を転換したというのである。「一四歳未満」という特別区の設定は、子どもの非行に遭遇した際の警察の従来的あり方を混乱させ、戸惑いを生じさせたことだろう。「なぜ逮捕してはいけないのか」と、納得し難い思いのなかに逡巡していた治安当事者の視界に、少年たちの非行行為の数々が大きく浮上してくる。「万引き」と言えども軽い悪戯として放置するわけにはいかない、とばかり、身を乗り出して「逮捕・取締り」を始めたと言うことらしい。

未成年者のために「特別区」を制定した近代法意識は、それなりに評価されねばならない。しかし、これら「特別区」の制定が、未成年者の犯罪を顕在化させ、人々の注目を惹いたことも、また、事実であろう。

また、新たに目を惹くのが、「不良少年」と命名された新種虞犯者たちの補導記事である。盛り場をうろつく大量の少年たちが警察に補導され説諭された上で、家族や学校関係者に引き渡されているのである。大正期に入って、映画館や遊技場など、陸続と新設される商業娯楽施設は、その開業に伴う華々しい宣伝行為もあって、少年たちの耳目を刺激し、憧れ心を誘ったことだろう。しかし、他方では、家庭や学校が、「しつけ」あるいは「校則」の新設というかたちでそれらへの接近を禁止した。成人たちの前には開かれた新しい娯楽施設が、未成年者の前に門を閉ざしたのは、彼らがいまだ一人前ではなく正当な分別も判断力も発達していないからという理由であった。

未成年者は、新しい法思想によって刑罰の対象外とされた。成人とは異なり未だ発達途上にあるというその特性が、それを可能としたのである。しかし、同じこの特性が、これら魅力的な娯楽場から彼らを遠ざけた。そして、欲求の赴くままそこに近づいた者たちは、「未成年者のゆえに」補導の対象とされた。ここに見られるのは、大人から子どもを分離析出させた「発達」概念によって、近代が生み出した二律背反の例であろう。

### マスメディアによる増幅

・「頻発するいじめ」として、集団内のいじめの過激化が注目される。従来の「子どものいじめ」とは異質の陰湿さが強調される。

・「子どもの自殺」が頻発する、理由の特定が難しく、なぜ幼い命が失われるのか不明なままに……。
・「子どもが子どもを殺す」、しかも形容し難い残忍さでその遺体を衆目に曝し、自身の行為を特有の言語でヒロイックに説明する。
・「子どもが家族を殺す」、その理由のあまりの単純さに人々は呆然自失、言葉を失う。

上に列挙したのは、ここ十数年の間に現実に発生した事件であり、私どもがマスメディアを介して熟知した事件でもある。たとえば、「子どもの自殺」に関しては、まず、平成六年(一九九四)に発生した「Oくん(実名が報道されているが、ここでは公表を避ける)の事件」を想起する人は少なくない。また、「子どもが子どもを殺した」事件の筆頭に、神戸で発生した「連続児童殺傷事件」いわゆる「酒鬼薔薇事件」として有名になった一四歳の少年を想い起こすのではないか。一人の子どもの身辺に起こった死にかかわる事件を、彼自身とは無関係な私どもまでが、微に入り細をうがってその全貌を把握する、より正確には、把握し得たかに誤解するのは、いずれもマスメディアによって流される情報の過剰さによるのであろう(表22)。

その結果、彼らは、他の数多くの同類者を超えて、私どもの脳裏に拭い難く強い印象を残し、はっきりと記憶されることになる。その名前も、事件の経緯も、そして、時にはメディアに掲載された顔写真までもが私どもの脳裏に刻み付けられ、時間を経た後も鮮明に記憶に蘇るのである。「少年事件」と呼ばれる未成年者の犯罪行為は、その依拠する「少年法」の趣旨を踏まえて、一般には

表22　児童生徒の自殺の推移

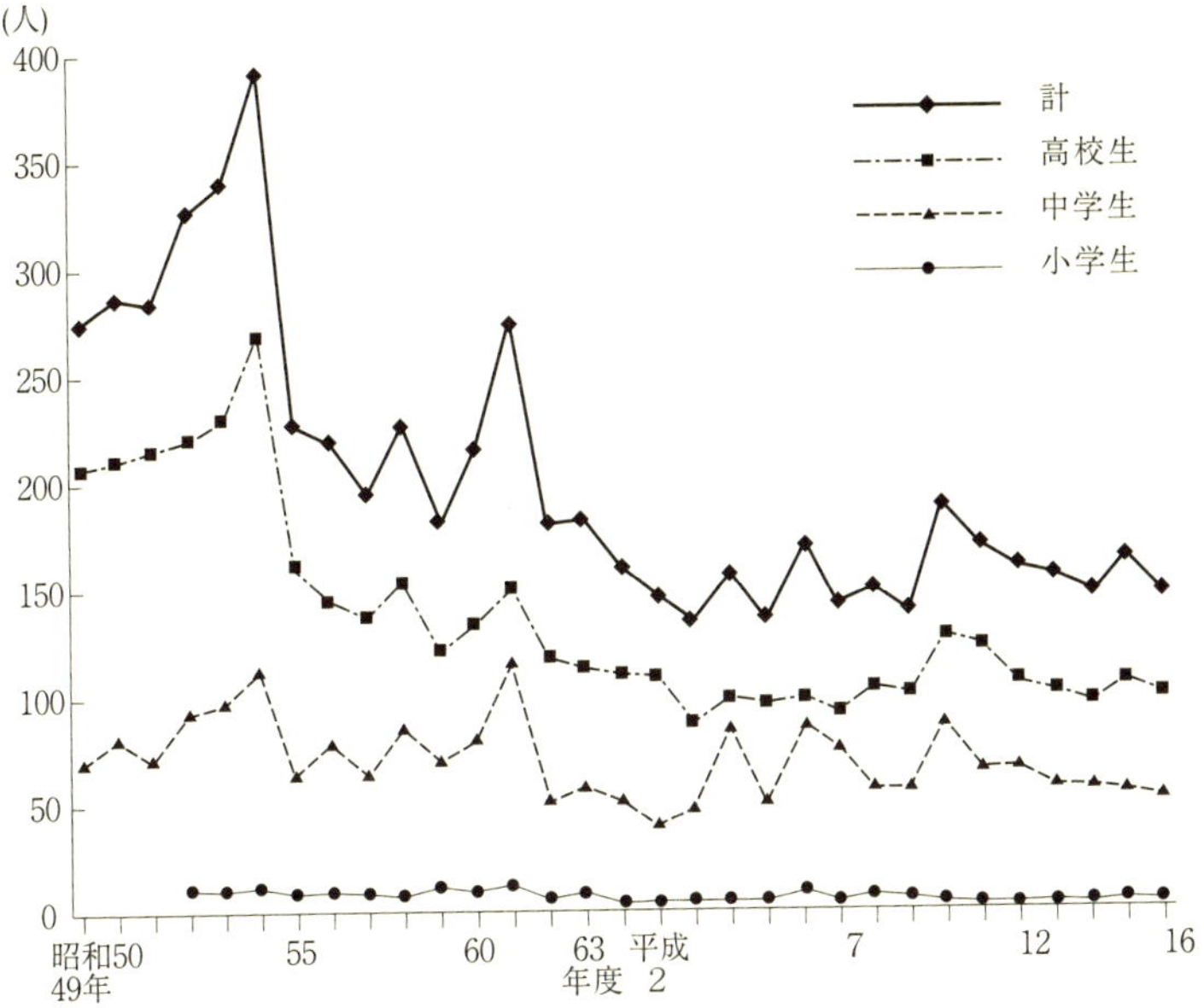


（注）1　小学生の自殺は、昭和51年までは調査を行なっていない。
　　　2　昭和49年から62年までは年間の値、昭和63年以降は年度間の値。
資料：文部科学省初等中等教育局「生徒指導上の諸問題の現状について」。

実氏名・生活歴・通学校などは明らかにされないのが常である。しかし、昨今の事件の禍々しさのゆえか、あるいは「真実の報道」というマスメディアの大義名分のゆえか、時に実録すれすれのきわどい部分までが公表されることも稀ではない。事件の主役が「○くん」の例のように被害者である場合はなおのこと、顔写真は言うまでもなく、その生育歴から家庭環境や両親の言動などすべてがメディアに乗って全国を駆け巡り、さらに、本人の手記や時には遺書までが公開されたりして、あたかも私どもと既知の間柄であるかのように身近な存在と化してしまうのである。

いじめによる自殺例は、一時期、全国各地に頻発して学校教育者を震撼させた（表22）。ところで、「いじめ問題」が俄に脚光を浴びたのは、昭和六一年（一九八六）発生の「Kくん」（上述と同様）の自殺事件の場合であった。この事例では、「わが校にいじめはない」と断言した学校責任者および地方自治体が、両親の提訴によって「いじめはあった」とする判決を受けて、当該する都や区が賠償責任を負わねばならぬという事態が生じたからでもあった。以後、「いじめ対策」は、小中学校の重要課題として、人々の耳目を惹くようになる。しかし、こうした実情にもかかわらず、私どもの脳裏には、「いじめによる自殺」の典型として、先の「Oくん」や「Kくん」が想起されるのは、人々に与えるメディアの力の大きさを改めて物語る例というべきではないか。

「Oくん」の場合は、遺書の全文が新聞紙上を飾ったが、それを通じて、彼が多額の現金を強要されて死を決意するまでの悲惨な経緯や、また、切々と告白された家族への感謝と慕情が、多くの読む者に共有されその涙を誘う結果となった。「Kくん」は、死後の訴訟問題も含めて、わが子の自殺に立ち向かった両親の言動が注目を浴び、それが、メディアの格好のニュース・ソースとなって、いやが上にも人々の関心を惹いたのである。しかし、この二人と同様に、辛い学校生活から逃れようと、ひっそりと命を断った子どもたち、しかも、そのまま忘れられていった子どもたちの数も少なくはなかったであろうが、彼ら二人はメディア的事件として新聞紙上やブラウン管を駆け巡ったことにより、「いじめによる自殺者」の代表の座を確保させられたのであった。

神戸の「酒鬼薔薇事件」に関しては、主人公が加害者であることから、実名と顔写真は公開されなかったものの、その執拗な取材攻勢によって、実名なしでもおおよその特定が可能なほどに当事者の身辺事情が浮上してきた。両親の勤務先や自宅の住所まで判別可能となった揚げ句、彼の家族たちは、従前の暮らしの維持が困難となってほどなく転居を余儀なくされたということである。

しかも、それ以上に、「酒鬼薔薇聖斗」という彼自身の命名による筆名が、そのおどろおどろしさもあって強く人々の脳裏にインプットされ、いつかその事件は「酒鬼薔薇事件」として銘記されることになった。何しろ、私どもは、十数年を経た今でも、あの戦慄すべき出来事をこの呼称によって想起することができるのだから。それに、この事件は、被疑者逮捕後、顔写真が写真週刊誌に掲載されるというメディア的事件も発生し、その賛否をめぐる論議が湧き起こったりして、いやが上にも世の話題を呼び論争を巻き起こした。あくまでも「少年法」の趣旨に則ろうとする有識者側と、事件の凶悪性から見て「少年法的保護規定」は通用しないと主張する週刊誌側の対論であった。

先に触れたように、文字メディアの流通期に入った江戸という時代に、ふとした出来心で小火を起こし刑に処された八百屋の娘は、瓦版から好事家たち、そして西鶴や歌舞伎の戯作者たちの筆によって、恋に狂って江戸八百八町を灰にした悪女と化し、江戸を代表する美女・悪女として物語の主役となった。すなわち、メディアによる「八百屋お七」の誕生……。そして、その質と量において江戸期とは比較にならないほどに発達した多様なメディア状況下にある今日、事件の主役たちは、メディアとりわけテレビや大新聞に取り上げられることを通じて、悲劇の、あるいは恐るべき邪悪ドラマの、気の毒な主人公、あるいは憎むべき主人公として、人々の記憶に強烈に保存されることになったのである。

「酒鬼薔薇事件」に関しては、起こった事柄の特異性と残虐性もさりながら、メディアの大々的な取扱いによって、「少年法」適用の可否を問う議論までも引き起こしてしまった。彼の場合は、未成年者のために用意された法的な「保護と教育」の対象外ではないかという疑念が湧き起こり、「少年法」の改定を志向する潜在的な一部硬派の見解を、世の表面に引き出してしまったのである。事柄の衝撃性が、「少年法」の内実である「未成熟な子どもの未成熟なるがゆえの思慮に欠ける犯罪」という少年犯罪のイメージを、払底してしまったというべきであろうか。何しろ、それは、人々を驚愕させたその計画性と実行性、さらには冷徹な残忍性によって、これまでに起こった成人の犯罪以上であって、とうてい「子どもの犯罪」とは言い難いと、一般の人々の脳裏に刻み付けられてしまった。かつて、「少年法」が対象とした犯罪主人公たちは、概して、誤って他者を傷つけたり、あるいは犯行後は、呆然自失して自身の過失を悔いるという表現によって、その未成熟さをあらわにしていた。しかし、私どもは、マスメディアの力で、これら少年犯罪に関する過去の方程式がおおよそ通用しないことを納得させせられてしまったのである。

「酒鬼薔薇事件」に衝撃を受け、「いまの子ども」の理解し難さに恐怖すら感じた大人社会は、こぞってこれをメディア主題と位置づけた。それぞれに特番が組まれ、喧々諤々、さまざまな見解が表明された。ニュースの時間に報道された事件は、素早くワイドショーの題材とされたから、番組制作者は、被疑者の生育歴や家庭環境、学校での適応状態など、常識的に「少年非行の条件」と見なされがちな事柄を慌ただしく取材し、それらを列挙してコメンテーターなる人々の意見を求めた。急遽、出演を依頼されて顔を揃えたコメンテーターたちは、十分な情報も得られないまま、とりあえず、原因として言葉にできそうなこと、たとえば「学校の管理主義」「親子関係の疎遠」あるいは「残酷なメディアの影響」など、どの非行少年にも通用しそうな、それでいて、誰にも確実には適用され得ない、そんな意見をこもごも交わし合うことで、番組が保証した一定の時間を消費し合ったのである。

しかも、ワイドショー番組は、新しくよりセンセーショナルな事件が起こらない限り、繰り返し繰り返し、このテーマを取り上げ続ける。話題が出尽くして種がなくなると、被疑者本人だけでなく、両親や家族の生育歴や職歴、交友関係などまでが洗い出されて、さも関係ありげに話題とされたりする。こうして、一つの事件は、メディアの助けを借りつつ、人々の脳裏に拭い難い印象を残し、その感情に消し難い恐れと忌避感を植え付けてしまった。あの当時、新聞や週刊誌を広げ、テレビのチャンネルを回した人々は、紙面や画面の上で「酒鬼薔薇聖斗」と名乗る少年が忌まわしい殺人を犯し続ける神戸のあの日々に遭遇させられ、「いまどきの子ども」の理解し難さと不気味さに戦慄させられたのである（表23、表24）。

ところで、わが国を代表するある日刊紙は「14歳の地図」と題された特集を組み、子どもに関連する学者や評論家の意見をリレー式に連載してみせた。そして、それらの見解には簡単に仕組まれたテレビ討論などと異なり、熟読に値するものが少なくなかったのだが、しかし、その影響力は、残念ながらテレビのワイドショーに遠く及ばなかった。たとえば、稿を寄せた評論家の一人小浜逸郎は、「彼の残虐性はすべての人に内包されている」と指摘して事件の残虐さに目を奪われることの愚を指摘し、さらに、彼の問題を学校や家族一般の現代的変化に帰すことにも警告を発した。また、精神現象に詳しい野田雅樹は、問題への対処として「スクール・カウンセラー」という専門家

表 23　刑法犯少年凶悪犯の罪種別状況の推移

（人）

| 区　分 | 昭和55年（1980） | 平成 2（1990） | 12（2000） | 15（2003） | 16（2004） |
|---|---|---|---|---|---|
| 凶悪犯 | 1,930（100.0） | 1,078（100.0） | 2,120（100.0） | 2,212（100.0） | 1,584（100.0） |
| 殺　人 | 45（2.3） | 71（6.6） | 105（5.0） | 93（4.2） | 57（3.6） |
| 強　盗 | 761（39.4） | 574（53.2） | 1,638（77.3） | 1,771（80.1） | 1,273（80.4） |
| 放　火 | 166（8.6） | 84（8.1） | 81（3.8） | 106（4.8） | 103（6.5） |
| 強　姦 | 958（49.6） | 346（32.1） | 296（14.0） | 242（10.9） | 151（9.5） |

（注）　14 歳以上。交通関係業務上（重）過失致死傷を除く。
資料：警察庁生活安全局「少年の補導及び保護の概況」2004 年。

表 24　刑法犯少年の殺人による検挙人員の推移

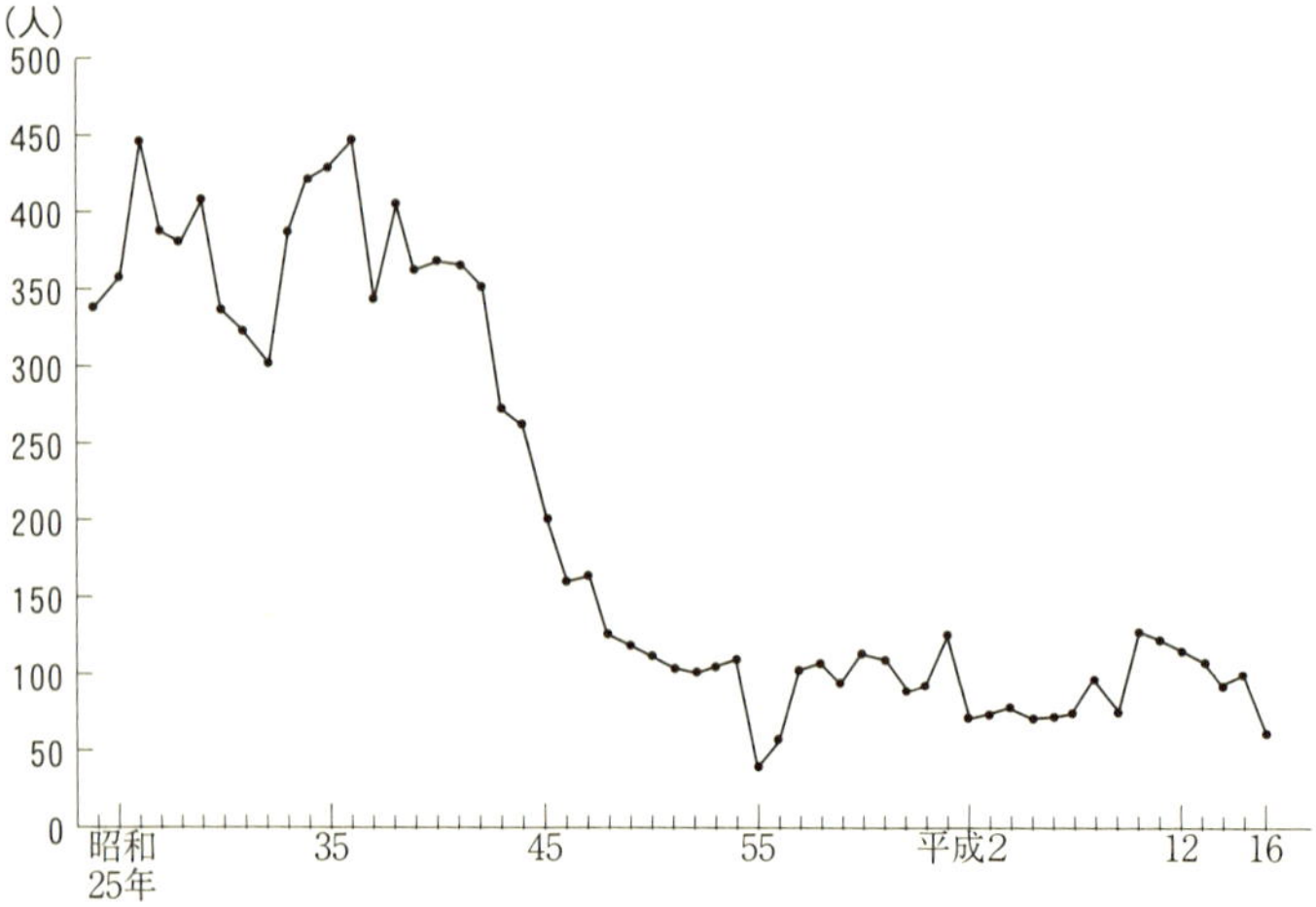


（注）　14 歳以上。交通関係業務上（重）過失致死傷を除く。殺人未遂及び予備を含む。
資料：警察庁生活安全局「少年の補導及び保護の概況」2004 年。

派遣が計画されたことに対して、カウンセラーが身につけている「心をコントロールする技術」によって問題を処理しようとする安易さを批判している。他方、被害者・加害者を問わず、犯罪関係者と連帯する立場に立って、両者の家族への共感をも忘れるべきではないと警鐘を鳴らす稿も見いだされた。たとえば、過熱し過ぎたマスメディア取材陣が、被疑者の親兄弟を住み慣れた地域・住居から追放し、身を隠さざるを得なくした異常さが警告されているのである。

## 「恐ろしい子ども」イメージの成立

先述のように、未成年者の犯した異常事件を、一般視聴者の多くは、テレビによる報道と情報によって聴取する。しかも、その事実を、「テレビ的・ワイドショー的歪曲」のうちに把握することになる。そして、それら番組は、この異常と見える犯罪の原因が容易に突き止められ難い現状に突き動かされて、現代のごく普通の子どもが、「さしたる理由もなく、突然に凶暴な事件の主役となる」とばかりにそれを「子どもの変貌」と位置づけ、一般の人々の恐怖感情を刺激するのに一役買っているのである。そのゆえでもあろうか、「子育ての損得」を論じた先の引用文のように、「子ども」とは、さしたる過失もなくごく普通に育てたとして、あるいは、普通以上の熱意を子育てに注いだとしても、いつ、どこで、何をしでかすか分からない存在であり、そのゆえに、子育てに自身を賭けることは大きなリスクであるという結論が導き出されたりしてしまうのである。何しろ、自分の時間も労力も資産も、すべて捧げて子育てに専念したとして、待っているのは「殺人者の親」という悲劇的な役割かも知れないではないか。

普通の子どもの突然の殺人は、人間性の本質が残虐性・攻撃性から無縁ではあり得ないと見なすならば、必ずしも珍しくはない現象であろう。「殺すなかれ」「他者を愛せよ」と戒律に定めた宗教や、殺意の実行を制止するための倫理・道徳など、人間の歴史がさまざまな装置を作り出して、それを抑制し続けてきたのがその証しである。また、宗教や倫理が失速した近代においては、ドラマや文学あるいは絵画などの芸術表現によって、それら度し難い欲求の昇華を試み、そうした行為によってこの禍々しい欲求の制禦を心がけたりもしている。後の節で扱うことになるが、物語や映画などフィクションの次元で、「殺意をストレートに表現する子ども」を主人公に選び、衝撃的な事件を主題化して見せるのは、その典型的な例と言えよう。

しかし、いま、かつては宗教や倫理・道徳に代わり得るかと思われたフィクショナルな表現が失速し、残虐性も、また、その肉体的表現である殺傷行為も、昇華されるための行き場を失ってしまった。その結果、彼ら自身の肉体を使った現実の行動として、ストレートに表現されざるを得なくなっている。普通の子どもが殺人を犯すこと、普通以上に子育てに努力した親たちが「殺人者の親」として世に指弾されること、それらがいずれも、珍しくは感じられないような日常が訪れているのだ。そして、これから親になろうとする若い人たちのなかに、深く静かに根を下ろし始めた「子ども忌避の心性」は、これらの基盤に支えられているのではないだろうか。

〔補遺〕想像世界の「恐るべき子ども」の系譜

## 神話世界の暴力的童子神たち

神話世界に登場する「子どもであって暴力を振るう神々」は、古代の人々のどのような世界観・人間観を反映しているのだろうか。しかも、それらが多くの民族の神話に現われるということの意味をどのように解すべきなのだろう。

神話を、人の意識下の産物と考えるなら、それを産出する意識下のエネルギーに注目させられることになろう、とりあえず、神話学者の言説や深層心理学者の解釈に倣って、それらの読み解きを第一の課題としよう。神話学者ケレーニイに従えば、ヴォーグル族の神話に現われる始祖神は、「世界をみそなわす神」と呼ばれ、孤児として生まれ、多くの部族からさまざまな虐待を受けるが、突然、強大な力を発揮して、七つの町を破壊し多くの人々を殺戮し、果ては、自身の叔父や叔母までを殺戮するに至る。また、フィンランドの『カレワラ』に登場するクッレルヴォは、生後三日目に布団からはい出して揺り籠を踏み潰し、産着を引き裂いてしまう。その後、海に投げ込まれても死なず、ついには子守りを託された赤ん坊を殺してしまったり、指をへし折ったり目の玉を潰したりして、立ち直れないようにひどい目に会わせる。ケレニイは、さらに、ギリシャ神話やアフリカ各地の昔話などを見るとき、恐るべき子どもたちは各地に輩出していると言う。そして、彼らはいずれも、孤児で虐待される身分として「最も力なき者」であるが、それでいて、「最も力強い者」へと変わり、ついに「世界を統一する神」として現われるというのである。

孤児とは、親と無関係の子どもであり、両親と子どものトライアングルが近代家族の典型とされることを考えても、既存の秩序体系、少なくとも近代家族を基礎として形成される近代社会のなかに位置を与えることは難しい。したがって、近代以降の神話学者や深層心理学者たちが、それを近代秩序体系内には位置づき得ぬ全く新しい社会形成要因と見ることは納得し得るであろう。すなわち、「孤児の暴力」とは、秩序体系内に位置づけ得ぬ新しい創造因子が突然出現して、既存の秩序を破壊するダイナミニズムの表現と見なされるのである。

したがって、古代神話に現われる凶暴な童子神が荒れ狂う物語は、いまだ経験したことのない創造的新種の出現に出会って、それを拒否しようとする既存の秩序体系の恐怖心が描き出されているということになる。深層心理学者たちが、無意識界に現われる全く新しい意識内容と説明し、意識世界では解決不能の対立する二者の葛藤に対して、無意識から送り出される解決のためのメッセージと説くのもほぼ同じ意味合いと言えよう。既存の秩序によりかかっては到底解答の与えられない事柄に対しては、既成の秩序に位置づかぬ全く新しい何ものかによることでのみ解決の道が開かれるとは、それなりに妥当性をもった考え方であろう。

## 「いやだいやだ」の反逆者たち――しつけられる「困った子ども」

子どもは、いつも大人の思い通りになる「良い子」であるとは限らない。「いやだいやだ」と首を振り続けて、大人たちを途方に暮れさせる子どもの姿は、私たちの眼前に珍しいものではないのである。「反抗期」などと事々しく言い立てるまでもなく、それは、親と子の間に日常的に見られる通常の姿ではないか。口を極めて説明し言って聞かせ、脅したり叱ったりもして、それでもなかなか思う通りにならないのが「子ども」であり、彼らにほとほと手を焼くのが「親」だからである。

たとえば、日常の業務を終えた親たちにとって、夜の一時は、ようやく訪れた私的な時間であり、ホッと休息できる貴重な時間に他ならない。にもかかわらず、それを妨げるのが子どもであろう。何をして欲しい、何が食べたい、もっともっと親とおしゃべりがしたい、など、子どもは子どもなりに自分勝手な欲求を発動させる。幼い子どもであれば、むずかって泣きもするだろうし、学童であれば学校で起こった出来事をあれこれと聞かせようと、うるさくまつわりつくかも知れない。就業先では職業人として振る舞うことを余儀なくされている大人たちは、家に帰っても、親としての責務を果たすことを強制される仕儀となり、結果として、家庭は安息の場ではあり得なくなる。

子どもたちを定刻に寝かせようとするしつけは、子どもに必要な睡眠時間の確保と、同時に生活リズムを定着させるためであるが、一方では、親たちが灯火の下での大人としての時間を捻り出そうとするための切ない戦術でもある。電灯が普及しない前近代社会では、夜の就寝時刻は、灯油の消費との兼合いで決められるものであり、灯油の節約に配慮せざるを得ない庶民層では、夜の訪れとともに大人も子どももともども同じ暗闇に身を横たえるのが常であった。

就寝のしつけだけに限らず、子どもと大人の暮らし方の分節化は、近代化とともに顕著になる。第一次産業たる農業や漁業中心の社会から工業社会への転換は、生産者と消費者を分離して市場社会を出現させ都市を発展させた。都市の発展は情報化を促進し、活字を中心媒体とした文字文化社会を出現させた。情報は、一部の支配階層の占有するものではなく、広く大衆の共有するものへと変わっていく。活字印刷機器の発達がそれを助けたことは言を俟たない。

これらの変化は、子どもと大人の暮らし方を分離させ、それぞれの特性を屹立させた。たとえば、工業社会に参入し、文字情報を共有しつつ都市の暮らしに適応することが庶民の生き方となれば、それらへの準備期間として「子ども期」が区分され、彼らの特別の訓練の場として「学校」が必須となる。子どもたちは、社会参加のための基本的準備期間を過ごすべく、「初等学校の生徒」となり、大人とは異なった暮らし方を当為とする「未成年者」へと変化させられるのである。

ということは、先の警察との関係もその例であるが、近代的子ども観によって、子どもと大人の間に葛藤の種子がそれだけ増えたことでもあった。大人によるしつけは、必ずしも子どもにとって好ましいことばかりではない。たとえば、まだ、眠くないのに床に就かされるとか、食べたくない食事を口にせねばならぬ、さらには、あまり楽しくない学校へも行かなければならない、などなど。しかも、大人たちは、子どもを寝かせた後も起きていたり、子どもとは異なる嗜好品を口にしたりするし、学校へ行って勉強することもしないらしい。となれば、「なぜ、子どもだけが？」という、かつてはあまりなかった不満が堆積し、子どもが、大人に対して反旗を翻す機会を待ち構えるということにもなろう。どうやら、「好きなこと、面白いこと」ばかりで、社会生活は成り立っているものではなく、子どもにとって「よいこと」だけが、社会的に承認される「善」ではあり得ないことに気づかされるのだが、それは、子どもにとって、何とも理解しにくい難問であった。

その結果、子どもの特色として、「いやだ、いやだ」という拒否と抵抗の姿勢が浮上してくる。児童文学の黎明期に、世界中の子どもに愛された絵本、ドイツ人の医師フリードリッヒ・ホフマン作の『もじゃもじゃペーター』は、そうした子どもの心情を物語り得て絶妙であった。ペーターは、生まれて以来、一度も櫛も鋏も入れたことのないもじゃもじゃ頭で、大人の言いつけに背く子どもを代表して表紙の絵にも掲げられた。また、スープが嫌いで、どうしてもそれを飲もうとしなかったために、とうとう死んでお墓に入れられてしまう子どもや、指しゃぶりが止まらないために大きな鋏で指をちょん切られてしまう子どもなど、絵本のなかには大人との葛藤の犠牲になる子どもたちが列挙されて、子どもたちの興味を誘ったのである。

### 「家出」と「逃げこみ」――新しい反抗形態

時代の変化は、日常化された子ども―大人間の権力構造に順応しない子どもを、物語世界に登場させて一つの物語スタイルを作り上げた。児童文学に描かれる「家を出る」少年・少女たちは、権力の逆転を企てるとまではいかずとも、それの及ばないところに身を置こうと振る舞う子どもたちである。ところで、彼ら児童文学世界の「家出人」たち、すなわち、家のきまりと親の期待に背く異端児たちはどのような経緯において、その家出行を敢行するのだろうか。以下に、二つの例をとって、物語世界の家出人を追いつつ、彼らの行動のプロセスと、そこに開示される意味について考えてみよう。

山中恒《ひさし》は、代表作の一つ『ぼくがぼくであること』（一九六九）で、その題名の通り、自分らしくあることにこだわり、そのころから流通し始めた術語を使えば、「アイデンティティ」を求めて家を出る少年を描いた。主人公に選ばれたのは、他の兄弟姉妹と同様に優秀であることを求めて努力を強要し、結果の伴わない子どもを無能で怠惰と決めつけて苛立つ母親の下で、逼塞して暮らす小学六年生の平田秀一であった。彼は、夏休み用の宿題以外に、ドリル、ワークブックなど気が遠くなりそうなほどの学習帳を目の前に突き付けられて最悪の夏休みを迎えようとしている。ところで、彼は、ひょんなことで「家出という冒険」によって常ならぬ夏休みを過ごすことになり、自分自身も、また、家族、とりわけ母親のありようをも見直す機会を与えられて、「ぼくがぼくであること」を確立する機会を持つことになる。すなわち、家を出て自身の家族を遠くから見つめ直し、同時に、異質の他の家族との遭遇でそれぞれの家族について考える機会を持ったことにより、それまでは、否定感情しか持ち得なかった兄弟姉妹や、尊敬の対象となり得なかった両親に関して、お互いにいたわり合うことや理解し合うことを学ぶのである。

秀一の家出は、夏休みの終了とともに終わりを告げた。そして、狂乱する母親の態度に、彼は次のように考える。

「ごめんなさい」といってなみだをこぼして母にすがりつけばいいのだ。そうすれば、いままでどおり、秀一はこの家の三男になれるのだ。だが秀一はそうしなかった。いままでどおりのことになるために家出をしたのではない。

何しろ、物語の冒頭で、主人公秀一は、次のような母親の罵倒とともに登場させられている。

「ほんとうにあんたという人は、なにをやらせても、満足にできないじゃないの。すこしがんばって、おかあさんをびっくりさせてちょうだいよ」

しかし、物語の終局で、彼は、傷心の母親に対して、自分はやはりこの母の子どもであると自認する。何しろ、彼は、「自分が自分である」こと、すなわち、個としての自立は、家族を始めとするさまざまな他者とのかかわりにおいてのみ、成立するものであると気づいたからであった。

「……おふくろさんはおれをなぐるかもしれない。……でもおれはよけないでおこう。おれは、やっぱりおふくろさんの子だということを、わかってもらおう。そしてやっぱり、おれはおれであることも、わかってもらおう！……」

さて、新しいタイプの「家出物語」、すなわち、自己確立のために「家出する少年少女」は、海の向こうでも作品世界に登場して注目を集めた。同じ一九六七年に発表され、翌年のニューベリー賞を受賞したのは、E・L・カニグズバーグの『クローディアの秘密』だったのである。家庭的にも学校生活でも格別の問題もなく、成績はいつもオール5の優等生クローディア・キンケイドという少女が、周到な計画の下、落着き先に「メトロポリタン美術館」を選ぶという破天荒な家出を決行したのである。

むかし式の家出なんか、あたしにはぜったいにできっこないわ、とクローディアは思っていました。かっとしたあまりに、リュック一つでとびだすことです。クローディアは不愉快なことがすきではありません。遠足さえも、虫がいっぱいいたり、カップケーキのお砂糖が太陽でとけたりして、だらしない、不便な感じです。そこでクローディアは、あたしの家出は、ただあるところから逃げだすのでなく、あるところへ逃げこむのにするわ、ときめました。どこか大きな場所、気もちのよい場所、屋内。その上できれば美しい場所。クローディアがニューヨークのメトロポリタン美術館にきめたのは、こういうわけでした。

クローディアは、変わりばえのしない日常生活にあきあきしていた。彼女の不満は、自身が、成績もよく家庭にも恵まれた「いい子」であることにあった。この日常から脱出することで、自分が「いい子」以外の何かであり得るのか、「いい子」をやめたとして自分に何ができるかを確かめようとしたのであろう。

ところで、彼女の家出が多くの注目を集めたのは、家出の理由が、暮らしの貧困さでも親の無理解な圧制でもなく、また、学校で起こる悲劇でもないというそのことと、同時に、仮に家を出たとしても不愉快な暮らし方に耐えることはしないという、徹底したエピキュリアンぶりであった。それらにおいて、クローディアは、まさしく、現代っ子の典型と見えたのである。

カニグズバーグは、次のように語っていた。名作と呼ばれる過去に作られた物語は、さまざまに魅力的な子ども像を描き出してはいるが、それらは、いずれも、ある時代のある社会構造の下で描き出されたものであり、その時代の子ども観の現われである。古典的名作は、それがいかに優れたものであっても、それが、現代の子どもすべての問題を描き出してはくれないだろう、と……。したがって、彼女は、過去の子ども像からはみ出し続ける現代の子ども群像を描くことに、自身の物書きとしての意義を見いだしたのであった。何しろ、過去に作られた子ども像のなかに、いまの子どもたちをはめ込んではならないだろうから。

物語は、主人公が家族の誰とも共有し得ぬ「秘密」を持つことで、家出前とは異なる自分を確立し、それを頼りとして帰宅することで終わる。ところで、カニグズバーグは、クローディア自身の言として、自分の家出は「逃げだす」のではなく「逃げこむ」のだと表明させている。保護された安全な囲いを破って広い世界に飛び出していくのではなく、より快適な場所を見つけてそこに逃げ込むのだと言うのである。家出する子どもたちに代わって、「引きこもる」子どもたちが話題となる次の時代を、彼女は早々と予見していたのでもあろうか。暴力を奮って親や教師と戦ったり、家出というエネルギッシュな言動で自身の抵抗する意志を表明したりする子どもに代わって、「引きこもり」という表現で「従わない」ことを意志表示する子どもたちが出現するのが、次の時代なのだから。

物語世界においても、子どもたちの抵抗は、かつてのそれのように単純ではあり得ない。大人の言いつけに背いたり、反抗的な言動で大人たちを困らせたりするのでなく、時には暴力に訴えることすらせずに、両親や教師の意表をつく言動で大人たちを狼狽させ困惑させる。「子どもが分からなくなった」という現実の嘆きに同調して、物語世界でも子ども—大人間のコミュニケーションは、崩壊の危機に瀕していくのである。

「普通の子ども」の「理由なき殺人」――フィクション的フィクションからリアルなフィクションへ

普通の子ども、すなわち、心身の発達も平均的で、家庭でも学校でも格別の異端児ではなく、与えられた日常を淡々と消化していて、家庭では「よい子ども」、学校では「よい生徒」だった子どもが、ある日、突然、身近な人々を殺傷する。格別の理由も見当たらないのに……。しかも、その子どもらの家庭にも、原因と思われる特別のことがらは見いだせず、普通の意味では教育熱心なよい両親だったりするので、発生した事件とメディアによる幾分過熱化した報道によってそれに接した人々の驚愕は一入《ひとしお》であった。先に引いた親になることを忌避したメールにも、子育ての努力が、結果として「殺人者の親」になるかも知れないという不安と不当性が語られていたが、それは、この驚愕を証している。

ところで、普通の子どもの殺人は、現代に突出して見える出来事ではあるが、かつて皆無だったわけではない。たとえば、津島佑子は、小説『燃える風』（一九八〇）において、さながら、日常の出来事のように殺人を犯す「恐るべき子ども」、何ら因果関係の見いだせない殺人を喜びに充ち光に溢れて遂行する女の子を、特有の筆捌きで描き出していた。

女主人公、より正確には少女主人公とよぶべきだろうか、石田有子と名付けられたその主人公の年齢は一〇歳。有子が同級生たちとの間に紡ぎ出す日常のあれこれ、それは、生い立ちに負の要因の多い彼女にとって、必ずしも楽しいとは言い難いものであるのだが、そして、周囲の友人たちの子どもらしい残虐さに対して、彼女もまた、それに勝る凄惨な攻撃性で対応しているのだが、そんな細々した出来事のなかで、彼女が周囲の者たちに向ける殺意が、時に陰に籠もった意地悪な言動として、また、時に単純に相手に襲いかかる粗暴な殺意として表現され続ける。そして、そんなある日に訪れたのが、たまたま眼前にいた見知らぬ幼児を理由もなく殺そうと行為する瞬間であった。日暮れ時の公園の砂場で、遊んでいた子どもたちが、一人また一人と帰っていく。後に、残されたのは、三歳くらいの男の子が一人。そのとき、有子の貧弱な少女の肢体からは、禍々しい加虐性が「殺意」という燃え上がる風と化して巻き起こるのだ。

有子は砂場のなかに入り、その子どもの傍らにしゃがみこんだ。子どもは有子にはじめて気づき、ほほえんだ。有子もほほ笑み返した。唇の赤い、丸顔の子どもだった。天然パーマの短い髪の毛が柔らかそうで、触れてみたくなった。チェックのずぼんをはいていて、男の子のようだが、女の子にも思えた。子どもは有子からすぐに自分の穴に眼をもどし、手を動かし続けた。

この幼い子どもに対して、なぜ、突然の殺意が彼女の四肢を突き動かしたのか。彼女を殺人者に豹変させたものは何か。作品は、そのことに関しては何一つ説明せず、また、読み手の注意深い視力も、殺人を犯すべき格別の理由を見いだすことができない。行きずりの未知の子ども、しかも、女の子にも紛う愛らしさで傍らの彼女に微笑み返す人懐こさ……。強いて言うなら、有子が手を伸ばしてその子の柔らかな髪に触れたとき、その子が、みかけによらぬ低い嗄《しわが》れた声で「なんだよ、ばか」と言い返したことであろうか。

有子はもう一度、傍の子どもの顔を見下ろした。子どもはまた、穴を掘り続けることに気持を集めている。緑色の厚手のセーターを着た背が丸まり、子どもの小さな体がより小さく見え、穴の方が大きく見えた。有子は息を深く吸い込んだ。吸い込んだものが体のなかで光に変わったのを感じた。光は、一瞬のうちに有子の体に充ちた。そして、有子の体を内側から広げた。

「あ、、そうだったのか。やっぱり、そうだったんだ。」

少女はこうして内奥から突き上げてきためくるめく喜びに全身を輝かせ、悲鳴のような歓声を上げながら、その子どもに襲いかかり、力一杯、その頭を穴の底に押し付け始めるのだ。この子は死ぬ、死なねばならない、生き残ってはならないと呟き続けながら……。幼児は苦しんでもがき、砂を撒き散らして暴れるが、やがて、その動きは小刻みな痙攣に変わっていき、有子は、歯を食いしばって二本の手に一層の力を注ぎ込む。

光の眩しさは、有子の体をも浸しはじめていた。子どもの死を得るまでは自分もここから逃れることはできない。有子の喉から呻き声が漏れた。

彼女は、この「理由なき殺人」つまり、何らの因果関係もない未知の男の子を絞め殺すという行為において、全身を喜びに溢れさせ、この子が死に飲み込まれるまではと首を締める手に力を込める。「あと少しで、生まれるのだ」と……。しかし、ここで、有子の行為は中断させられる。キャッチボールをしていた男の子たちが、砂場のなかの異変に気づいて騒ぎ始めたのだ。「死んでるぞ。どうしよう」「まだ助かるかもしれない」。

作品は、二度とこの公園に視線を戻さず、有子ともども別の事件に焦点を合わせてしまう。この殺人の真相も男の子の生死すら不明なままに、物語は展開していくのだ。もしかしたら、この砂場の事件は、現身《うつしみ》に生じた現実の出来事ではなく、夕暮れの公園の水銀灯の青い光が描き出した一瞬の幻想だったかと思わせるほどに……。しかし、それにしては、何と異様な何とおぞましい幻想であることか。一〇歳の少女が、三歳の男の子を殺そうとする。お互いの間には何の関係もなく、ただ、夕暮れの公園の砂場で遊んでいたというただそれだけのことで……。

彼女のこの昂揚しためくるめく喜悦の感情は、自身の手で一つの生命を抹消するという、ただそれだけの行為から生じている。彼女は、思うのだ、「もう少しで生まれる」と……。「殺人」という行為の代償として、彼女は、一体、何を生み出そうとしたのだろうか。すべては謎のまま、答えのない問いを残したままに物語は先に進んでしまうのだが、結び近い部分で今一つの「殺人めいたもの」が出現して、有子の像はますます不透明に暗さをましていくことになる。つまり、有子もともに出かけたハイキング先で、親しくしていた女性が崖から転落死するという事件が起こったのである。

しかも、その死が事故死であったのか、あるいは彼女が関与した殺人だったのか不明のままに、続く場面では、彼女を加害者と疑った死者の婚約者の手で、彼女自身が殺されかけるという、やりきれない結末へと物語は転がっていく。砂場の男の子は？　そして、崖から落ちた髪の長い女性は？　彼らは二人とも、この恐るべき少女の餌食だったのか否か。ミステリーでもサスペンスでもないこの作品が「殺しの連鎖」を主材料として、しかも、その主人公に一〇歳の少女を選んだことの意味を問うことはここではしない。作品解釈がいまの主たる仕事ではないからである。ただ、そんな子どもが、文芸の世界には、早くから登場していたとだけ指摘しておきたい。

映像の世界でも、普通に見える子どもの恐るべき殺人行為がテーマとされる。新しい時代の「もじゃもじゃ」たちは、かつてのそれのように、既存の秩序に刃向かいつつもそれに順応したり、あるいは、「もじゃもじゃ」の脱秩序性をさながらに生きて、時には、秩序拘束力と無縁であるがゆえの新秩序構成の救世主としての役割を果たすことなどしない。ただ、単純に直截に、究極の無秩序的行為たる「殺人」を犯し、行為の後にもその理由を明らかにしてはくれないのである。「殺人」は「殺人」に過ぎず、それ以上でも以下でもないとばかりに……。

映像ゆえに可視化の可能な主人公の風貌、たとえば、アメリカ合衆国産のホームコメディ『ホームアローン』の主役を務めて人気の高かったマコーレー・カールキン、金髪で透き通った青い目で、「天使のような」という形容のふさわしい美少年が、次の作品で格別の理由も見いだせないままに犯して見せる殺人劇が観る者を戦慄させる。彼は、喜々としていかにも楽しげに、そう、つけられた表題さながらに、喜々として殺人を遊んで見せるのだ。元の表題は、いみじくも、『危険な遊び』……。

こうした映像作品を見て、これらがなぜ作成され、なぜ市場に出たのかと、制作者や配給者の動機や意図に疑問を投げかけたくもなろう。しかし、恐らく、彼らは言うに違いない。「私たちに格別の意図はない。ただ、それが事実だから」と……。

確かに、私たちは、類似の事件が、スクリーン上にではなく、日常的な現実の出来事として発生する時代を生き始めている。日々、メディアを賑わす事件のなかには、「はて」と首を傾げたくなる事件が少なからず含まれているではないか。友人や親族の殺傷という無惨な事件の報道に接して、「なぜ、この子は、さしたる理由もなしに、友人や家族の殺傷という恐るべき行為の遂行者となったのか」、あるいは、「この程度の原因が、殺人行為の根拠となり得るとは」など、事件の行為者への不審感と疑念に捉えられ、同時に、そのような行為の遂行者である「現代の子ども」に対して、覆い難く不信と畏怖の念を抱かされることも稀ではないのである。確かに、それは、現代のさほど珍しくもない事実なのだ。

戦慄すべき子どもたちは、神話や児童文学、あるいは特異な小説や映画のなかにのみ存在するのではない。いま、彼らは、極めて身近な存在として私どもの周辺に蠢《うごめ》いているのだし、私たちは、いつ発生するかも知れない身近な子どもたちの起こす事件に、脅え戦《おのの》いているのが現状なのだ。そして、異常なまでに発達したマスメディアがそれを拡大し徹底させる。一つ事件が発生するや、各局こぞって報道・情報両系統のテレビ番組で取り上げ、「子ども関連事件」の周知徹底に努めるだけでなく、さらに、あれもこれもと関連情報を付加して不気味さの増幅を企てるのである。現代の「子ども問題」と、それに由来する子ども忌避の感情の蔓延に目を向けようとするなら、こうしたマスメディアとの関連を無視することはできないだろう。

# 終章　「子ども」に託されるものは何か

## 「少子化」――急ぎ過ぎた近代の「負の遺産」

「子ども」は、何のために産まれ出てきて、何をなすべき存在なのか。明確な答えを持たない現代は、「子ども」の役割を曖昧化させ、同時に、「子ども」の存在意義をも曖昧化させる。かつて、「子ども」に「家の継承者」という役割が付与されていたとき、「産むこと」も「育てること」も、ためらう余地もなく「家のため」「一族のため」の不可避の営みであった。しかし、社会の基本が「個人」に置かれ、生の目的は「個人の自己選択による自己充実」にあるとされる現代にあって、「子ども」の存在意義はどこに求められようとするのだろうか。未生以前の赤ん坊は、自らの意志も、自らが生きようとする目的も、すべて自身の口から公けにし主張する機会を持ち得ない。そのゆえに、彼らは、自身の意志を超えて、なぜか彼らを忌避する時代の無意識に呑み込まれ、時には、誕生の権利も生命を輝かす機会さえ獲得することなく、「未だ存在せず」という無明の闇の奥深く身を潜めたままに放置されてしまう場合もなしとしない。

両性の合意だけを基礎とした「結婚制度」と、その結実である「単婚家族」は、「愛情神話」の崩壊とともにあえなくその虚弱性を露呈している。たとえば、「単婚家族＝近代家族＝夫婦と子ども」という根拠の曖昧な定理はどこかに追いやられて、それは単なる幻想に過ぎなかったと思い知らされているではないか。なぜなら、結ばれた男女のなかには、二人だけの暮らしを妨げる夾雑物はすべて除去して、生涯を「単婚」のままに過ごそうと思い定める者さえ現われ始めたのだから。彼らのなかでは、「それぞれの充実した暮らしを優先し、子どもは必ずしも必要としない」という選択など、ごく当然のこととして位置づけられてしまうらしい。

普通の人々の暮らしを、「便利」で「スピーディ」で「効率的」に組み替えて見せた生活革命は、その利益の享受者に「子ども」をも加えた。日々改良され続ける電化製品や、売買の形式を大幅に変えた流通革命は、家事に縛られていた主婦を解放しただけでなく、「子ども」にも従来より早く自立する力を与えたのであった。子どもたちの上に、最低の衣食住は自力で賄うことができるようになって、「親はなくとも子は育つ」時代が訪れたのである。これは、親にとって「子どもの存在意義」が曖昧化していく動きと併走して、子どもにとっても「親という存在の絶対性」を稀薄化させる動きでもあった。

言うまでもなく、若い夫婦の自己中心的生活観や親子の関係性の稀薄化だけを取り上げて、「子ども」が排除される要因と見るのは一面的に過ぎよう。日々発展し続ける都市は、空き地や原っぱから「子ども」を締め出したのだし、整備された道路が車の通行路であると保証されたことで、かつては自由な遊び場であった道路からも「子ども」は追放されたのであった。その代償として設置された「児童遊園」は、遊び場を失った「子ども」を封じ込める「囲い地」に過ぎない。また、集中する人口解消のために高層化した集合住宅も、「子ども」に優しくはなかった。工業社会の必然ともいうべき都市への人口集中は、結果として「子ども」の住みにくい環境を作り出し、無意図的ながら「子どもの排除」に一役を果たしたのである。

止めどなく多様化し続ける情報テクノロジーは、子どものコミュニケーション状況と、子ども－大人関係を否応なしに変更させる。変更に次ぐ変更で息つくひまもない大人たちは、新しい情報ツールが開発される度ごと、「子どもが分からない」という嘆きを繰り返さざるを得ない。そして、近未来すら見通せないこんな状況下で、「産み育てる」ことは「リスクに他ならない」と判断し、自らの生涯から「子ども」を追放して「産み育てる」営みから身を遠ざけ、わが子ならぬ「子どもそのもの」に対しても、いわれのない「忌避感情」を増幅させていく。

近代化に伴い、私たちは、日々、「子ども」の住みにくい社会を作り出し続けてきた。その果てに、一世紀を超える時代の「つけ」が、いま、「子ども」の「減少」、あるいは、彼らの「異変」という形でその姿を現わし始めている。そして、私ども自身の心の中にも、「子ども不要感」あるいは「忌避感」を育ててしまった。しかし、「子ども」を生産力と考える人たちは、将来の人口減少を国力の衰退と案じて、慌ただしく「少子化対策」に身を乗り出し、あれこれと対症療法に知恵を絞り始めた。また、「子ども」の活力と可能性に期待する人たちによって、「子ども」のいない世界の不毛性が嘆かれ、みずみずしさを失って枯渇していく社会のあり方が憂いの種とされる。

私たちの眼前から「子ども」が消えていきつつあるのは、こうして、一世紀の余をかけて進行された「子ども排除」の動きの結果である。ただ、それは、近代化に伴う必然でもあったから、現われの度合いや速度に差があるとしても、「少子化」は、先進国と呼ばれる北半球の諸地域に共通に現われた傾向でもあった。そして、人々の生きる目的と生き甲斐から「産み育てる」営みが外され、物心両面にわたる「自己の充実」とその「効率的な達成」とが、追い求めるべき至上の目的であり価値であるとして、人々の視界に巨大な像を結んでしまったのではないだろうか。

歯止めのかからない「少子化」に対して、いま、慌ただしく様々な施策が世に問われている。「産む性」である女性たちにとって、彼女たちを生き易くするためのこれら施策は、言うまでもなく、それなりの有効性を持ち得るであろう。女性が働き易くなることは、「産む人」にとっても「産まれてくる子ども」にとっても、とりあえずはよいことに相違ないからである。しかし、これら施策の成果として幾組かの男女が「産み育てる」営みに心を向けたとしても、それは、必ずしも「子ども問題」の抜本的な対策にはなり得まい。なぜなら、それらの施策は、「産み育てる」営みに新しい価値を付与することにも、破綻した「子ども―大人関係」の更改にも、また、「子ども」にとって生きやすく成長しやすい社会の再構築にも、さほどの寄与となり得ないと思われるからである。

私たちは、いま、根源的な問題を捨象したまま、眉に火でもついたような性急さで、とりあえずの弥縫策を、矢継ぎ早に繰り出していくことの限界に気づかねばなるまい。何しろ、「産み育てる」ことは、当事者が心身両面で多大な時間と労力を負担せねばならないという意味で、飽くまでも「個人的な営み」と言い得る。したがって、「産む」個人を支えることの重要性は言を俟たないのだが、しかし、同時に、それは、単なる個人的な好悪や選択の域を超えた「公共的な営み」でもあると言わねばなるまい。なぜなら、「産み育てる」ことの徹底した拒否は、「人間という種の滅亡」を招き寄せるだろうからである。

ならば、この二つの面、すなわち「私的な営み」と「公共性」を偏りなく視野に収め、ここ一世紀を超える歴史の流れを省みつつ、無自覚裏に推し進められてきた動きのあれこれを「いま」という現実の上に置き並べて、改めて「問題」として見つめ直すことが必要ではないか。「子ども」にとって、「産まれる」とは、そして「育つ」とは、どのような生の過程なのだろうか。そして、「人という種」にとって、「子ども」は、なぜ「産み出される」必要があり、それを「育てる」義務があるのだろうか、と……。

## 「負の責」は歴史のなかに、「正の責」は歴史を超えて

「少子化」の責は、女性にのみ帰せられるものなのだろうか。私たちは、いま、一世紀余の過去の歩みが、「子ども」を忌避し排除する歩みでもあったことに気づかされている。にもかかわらず、時として噴出してくるのは、「産む」ことを拒む女性たちにその責を問おうとする声々……。その声は、女性たちが「母となる」という重要な営みを忘れて、社会的業績や地位あるいは報酬などに使命を感じ、かつ、生き甲斐と感じていることを批判し、それを「少子化」のそもそもの原因と嘆じるのである。もちろん、ジェンダー平等の声のしきりな今日において、それを公言するには憚りがあるはずなのだが、にもかかわらず、その声は多様な表現をとり様々な場で発声される。

既に触れてきたように、とるべき対策は女性への非難とその生き方を過去に戻すことではなく、

新しい価値を創出することにある。「産み育てる」ことが意義ある営みであり、しかも、喜びと十分な達成感を以て遂行される営みであるためには、「人が生きる」というそのことのなかに、「子ども」が明確な位置を与えられねばならず、そのためには、「子ども」を含んで人が「生きる」ことの価値が認め直されねばならない。既に述べてきたことだが、「子ども」の存在意義を支えたかつての価値、すなわち「家の継承者」としての価値は「家制度の解体」とともに否定される運命にあったし、そのゆえに消えていくことが必然でもあった。とすれば、それに代わる新しい価値を、私たちはいま、どこに見いだすことができるのだろうか。

私は、先に、「種の存続」を、一考に値する価値として提示している。人という生体に埋め込まれた機能に発現の機会を与えることは、「生き物」としての人間の果たすべき役割の一つに他ならないと思うからである。「子ども」の消滅は、「種の絶滅」を意味する。そして、「種の絶滅」への予測は、人の生きる力を衰退させる。仮に、「私」の好みは「子ども」から遠く、身辺に蠢く「子ども」の存在を快く感じられないとしても、また、「私」は、いま、「産み育てる」営みのために時間と労力を割くことができないとしても、この世界から完全に「子ども」が消滅してしまうという事態は、やはり避けたいと願うのではないか。なぜなら、人にとって、いま自分の生きているこの世界が、一代限りで消えて無くなると予想することは、「生きる希望」を奪われるに等しいと思われるからである。

希望の消失は、人を退廃させ虚無に陥らせて、生きる意欲を失わせる。古来から多くの聖典のなかには、それぞれの「終末論」が含まれていて、そこでは、滅びに向かう世界の禍々しさと悲惨さが活写されていた。たとえば、キリスト教の聖典たる『新約聖書』には、「ヨハネの黙示録」のなかで、以下のように終末の惨状が語られている。

また見ていると、ひとりの御使が太陽のなかに立っていた。彼は、中空を飛んでいるすべての鳥に向かって、大声で叫んだ。「さあ、神の大宴会に集まってこい。そして、王たちの肉、将軍の肉、勇者の肉、馬の肉、馬に乗っている者の肉、また、すべての自由人と奴隷との肉、小さな者と大いなる者との肉をくらえ」。

（『新約聖書』「ヨハネの黙示録」一九章一七節より）

信仰の書たる聖書は、すべての者に対して、神の前にひざまづいて悔い改め、許しを乞うことを求める。それに従わない者は、世の終わりに裁かれるというのである。「黙示録」に示された終末観も、そのことを謳って、世の終わりに神の使いが現われて告げる「裁き」の様相を予言したものであった。ここに「御使い」の言葉として描き出される数々の情景は、聖書に多用される象徴や比喩に満ちた宗教的文章であることは言を俟たない。しかし、「この世が滅びる」とき、そこに生きていた人々に訪れるであろう「死の悲惨さ」は、これらの比喩的文言を通じても十分に推察可能であろう。「世の終わり」すなわち「次代に託す希望の消滅」は、人の最後を、その体を怪鳥に啄《ついば》まれて果てるに等しい「空しさ」のなかに放置し、「死」へと送り込んでしまうのではないか、と……。

また、世界の終末は、殺戮や死のおどろおどろしいそれではなく、むしろ、より淡泊な廃墟のイメージとして思いに浮かんでくるという、評論家の言も傾聴に値しよう。たとえば、「明るくて、無知。忙しくて、攻撃的。快適で、不寛容。幸福で、暴力的。そんな人間たちがあふれ返った社会」であるという……。

そして、私たちは、「これこそが、まさしく現代である」と気づかされることになり、殺戮や死の跳梁する古典的イメージにもまして、「明るく、幸福に見えて、しかし、攻撃的で不寛容な」この情景こそが身近なものであると実感する。その結果、私たちは、不毛な現代に絶望し、希望のない未来に対して戦慄させられるのである。いま、世界を覆う廃墟のイメージ、すなわち、攻撃的な暴力と他者に対する無知と不寛容は、ひたひたと寄せてくる「終末」の予兆と見えて、人々から希望を奪いとり、白々とした虚無のなかに追いやろうとしているのではないか。

私たちに、いま、求められているのは、「子ども」の消滅を、単なる身辺的な事象としてではなく、さながら予言者の語る「世の終わり」に等しいものとして、真剣に受け止め真摯に対峙して見ることである。「少子化」の問題が、こうして極限まで押し詰められ、「子ども」の徹底した消滅までを視野に入れて考えられるとき、私たちは気づかされるのだ、「子ども」のいない世界は「世の終わり」に等しいと、そして、それは、人を退廃と絶望に追いやるものに他ならない、と……。大仰すぎるとの謗りを恐れずに言うなら、「子ども」は、単に「親」や「家族」の所有に帰される「小さな存在」ではなく、「人という種」を保持し、この世を滅亡から救い出す救世主的存在ということになろう。とすれば、「産み育てる」営みは、単なる「私的」選択や「私的」所有の範囲内の問題であることを超えて、「公的」救済にかかわる厳粛かつ不可欠な営みでもあるということになる。なぜなら、「子ども」が、「人という種」の保存継承という価値を付託され、「人と社会の救済」と「希望の象徴」という使命を身に帯びた存在であるとすれば、彼らを次代へと送り届けるための「産み育てる」営みは、当然、「種の存続」に貢献し、人に「希望」を与える「聖なる」所業と言うことになるからである。

## 「子ども」は地に満ちる──「子ども」の産まれない北半球と、増殖し続ける南半球

「子ども」の存在意義を、「人という種の保存」と「希望の象徴」として把握しようとする。そして、そんな「子ども」が、私たちの身辺から見失われつつあることに狼狽させられる。しかし、私どもは、逆に、「子ども」はいま、この地球上に満ち満ちた存在であることにも気づかされるのではないか。なぜなら、「少子化」に悩む先進国を他人事と見て、途上国と呼ばれる国々の多い南半球では、日々、新しい生命が産み出され続けているのだから。しかし、これらの地域では、産まれ出た子どもの周囲には種々の障害が山積していて、「産み育てる」営みは極度な困難に陥らされている。すなわち、開発途上でかつ治安も定まらない地域に産み落とされた幼い命は、伝染性疾患や栄養失調あるいは争乱によって次々と失われていくのであり、「多産多死」は、いまだ過去の遺物と化したわけではないからである。

さて、こうして、この地球に産まれてくるすべての「子ども」を視野に入れたとき、私たちは、次のような問いに捉えられる。すなわち、私たちは、なぜ、彼ら地に満ち満ちた「子ども」を度外視して、身近な「少子化」のみを問題にするのだろうか、と……。次代を託すべき「子ども」は、

なぜ、「自分の国の子ども」でなければならないのだろうか。もし、それが、生体に保有される遺伝子の「自己保存能力」に起因するとすれば、ならばなぜ、いまそれが、私たちの周辺の若い男女の間では起動し得ないのだろうか。仮に、種々の要因、たとえば、大気中の含有物質その他の環境要因によって遺伝子の自己保存能力が衰えたとすれば、あるいは、これまで述べてきたように複数の時代的・環境的要因によって「産み育てる」欲求が失われたとするなら、もはや先進諸国の若い世代に多くを期待することは不可能ではないか。とすれば、「種の保存」を担うべき次世代者を、「自分の国の子ども」に限定することは不可能に近い。私たちは、気づかねばならないのではないか、「種の継承」に当たる者は、私たちの国に生を受けた「その国の子ども」でなければならない理由はない、と……。

しかし、そのことは、必ずしも単純な「養子縁組」の奨励を意味するのではない。もちろん、北の家族が南生まれの子どもを「養子」に迎えて新しい家族を形成することは、それなりに素晴らしいことではあるが、しかし、産まれた子どもが自らの故国で成長することを認めた上で、その成長を財政的・精神的に支援するという方法をも位置づけてしかるべきであろう。なぜなら、私どもが彼らのためにささやかな醵金《きょきん》を続けるとき、それは、「子ども」たちの暮らす当地で、保育施設・学校・病院などに形を変えて彼らの健やかな成長を支える。しかも、私たちが続けるささやかなその行為が、「種の保存」に貢献するだけではなく、私たちの側にも幼い者を育てる楽しみを与えてくれることになるのだから。

たまたま、南半球に産まれ育つべく運命づけられた子どもたちが、「人という種」を継承し、その保存と維持の役割を担う。このことに思いを致すとき、私たちに代わって「産み育てる」営みを担うその地の人々に対して、いささかの協力の手を差し伸べることは、人として負うべき当然の義務と考えられよう。支援の仕方としては、個人個人が醵金者・奉仕者となってもよいが、より公的に、政府レベルで支援の仕組みが構築されることも必要かも知れない。そして、その衝に当たるのは、国連などの国際機関であり、これら国際機関は、「子ども」の少ない北の国々からの支援を、「多産多死」に悩む南へと媒介する役割を担うことになる。

私たちの身近には数少なくなった「子ども」たち、しかし、地球の彼方へと視野を広げるなら、彼らは、賑やかなさざめきの声とともに依然「地に満ち満ちた」存在であると知らせてくれる。そして、地上を埋めるこの「子どもたち」が、「人という種」を保存し次世代へと繋ぐ役割を担ってくれることを思うとき、彼らはすべて、「私たちの継承者」であると気づかされるのである。このとき、国境は、その実権を失って消滅する。そして、国々は、利権を求めての競い合いから解放され、「子ども」存在の共有という新しい目的の下に手を携えることになろう。

ところで、この地球上に一定数の「子ども」の存在が保証されるなら、「人という種の保存と維持」という「目的」は達成されよう。目の色、髪の色、あるいは肌の色にかかわりなく、とにかく「子ども」が存在し続けること、そして、その生存に私たちが手を貸すことによって、「人という種」は絶滅の危機から逃れ得るからである。しかし、「目的」はただそれだけであろうか。それぞれの民族や地域に由来する「伝統文化」を、維持・保存したいとする欲求や意志は否定され得るものなのか、否か。

私たちの住む文化圏で「子ども」の姿が見えにくくなり、南半球やあるいは遠く離れた地域など隔たった文化圏では「子ども」が地に満ちて、「種の保存と継承」という責を果たしてくれたとしても、自分たちの「伝統文化」が断絶することに私たちは耐えられるのか、否か。「人という種」の保存・継承に関してなら、地球的規模で次世代を育成することで解決可能である。しかし、仮に、私たちの「子ども」が消滅してしまうとすれば、長い歴史を通じて築き上げてきた民族固有の「伝統文化」は、誰に託しようもなく消滅してしまうだろう。

伝統に由来する「文化」は、その歩んできた長い軌跡が示すように軽々に作り上げることの困難なものであり、また、それが、各地域の民族社会のアイデンティティの核であることを思うなら、軽々に消滅させることのできないものでもあろう。したがって、もし、その保存と継承を願うならば、「産み育てる」営みには「文化の継承」という今一つの意義が付託されることになる。つまり、「子ども」とは、単に「人という種」を存続させるだけの存在ではなく、民族に固有の「文化の継承者」でもあるということなのである。

とすれば、「産み育てる」営みには、地球的規模でその責を果たすことの可能な側面と、今一つの面、すなわち、それぞれの文化圏によって担われねばならぬ側面とがあるということになろうか。そして、この場合、「子ども」に付託されたこの役割のゆえに、改めて「産み育てる」ことの意義が再確認されて、北半球の国々でも一定数の「子ども」が誕生し続けることになるなら、それはそれで一つの曙光として喜んで受け止めねばなるまい。また、他方で、「産む」ことと「育てる」ことが分離され、両者が別個の営みとして遂行されるという、若干アクロバティックな考え方にも、一考に値するものとして相応の位置を与えるべきであろう。なぜなら、他の文化圏で「産まれた」子どもが、「養子」として別の文化圏で「育てられる」ことで、その文化の継承者として成長していく可能性が期待されるからである。

人間の早い時期、すなわち、乳幼児期から「育てる」営みが開始され、その営みを通じて彼らのなかに生き方の基礎が作り上げられていく。その過程で、子どもたちが幸せな体験としてそれを受け止めることができ、この養育環境を肯定しそれを愛する人として成長していくとすれば、彼らは、自分たちの生きる形を形成した「伝統文化」をも肯定的に受け入れ、無意識裏に、あるいは時に意識的に、その「文化」の継承者として自身を確立していくに相違ない。この場合、目の色、髪の色、肌の色など、人種的特徴のあれこれはおおよそ意味を失うだろう。彼らは、それら見える形の差異とはかかわりなく、「伝統」と「文化」の継承者としての責務をまっとうしていくことになるのだから。たとえば、日本文化に例を取るとして、伝統的日本人の外形を持つ者、褐色の肌に黒い縮れた髪、時には、金髪で青い目の持主など、外見の異なった様々な日本人によって、日本の「伝統」と「文化」が維持継承され、次代へとバトンタッチされていくのである。

しかし、民族の伝統と文化を受け継ぐのは、その民族の「血」ではないのか。すなわち、日本文化の継承者としての「日本人の血」、あるいは、自身の家族文化を受け継ぐ者としての「夫婦の血」……。こうして、私たちの前に突然のように迫り出してくる「血」の問題に対しては、どんな答えが用意され得るだろうか。「血」に繋がる縁とは何であり、どれほどに強固で重い意味を持ち得るのか、否か。「血縁」とは、果たして、理性的判断や成熟した思考の入り込む余地もないほどに、人を拘束する強力な靭帯なのだろうか。

私たちは、いま、改めて確認せねばなるまい、「産み育てる」ことを拒否し、「子ども」という存在を忌避するということは、ここに述べてきた一連の事態を引き受けることでもあるのだ、と……。「子ども」という存在を地球的規模で捉えること、彼ら地球上の「子ども」のために可能な支援を惜しまないこと、そして、場合によっては、血縁幻想を断ち切り、「産む」ことと「育てる」ことを分離して、「育てる」対象を国籍や人種とは無縁に地球上の広い領域から求めること、などがそれである。私たちの前に訪れているのは、理由の定かではない「血縁幻想」とその拘束から解き放たれることではないだろうか。

先に、私は、「子ども」について「公共性を持った存在としての子どもの意義」を回復させることの必要性に触れている。「子ども」が純粋に「私的」領域に置かれるとき、彼らの減少は避けがたいものと思われたからである。ただし、同時に、単なる生産労働力の維持のために、あるいは、より端的に国家的競争力を確保すべく、「産み育てる」営みが奨励され、かつ、その責が現在の当事者である若い男女、とくに女性に、委ねられることの不当性にも言及している。当然のことながら、「産む」か否かの選択権は、あくまでも個人に帰されるべきものと思うからである。ただし、私たちがその権利を行使すること、しかも「産まない」という選択をすることは、ここで考えてきたように、地球上の「産む人」と手を携えるという新しい責務と対をなすということに思いを致す必要があろう。そして、この責務は、男女の両性が偏りなく引き受けるべきものであり、さらには、「人という種の未来」への責任として、また、「文化を築き上げた過去」への責任として、すべての人の肩に負わされた「聖なる義務」と見なしてそれに対することが必要なのである。

# 主要参考文献

## 序章


読者二一八人のメール『子育ては　損か?』『AERA SPECIAL』朝日新聞社、二〇〇〇年
E・S・モース『日本その日その日』1・2・3（一九一七）石川欣一訳、東洋文庫、平凡社、一九七〇年
C・ムンチンガー『ドイツ宣教師の見た明治社会』（一八九八）生熊文訳、新人物往来社、一九八七年
M.CHAPLIN AYRTON, *CHILD LIFE IN JAPAN* (1879) 日本〈子どもの歴史〉叢書八、久山社、一九九七年


## 第一章


安部磯雄『産児制限論』（一九二二）日本〈子どもの権利〉叢書一八、久山社、一九九六年
石川　謙『わが国における児童観の発達』青史社、一九七六年
伊藤　整「近代日本における『愛』の虚偽」伊藤整全集第一八巻、新潮社、一九七三年
井上忠司『「家庭」という風景』NHKブックス、一九八八年
植木枝盛「親子論」（一八八六）横須賀薫編集・解説『児童観の展開』近代日本教育論集5、国土社、一九六九年
上野千鶴子『家族の社会史』シリーズ「変貌する家族」第一巻、岩波書店、一九九一年

上野千鶴子『近代家族の成立と終焉』岩波書店、一九九四年
――「恋愛の誕生と挫折」『季刊文学』五―二、岩波書店、一九九四年
大間知篤三『家族』日本民俗学大系3、平凡社、一九七六年
落合恵美子『近代家族とフェミニズム』勁草書房、一九八九年
金井淑子編『家族』新曜社、一九八八年
木村直恵『〈青年〉の誕生』新曜社、一九九八年
エレン・ケイ『児童の世紀』（一九一六）原田実訳、日本〈子どもの権利〉叢書、久山社、一九九五年
「子どもの昭和史」I～III、別冊『太陽』平凡社、一九八六年
佐伯順子『「色」と「愛」の比較文化史』岩波書店、一九九八年
エドワード・ショーター『近代家族の形成』田中俊宏ほか訳、昭和堂、一九七五年
高田義一郎『優良児を儲ける研究』日本〈子どもの権利〉叢書、久山社、一九九六年
伝　徳川家康「東照宮御消息」（一六一五？）山住正己・中江和恵編注『子育ての書』一、東洋文庫、平凡社、一九七六年
西川裕子「近代国家と家族モデル」河上倫逸編『ユスティティア』二、ミネルヴァ書房　一九九一年
前田　愛「子どもたちの時間『たけくらべ』」、「子どもたちの変容」前田愛著作集第三巻、筑摩書房、一九八九年
村武精一『家と女性の民俗誌』新曜社、一九九二年
森山茂樹・中江和恵『日本子ども史』平凡社、二〇〇二年
山住正己・中江和恵「子育てと子育ての書」前掲『子育ての書』一
ヨコタ村上孝之『性のプロトコル』新曜社、一九九七年

若松賤子『小公子』前編自序（一八九一）瀬田貞二ほか編『日本児童文学大系』二、ほるぷ出版、一九七七年

## 第二章

ブライアン・アップルヤード『優生学の復活?』山下篤子訳、毎日新聞社、一九九九年
網野武博「母性神話と保育」『上智大学社会福祉研究』二〇〇一、上智大学、二〇〇一年
網野・萩原・金子「乳幼児期における母性的養育環境の相違と発達に関する縦断的研究」『日本総合愛育研究所紀要』一五、日本総合愛育研究所、一九八〇年
片岡徳雄『日本的親子関係を探る——「さんせう大夫」から「忠臣蔵」まで』NHKブックス、一九八八年
——『日本人の親子像——古典大衆芸能にみる』東洋館出版社、一九八九年
金子省子「乳母論・その一 歌舞伎の中の乳母たち」研究同人誌『舞々』五号、一九八三年
「子どもの昭和史 おまけとふろく大図鑑」別冊『太陽』平凡社、一九九九年
佐伯 胖『子どもが熱くなるもう一つの教室』岩波書店、一九九七年
佐々木孝次『母親・父親・掟』せりか書房、一九七九年
下川耿史『近代子ども史年表 明治・大正編』河出書房新社、二〇〇二年
——『近代子ども史年表 昭和・平成編』河出書房新社、二〇〇二年
女性史総合研究会編『日本女性生活史』4・5、東京大学出版会、一九九〇～一九九一年
芹沢俊介『母という暴力』春秋社、二〇〇一年
立川昭二『この生この死』筑摩書房、一九八九年
——『江戸 老いの文化』筑摩書房、一九九六年
——『病の人間学』筑摩書房、一九九九年

ロイド・ドゥモース『親子関係の進化』宮沢康人ほか訳、海鳴社、一九九〇年
柘植あづみ・浅井美智子『つくられた生殖神話』製作同人社、一九九五年
仁志田博司編著『出生をめぐるバイオエシックス』メジカルビュー社、一九九九年
日本総合愛育研究所・日本子ども家庭総合研究所編『子ども資料年鑑』中央出版、一九八八〜二〇〇七年
エリザベス・バダンテール『プラス・ラブ――母性本能という神話の終焉』サンリオ、一九八一年（現在、ちくま文庫）
林真理子『ルンルンを買っておうちに帰ろう』主婦の友社、一九八二年
PHP研究所編『戦後五〇年　日本のあゆみ』PHP研究所、一九九五年
富士川游『日本疾病史』（一九四四）東洋文庫一三三、平凡社、一九六九年
ジョン・ボウルビー『乳幼児の精神衛生』黒田実郎訳、岩崎学術出版社、一九六七年
――『母子関係の理論』1・2・3、黒田実郎ほか訳、岩崎学術出版社、一九七九〜一九八一年
本田和子「子どもらしさの行方」『思想の科学』七一号、思想の科学社、一九八六年
――『子別れのフォークロア』勁草書房、一九八八年
――『変貌する子ども世界』中央公論新社、一九九九年
――『子ども一〇〇年のエポック』フレーベル館、二〇〇〇年
皆川美恵子「『桑柏日記』にあらわれた子どもの病い」本田和子ほか『わたしたちの「江戸」』新曜社、一九八五年
宮沢康人『大人と子供の関係史序説』柏書房、一九九八年
森山茂樹・中江和恵『日本子ども史』平凡社、二〇〇二年
山村賢明『日本人と母――文化としての母の概念についての研究』東洋館出版社、一九七一年

脇田晴子編『母性を問う』上・下、人文書院、一九八五年
渡邊平太夫・渡邊勝之助「桑名日記・柏崎日記」（一八三九～一八四九）『日本庶民生活史料集成』第一五巻、三一書房、一九七一年

## 第三章

青木正美『東京下町覚え書き 昭和の子ども 遊びと暮らし』本邦書籍、一九九〇年
一番ケ瀬康子ほか『子どもの生活圏』NHKブックス、一九六九年
延藤安弘『こんな家に住みたいナ』晶文社、一九八三年
小木新造ほか編『江戸東京学辞典』三省堂、一九八七年
菊地貴一郎『江戸府内 絵本風俗往来』（一九〇五）青蛙房、一九七五年
草森紳一『子供の場所』晶文社、一九七五年
下川耿史『近代子ども史年表 明治・大正編』河出書房新社、二〇〇二年
——『近代子ども史年表 昭和・平成編』河出書房新社、二〇〇二年
末田ます『児童公園』（一九四二）日本〈子どもの歴史〉叢書一九、久山社、一九九七年
高田光雄編著『日本における集合住宅の変遷』放送大学教育振興会、一九九八年
巽 和夫編『現代ハウジング用語辞典』彰国社、一九九三年
西山夘三『日本のすまい』1、勁草書房、一九七五年
似田貝香門「住空間の戦後的変容」似田貝香門ほか『現代社会の紛争過程における主体形成』昭和五八年度科学研究費補助金 中間報告
日本建築学会編『集合住宅計画研究史』日本建築学会、一九八九年

日本子ども家庭総合研究所編『子ども資料年鑑』日本総合愛育研究所、一九八八〜二〇〇七年
PHP研究所編『戦後五〇年 日本のあゆみ』PHP研究所、一九九五年
藤本浩之輔『子どもの遊び空間』NHKブックス、一九七四年
藤本浩之輔『聞き書き 明治の子ども 遊びと暮らし』本邦書籍、一九八六年
宮沢康人「アメリカにおける子どもの個室の出現と子どものプライバシー概念成立史の研究」昭和五九年度科学研究費補助金研究成果報告書
横山彰人『危ない間取り』新潮社、二〇〇四年

## 第四章

朝日ジャーナル編『小さい巨像』朝日選書、朝日新聞社、一九七四年
飛鳥井雅道ほか編『明治大正図誌 東京』1・2・3、筑摩書房、一九七八年〜
フィリップ・アリエス『〈子供〉の誕生』杉山光信・杉山恵美子訳、みすず書房、一九八〇年
飯沢耕太郎『写真の力』白水社、一九八九年
石子順造・菊地浅次郎・権藤晋『劇画の思想』太平出版、一九七三年
伊藤逸平『日本写真発達史』朝日ソノラマ、一九七五年
伊藤俊治『写真都市』冬樹社、一九八四年
ナバロ・ヴィージャ「リモコンママの携帯電話」『現代のエスプリ』四〇五号、至文堂、二〇〇一年
内田　樹「史上最弱のブロガー」『ユリイカ』二〇〇五年四月、青土社
梅村佳代『近世民衆の手習いと往来物』梓出版社、二〇〇二年
江森一郎『勉強時代の幕あけ』平凡社選書、一九八九年

奥野卓司『情報人類学』ジャストシステム、一九九三年
――『パソコン少年のコスモロジー』筑摩書房、一九九〇年
奥野卓司責任編集『二〇世紀のメディア』2、ジャストシステム、一九九六年
尾崎秀樹『漫画のある風景』時事通信社、一九七八年
桂　英史責任編集『マルチメディアの諸相とメディアポリティックス』3、ジャストシステム、一九九六年
樺山紘一『情報の文化史』朝日選書、朝日新聞社、一九八八年
唐沢富太郎『図説 明治百年の児童史』上下、講談社、一九六八年
――『図説 明治百年の教育』国土社、一九六七年
川浦康至・松田美佐編「携帯電話と社会生活」『現代のエスプリ』四〇五号、至文堂、二〇〇一年
川浦康至「携帯・自動車電話とコミュニケーション空間の変容」『現代のエスプリ』四〇五号、至文堂、二〇〇一年
久保田晃弘責任編集『環境としてのコンピュータ』4、ジャストシステム、一九九六年
「現代マンガの手帖」『国文学』臨時増刊二六-五、学燈社、一九八一年
桜井昌一『ぼくは劇画の仕掛人だった』エイプリル出版、一九七八年
佐藤忠男・川本三郎『映像の視覚』現代書館、一九八三年
――『日本の漫画』評論社、一九七四年
佐藤　真「活字とWebのコンティニュイティ」『ユリイカ』二〇〇五年四月、青土社
「J・コミック97」『ユリイカ』一九九七年四月、青土社
「少女マンガ」『ユリイカ』臨時増刊、一九八一年七月、青土社
瀬田貞二『落穂ひろい』上・下、福音館書店、一九八二年

副田義也『魅惑の少年マンガ』川島書店、一九六八年
高井　浩『天保期、少年少女の教養形成過程の研究』河出書房新社、一九九一年
高橋　敏『家族と子供の江戸時代』朝日新聞社、一九九七年
――『近代史のなかの教育』岩波書店、一九九九年
津金澤聰廣『現代日本メディア史の研究』ミネルヴァ書房、一九九八年
津田真澄『人工化社会と電脳文化』有斐閣、一九九二年
R・P・ドーア『江戸時代の教育』松居広道訳、岩波書店、一九七〇年
東京大学情報学環メルプロジェクト・民間放送連盟『メディアリテラシーの道具箱』東京大学出版会、二〇〇五年
アリエル・トリュフマン『子どものメディアを読む』諸岡敏行訳、晶文社、一九九二年
内閣府政策統括官『情報化社会と青少年』内閣府、二〇〇二年
中沢新一『ポケットのなかの野生』岩波書店、一九九七年
中村　功「携帯電話の普及過程と社会的意味」『現代のエスプリ』四〇五号、至文堂、二〇〇一年
夏目房之助『マンガはなぜ面白いのか』日本放送出版協会、一九九六年
西　正『新メディア進化論』日経BP社、二〇〇六年
日本総合愛育研究所・日本子ども家庭総合研究所編『子ども資料年鑑』中央出版、一九八八～二〇〇七年
根岸鎮衛・鈴木棠三編註『耳袋』一・二、東洋文庫、平凡社、一九七二年
PHP研究所編『戦後五〇年日本のあゆみ』PHP研究所、一九九五年
「マンガはここにある」『ユリイカ』二〇〇三年十一月、青土社
水越　伸『メディアの生成』同文館、一九九三年

水越　伸責任編集『エレクトリック・メディアの近代』1、ジャストシステム、一九九六年
宮川俊彦『ピカチュウの逆襲』同文書院、一九九八年
無藤　隆「テレビ映像を見ることの行為感覚」『imago』一九九三年一〇月、青土社
無藤　隆ほか『青少年へのテレビメディアの影響調査』BPO青少年委員会、二〇〇三年
村瀬　学『子どもの笑いは変わったのか』岩波書店、一九九六年
名著刊行会編『手塚漫画のはじまり』名著刊行会、一九八〇年
吉見俊哉『メディア時代の文化社会学』新曜社、一九九四年
——『「声」の資本主義』叢書メチエ、講談社、一九九五年
吉見・若林・水越『メディアとしての電話』弘文堂、一九九二年
米沢嘉博『戦後少女マンガ史』新評社、一九八〇年

## 第五章

赤塚行雄『恐るべき子供たち』山手書房、一九七八年
ミルチャ・エリアーデ『神話と夢想と秘儀』岡三郎訳、国文社、一九七二年
E・L・カニグズバーグ『クローディアの秘密』松永ふみ子訳、岩波書店、一九六九年
ケレーニイ、ユング『神話学入門』杉浦忠夫訳、晶文社、一九七五年
警察庁生活安全局少年課『少年非行等の概要』警察庁生活安全局、二〇〇二年
斎藤　薫「感化法成立の経緯」お茶の水女子大学『人間文化研究年報』一七、一九九三年
重松一義『少年懲戒教育史』第一法規出版、一九七六年
下川耿史『近代子ども史年表　明治・大正編』河出書房新社、二〇〇二年

下川耿史『近代子ども史年表　昭和・平成編』河出書房新社、二〇〇二年
芹沢俊介『少年犯罪論』青弓社、一九九二年
――『現代子ども暴力論』春秋社、一九九四年
――『子供たちの生と死』筑摩書房、一九九八年
――『宮崎勤を探して』雲母書房、二〇〇五年
津島佑子『燃える風』中央公論社、一九八〇年
東京少年審判所編『東京少年審判所十年史』（一九三五）日本〈子どもの歴史〉叢書二六、久山社、一九九八年
内務省社会局編『感化事業回顧三十年』（一九三〇）日本〈子どもの歴史〉叢書二五、久山社、一九九八年
日本子ども社会学会編『いま、子ども社会に何がおこっているか』北大路書房、一九九九年
日本総合愛育研究所・日本子ども家庭総合研究所編『子ども資料年鑑』一九八八～二〇〇七年
法務総合研究所『平成一三年犯罪白書』二〇〇一年
本田和子『少女浮遊』青土社、一九八六年
――『異文化としての子ども』ちくま学芸文庫、一九九二年
村瀬　学『一三歳論』洋泉社、一九九九年
森田　明「少年裁判手続きにおける『保護・教養』の一側面――大正少年法立案期における論議」小林直樹還暦論文集『現代国家と憲法の原理』有斐閣、一九八三年
――「少年裁判手続きにおける『保護・教養』の概念――『内務的』感化法と『司法的』少年法の確執」芦部信喜還暦論文集『憲法訴訟と人権の理論』有斐閣、一九八五年
山中　恒『ぼくがぼくであること』理論社、一九六九年

## ま　行



## や　行



## ら・わ行

## た　行

# 索　引

## 著者紹介


本田和子（ほんだ ますこ）

1931年，新潟県に生まれる。
お茶の水女子大学卒業。同大学助教授，教授，学長を経て，お茶の水女子大学名誉教授。
専門：子ども学・子ども史・子ども文化論。
著書：『異文化としての子ども』（紀伊國屋書店，ちくま学芸文庫），『子どもたちのいる宇宙』（三省堂），『少女浮遊』『女学生の系譜』（青土社），『子別れのフォークロア』『ものと子どもの文化史』（勁草書房），『フィクションとしての子ども』（新曜社），『子どもの領野から』『映像の子どもたち』（人文書院），『子ども100年のエポック』（フレーベル館），『変貌する子ども世界』（中公新書），『交換日記』（岩波書店）ほか。



新曜社

**子どもが忌避される時代**

なぜ子どもは生まれにくくなったのか

初版第1刷発行　2007年10月25日©

著　者　本田和子

発行者　塩浦　暲

発行所　株式会社　新曜社

101-0051　東京都千代田区神田神保町2-10
電話（03）3264-4973（代）・FAX（03）3239-2958
URL：http://www.shin-yo-sha.co.jp/

印　刷　長野印刷商工　　Printed in Japan
製　本　イマヰ製本

ISBN978-4-7885-1076-0　C1039